看懂禪機 下

呂冬倪——著

All that
WE ARE
is the
RESULT
of what
WE
HAVE
THOUGHT.
The MIND is EVERYTHING.

前言

當我完成這本《看懂禪機》時，再回首我出版的第一本《看懂心經》，時光已經飛逝二年了。再次感謝鼓勵我的讀者們，有你們的支持，讓《看懂心經》有再版的機會。我不是什麼高僧大德，也不是什麼法師大師，我只是一位喜歡研究佛法的路人甲，會出版《看懂心經》，純粹只是個偶然的機緣。

我只是希望把我這二十八年來，研究佛法的心得，和有緣人分享，或許能夠幫助有興趣學佛的同修們，給他們一些見解和看法，希望有助於他們對佛法的解惑和學習。

記得有位朋友問我，看完《看懂心經》之後，他才知道唯有透過「靜坐禪定」的練習，才能夠讓第七識「末那識」停止作用。一旦第七識「末那識」停止作用，我們的思想活動就停止，「妄想執著」當然就不存在。這時候，「自性佛」就顯現出來。

但是，要用什麼方法才能夠讓第七識「末那識」停止作用呢？書中並沒有說明方法。

我這位朋友真的很認真的看完《看懂心經》，而且也準確地提出一個重點：要如何讓第七識「末那識」停止作用呢？我並不是留一手不寫出方法，而是準備在我寫的第二本書《看懂禪機》裡，再詳細說明。

《看懂心經》的首要重點，是要介紹「唯識學」，認識第七識「末那識」的作用。透過「唯識學」

的學習，才能夠明白釋迦牟尼佛到底在說什麼？

釋迦牟尼佛告訴我們，眾生都有「自性（佛性）」，但是都被自己的「妄想執著」所蒙蔽；「妄想執著」是我們第七識「末那識」的產物；而要去除「妄想執著」，只有一個方法，就是透過「靜坐禪定」的修習，讓第七識「末那識」停止作用，「自性（佛性）」自然顯現。

這本《看懂禪機》，是《看懂心經》的續集，它的首要重點，正是說明用什麼方法？來讓第七識「末那識」停止作用。答案是：修道要從第六識「意識」下手。

讓第七識「末那識」停止作用的方法是：透過「靜坐禪定」的修習，停止自己第六識「意識」的分析判斷功能，讓第六識「意識」無法傳遞分析判斷的結果，給第七識「末那識」做決定，第七識「末那識」就會停止作用，「自性」自然顯現。

我花了二年的時間才完成《看懂禪機》，當我完稿時，我才發現一個大問題：寫太多。《看懂心經》這本書，大約寫了十六萬八千多字；而《看懂禪機》的初稿，居然有六十四萬多字，我把《五燈會元》的原文部分全部刪除，其它部分精簡再精簡，也還有五十七萬七千多字。

天啊！這麼多字，一本書怎麼裝的下？經過詢問「白象出版社」，建議我可以分成三本書，以「套書」的方式來出版。這就是為什麼，《看懂禪機》是以「套書（三本書）」方式來發行的原因。

但是，很可惜，我把「量子力學證明三界唯心萬法唯識」這個單元刪除了，我打算把這個單元移到將來寫《看懂宗教》這本書裡。另外，原本預計有「禪機懶人包」這個單元，也一併刪除。因為，字數實在太多，容納不下。

最後，再一次感謝各位有緣讀者的鼓勵與支持。這套「套書」出版以後，我將繼續撰寫下一本書

《看懂證道歌》。

我建議讀者們看完《看懂心經》和《看懂禪機》之後，每天要安排至少三十分鐘來練習「靜坐禪定」，否則一切都只是紙上談兵。而練習「靜坐禪定」，必須要有一本「禪修參考書」，來做為良師良伴。

修習「靜坐禪定」的「禪修參考書」很多，常見的有「三祖僧璨」所著述的《信心銘》，「牛頭法融」所著述的《心銘》，以及「永嘉玄覺」所著述的《證道歌》。

我最推薦「永嘉玄覺」所著述的《證道歌》，因為《證道歌》的內容淺顯易懂。所以，我將出版《看懂證道歌》，來做為有心修習「靜坐禪定」者的禪修良伴。

最後，讀者們可以掃描本書背面的QR Code，或者上網瀏覽我設立的《看懂系列叢書網頁》，可以獲得更多的資訊，網址如下：https://www.kandonbook.com/

呂冬倪

二零二一年三月寫於 澳洲・布里斯本・家中

導讀

我花了二年的時間完成《看懂禪機》，初稿有六十四萬多字，我精簡再精簡，也還有五十七萬七千多字（最後定稿時，有五十四萬九千多字）。所以，只好把《看懂禪機》分成上、中、下三集，也剛好以三大部分來詮釋「禪機」。

以下簡單說明這三大部分的重點和內容，讓讀者們在最短的時間內，知道自己可以學習到什麼「禪學知識」。

●《看懂禪機》上集重點導讀：

（一）第一單元 「看懂禪機」的五十個問答

透過問答的方式，解釋說明「禪、定、禪定、禪機、佛法修行、見性成佛、妄想執著、唯識學、四禪八定、禪定口訣、入流亡所、禪宗的起源、古印度瑜伽、不立文字、教外別傳、禪宗經典、唯識熏習」等等，禪學的基本常識。

（二）第二單元 禪宗的特殊傳法儀式

「禪宗」有二個很特殊的傳法儀式，一個是「以僧伽黎圍之」，另一個是「付法傳衣」。這二個特殊的傳法儀式，就從釋迦牟尼佛傳法給「印度禪宗」第一代祖師大迦葉尊者的時候開始。「一貫道」的點道傳法儀式，就是源自於這二個特殊的傳法儀式。另外，釋迦牟尼佛傳「法衣」給大迦葉尊者，這件「法衣」，不是菩提達摩在中國所傳的「法衣」。

第三單元 禪宗的法脈傳承

要學習禪法，一定要知道「禪宗法脈傳承的歷史」。要了解禪法，一定要知道三十三代祖的生平事蹟和「傳承心法的詩偈」。「傳承心法的詩偈」是禪宗歷代祖師，一生修習禪法的心得報告。我們可以從歷代祖師，流傳下來的傳法詩偈中，學習到歷代祖師最原始的禪法心要。

•《看懂禪機》中集重點導讀：

從第四單元到第十四單元，重點介紹「禪宗」十一個宗派的源由，包括「牛頭宗、荷澤宗、洪州宗、石頭宗、溈仰宗、臨濟宗、曹洞宗、雲門宗、法眼宗、黃龍派、楊岐派」等，還有各宗派創始祖師的「生平、事蹟、典故、著作、興衰、禪機對話、接引方法、傳承弟子、法脈傳承、禪法的核心思想」等等。

•《看懂禪機》下集重點導讀：

從第十五單元到第二十一單元，重點介紹中國禪宗六代祖師傳法教學時，所使用的經典。初祖達摩祖師和二祖慧可傳授《楞伽經》、三祖僧璨傳授《信心銘》、四祖道信傳授《入道安心要方便門》、五祖弘忍傳授《最上乘論》、六祖惠能傳授《金剛經》等。另外，介紹《六祖壇經》、永嘉禪師著作的《證道歌》和普明禪師著作的《牧牛圖頌》等，學習禪法很棒的經典和著作。

另外，建議讀者們在閱讀這三本書的時候，只看你看得懂的部分，看不懂的部分，請先跳過去。等你以後佛學基礎更紮實的時候，再回過頭來閱讀學習看不懂的部分。

尤其是佛經原文的部分，請跳過去，只看白話翻譯的部分。這些佛經原文的功能，是方便查閱原文的出處。因為，雖然我已經盡可能的用白話文翻譯解釋做說明，但是因為每個人學佛的根機不同，每位讀者看得懂的部分也不同。

有個學佛的觀念，要和各位讀者們分享。佛經裡所謂的「上根、中根、下根」，三種學佛的根機層次，並不是以「聰明智慧」來定義區別，而是以學佛者「精進學習」的程度來區分。

就好像是小學畢業後，才能夠上中學；中學畢業後，才能夠上大學；大學畢業後，才能夠上碩士班；碩士班畢業後，才能夠上博士班一樣。

「下根學佛者」有初級的佛學基礎之後，再「精進學習」中級佛法，成為「中根學佛者」；「中根學佛者」再「精進學習」高級佛法，才能成為「上根學佛者」。

所以，各位讀者們要知道，沒有人可以在沒有「精進學習」高級佛法的情況下，天生就是「上根學佛者」。

有一種人，剛接觸到佛法，就深信不疑，馬上就跳級到「中根學佛者」，甚至是「上根學佛者」。這是因為他在前世的時候，已經「精進學習」過中級佛法或者高級佛法。當時「精進學習」的記憶，儲存在第八識「阿賴耶識」裡，隨著他的「中陰身」投胎轉世到這一世，繼續「精進學習」佛法。

在《金剛般若波羅蜜經》裡，須菩提問佛說：「世尊！頗有眾生，得聞如是言說章句，生實信不？」，佛告訴須菩提說：「莫作是說。如來滅後，後五百歲，有持戒修福者，於此章句能生信心，以此為實，當知是人不於一佛二佛三四五佛而種善根已於無量千萬佛所種諸善根，聞是章句，乃至一念生淨信者。」

可見，你想成為「中根學佛者」或是「上根學佛者」，都必須「精進學習」佛法。像我也不是天生就會看懂佛經，了解佛法。我也是「精進學習」了二十八年的佛經和佛法，才能夠出書和大家分享學佛心得，所以大家一起加油「精進學習」佛法吧！共勉之！

目錄

《看懂禪機》下集

第十五單元

初祖達摩祖師和二祖慧可傳授《楞伽經》

第十八單元

五祖弘忍傳授《最上乘論》

目錄

第十九單元

六祖惠能傳授《金剛經》流傳《六祖壇經》

目錄

第十五單元

初祖達摩祖師和二祖慧可傳授《楞伽經》

一、白話條列重點看懂《楞伽經》

《楞伽經》對中國佛教的影響很大，尤其是對「中國禪宗」的影響最大。禪宗「達摩祖師」傳法，依靠的就是《楞伽經》。到了「五祖弘忍」、「六祖惠能」才開始改以《金剛經》傳法。所以，讀《楞伽經》可以了解早期禪宗的教義，禪宗後期的「棒喝、機鋒」等講禪法的方式，也都起緣於《楞伽經》。

在一般人的觀念中，佛經很難看懂了解，因為經文都是用「文言文」寫的。「文言文」又稱為「古文」，是漢語族諸語言的一種書面語言，起源自中國春秋戰國時期的漢語口語。一般人即使看過白話翻譯，還是似懂非懂，「似懂」是看懂白話文，「非懂」是還是不明白經文的內涵意義，所以看過白話翻譯還是不懂。《楞伽經》在眾佛經中，更是文字艱深難懂，不是一般學佛的人可以容易理解，一般人就更不用說了，完全無法了解經文在講什麼。

所以，我在這裡用白話條列重點的方式，來介紹說明《楞伽經》：

（一）《楞伽經》是「中國禪宗」的初祖「達摩祖師」遠從南印度，東來中國傳播佛法的初期，交付予弟子「二祖慧可」的「武功祕笈」。而且「達摩祖師」還說，《楞伽經》詳細記載「如來心地法門」，是一部由「釋迦牟尼佛」流傳下來「印心」的經典。所以，《楞伽經》是「中國禪宗」的必修經典，要了解「中國禪宗」，要看懂禪機，一定要看懂《楞伽經》。

「如來心地法門」就是「不立文字，教外不傳，直指人心，見性成佛。」的學佛秘笈。就好像你要登上「台北一〇一大樓」，只要坐電梯在原地不動，一按鈕就直到一百層的大廈頂樓，不需要一層一層的爬樓梯一樣。

「印」是「印可、認證」，「心」是「本心、本性，即自己本來的真如心性。」所謂「印心」就是禪宗師父用自己覺悟的境界，去檢驗印證弟子的知見、契悟的「佛道」是否正確？如果弟子所體悟的「佛道」與師父的「佛道」互相契合，師父就就印證弟子的契悟，稱為「印心」。

「印心」的傳承，是從「拈花微笑」這個典故來的。話說釋迦牟尼佛有一次在靈山會上說完佛法後，天上的天女散花讚嘆。釋迦牟尼佛突然「拈（ㄋㄧㄢˇ，用手指夾取）花示眾」。眾人都沉默，不知道是怎麼一回事？唯獨大弟子「大迦葉尊者」「破顏（露出笑容）微笑」。釋迦牟尼佛說：「吾有正法眼藏，涅槃妙心，實相無相，微妙法門，不立文字，教外別傳。付囑摩訶迦葉。」

（二）達摩祖師抵達中國後，成為「求那跋陀羅」的弟子。求那跋陀羅是來自古印度的「楞伽師」，他在中國翻譯出《楞伽經》四卷。後來他的弟子「菩提達摩（達摩祖師）」就以這四卷《楞伽經》傳燈印心，傳授眾徒弟。因此《楞伽經》是歷來佛家弟子學習「如來禪」和「明心見性」最主要依據的經典之一。

（三）《楞伽經》的經名「楞伽」是梵語（Lankā），意思有二種：一是指忉利天的天主「帝釋天」的頸上寶石飾品；二是指錫蘭島上有個「楞伽城」，此城在「楞伽山」頂，山上有很多羅剎、夜叉，人們都不敢前往，故被稱為「不可前往的危險處」。釋迦牟尼佛曾經來到此地降伏夜叉王，並且在此山城向夜叉王開演此大乘無上經典。故以「楞伽」為經名，稱此經為《楞伽經》。

（四）《楞伽經》是「禪宗」和「法相宗（唯識宗）」的重要經典之一，在中國佛教史上具有十分重要的地位。《楞伽經》綜合了「唯識論」及「唯心論」，說明「唯心」、「如來藏」及「阿賴耶識」的教義，是大乘佛法中論述「唯識思想」的重要經典。達摩祖師說，除了《楞伽經》之外，其他的經典都不是「心要」，可見此經在「禪宗」的重要地位。

（五）現在的《楞伽經》總共有四種漢譯本，簡述如下：

(1)第一種譯本是中天竺國「曇無讖」三藏法師，在北涼的首都姑臧翻譯出，最後在唐朝失傳。

(2)第二種譯本是天竺「求那跋陀羅」三藏法師譯出的《楞伽阿跋多羅寶經》，共四卷，又稱為「宋譯」。四卷《楞伽》最具特色，只有〈一切佛語心品〉一品。此翻譯本是目前存在最早的翻譯本，流行也最廣。達摩祖師傳授給二祖慧可的《楞伽經》，就是第二種譯本。

(3)第三種譯本是北天竺國「菩提流支」譯出的《入楞伽經》，又另稱為《十卷楞伽經》、《魏譯楞伽經》。

(4)第四種譯本是于闐國「實叉難陀」譯出的《大乘入楞伽經》，又稱為「唐譯」，又另稱《七卷楞伽經》、《唐譯楞伽經》，內容與梵本比較接近。

（六）《楞伽經》中主要的主角中有二位，就是「釋迦牟尼佛」和「大慧菩薩」。經文一開始，

「大慧菩薩」就提出「一百零八」個問題請釋迦牟尼佛開示。

釋迦牟尼佛耐心的聽完這「一百零八」個問題之後，立即回答了大慧菩薩的問題。但是非常奇怪，釋迦牟尼佛看似答覆問題，實際上卻是答非所問。

對於大慧菩薩所提的「一百零八」個問題，實際上釋迦牟尼佛都沒有回答，原因是釋迦牟尼佛告訴大慧菩薩說：「像你所問的生及與不生、涅槃、空、剎那等這些問題，都是世間的有相之說，都沒有實質意義可言，所以何必問這些問題呢？」這個觀念，釋迦牟尼佛在《金剛經》裡也說過：「凡所有相，皆是虛妄。若見諸相非相，則見如來。」「所有相」都是「唯心所現，唯識所變」，所以佛說「三界唯心，萬法唯識」。

《金剛經》說：「一切有為法，如夢、幻、泡、影，如露亦如電，應作如是觀。」釋迦牟尼佛告訴大慧菩薩，你所問的「一百零八」個問題，所有的名相，都是虛妄分別所變現，皆如夢、如幻，不可認為是真實之相。假如執著名相，一一追求答案，思慮考量，沒有窮盡，將永遠陷於迷惑而不能解脫。所以釋迦牟尼佛對於大慧菩薩所有的提問，徹底推翻。

接著，釋迦牟尼佛進一步的說明「一百零八」個諸佛所說的佛法，並且交代大慧菩薩及諸菩薩應當修學。

釋迦牟尼佛繼續說明這「一百零八」個諸佛所說的佛法，實際上是「一百零八」個問題，而且題題「矛盾對立」，每提一個問題，自己就馬上推翻它。這是為了破除大慧菩薩執著名相的方法，說明大慧菩薩提出的「一百零八」個問題，都是從「分別對待」而來，離不開「語言」和「名相」，徹底推翻大慧菩薩的觀念，表示一切問題都要歸之於「心、自性」。眾生的「自性佛」具備一切智慧，徹底了解萬法的本源。

《楞伽經》裡提到的諸佛所說的「一百零八」個佛法，其實釋迦牟尼佛在《金剛經》裡也說過，只是換了一種方式來解說。例如：《金剛經》裡說：「如來說世界，非世界，是名世界。」意思是：如來說法解釋說「世界」，這個名稱「世界」，不是真實的「世界」，只是為了教育眾生，才不得不取名為「世界」。「名稱」只不過是暫時為這個狀態立一個名字概念，去代替它、稱呼它而已。釋迦牟尼佛說法，都是用比喻式的方便教育方法。

簡單的說：由大慧菩薩發問許多問題，但是釋迦牟尼佛都不是正面的肯定回答，而是不斷的「破了又立，立了又破。」在「破與立」之間問答，目的是為了破眾生和外道對「語言文字」的執著，最後引導大慧菩薩離「語言文字」，回歸到諸佛的境界。

歷代禪宗的禪師與其弟子也是如此，禪師往往說一些「莫名其妙、雞同鴨講」的言語，或者做出一些令人摸不著頭緒的怪異行為，目的都是為了「破弟子的我執」。只要弟子希望能從禪師說的教法中，抓住什麼佛法，最後的下場，都是一頓打罵。

要真正懂釋迦牟尼佛所說的佛法，必須要透過自己實際的禪定修行，而不是去看佛經，聽釋迦牟尼佛說故事。所以所有的「說法」，都是「方便法門」，佛經有「三藏十二部」之多，所說的也都是「教育法」。「教育法」的目的是使你懂得「那個東西」，如果把釋迦牟尼佛的「教育法」當成「學問」就錯了。釋迦牟尼佛是希望你聽懂了祂所說的「那個東西（自性）」，然後按照祂的方法，真實的去禪定修行，而不是去分析、背誦祂所說的「那個東西（自性）」。

《金剛經》最重要的一個重點就是：「佛所說法，皆不可取。」為什麼呢？因為「佛法」實際上是不可以用「語言文字」來述說解釋的，只要有「語言文字」，凡夫必定有「思慮判斷」，一旦有「思慮判斷」就會產生「執著心」。眾生通常只是注重「思慮判斷」，而不去「修行實證」，只有用頭腦去「思慮判斷」，是沒辦法真正得到佛法的。所以，《金剛經》這句經文，是告訴我們不可以執著釋迦牟尼佛所說的佛法，而是了解之後，要真實的去禪定修練。

《楞伽經》一開始，大慧菩薩就提出「一百零八」個問題請釋迦牟尼佛開示，而釋迦牟尼佛對這「一百零八」個問題的回答，答非所問，就是要讓「大慧菩薩」不墮正反兩邊，不執著一法，「歸於無相」。

當我們透過實際的禪定修行而「見性成佛」，「歸於無相」，我們的第八識「阿賴耶識」就會轉變成「大圓鏡智」。「大圓鏡智」能夠觀照宇宙間的一切事相，無不明白；「大圓鏡智」就像一部超級智慧型電腦一樣，裡面有一個「宇宙超級大數據資料庫」，所以宇宙裡的萬事萬物，這裡面都有答案。不用透過學習，你自然什麼都知道。當然包括「大慧菩薩」所提出的「一百零八」個問題。

（七）《楞伽經》的核心論點是「五法」、「三自性」、「八識」、「二無我」，《楞伽經》一開始由大慧菩薩為上首，代表眾人問法。釋迦牟尼佛教導眾人，種種的心法、色法都在「五法」、「三自性」、「八識」、「二無我」之中。

《楞伽經》是印度中期大乘佛教的重要經典之一，與《解深密經》同為論述「唯識思想」的重要經典，全經以「五法」、「三自性」、「八識」、「二無我」等為核心論點：

(1)「五法」就是「相、名、妄想、如如、正智」。

(2)「三自性」就是「依他起性、遍計執性、圓成實性」。

(3)「八識」就是「眼識、耳識、鼻識、舌識、身識（以上合稱「前五識」）、意識、末那識及阿賴耶識（又名「如來藏」）」。

(4)「二無我」就是「人無我、法無我」。

釋迦牟尼佛在經中開示：

(1)「三自性」可包含在「五法」之中，「相」和「名」屬於「妄想自性（遍計執性）」，此二者依附於「妄想自性（遍計執性）」，第八識「阿賴耶識」就會出生其它七個心識，而使八個心識出現在三界之中。

(2)八個心識和其種種「心所法」的現行和運作，屬於「緣起自性（依他起性）」。

(3)「正智」和「如如」屬於「成自性（圓成實性）」。

(4)「八識」和「二無我」也可以歸納在「五法」。

此「五法」可包含一切佛法，次第修學，是本經的重要內容之一。「唯識學」的重點，就是根據《楞伽經》來的。《楞伽經》的核心內容：「五法」、「三自性」、「八識」、「二無我」，這四個項目是學習佛法的全套理論。

（八）略述《楞伽經》的主要內容：

(1)法（相、名、妄想、如如、正智）

(2)三自性（依他起性、遍計執性和圓成實性）

(3)八識（眼識、耳識、鼻識、舌識、身識、意識、末那識和阿賴耶識）

(4)二種無我（人無我和法無我）

(5)如來藏
(6)不可言說
(7)戒殺素食

其他還提到「緣起」、「涅槃」、「禪定」、「漸頓」等重要的內容。

(九)釋迦牟尼佛在《楞伽經》裡，對於八識的解說，談到一個重點：「如何見性成佛？」

《楞伽經》原文：「大慧！若覆彼真識，種種不實諸虛妄滅，則一切根識滅。」

《楞伽經》翻譯：「大慧！如果要恢復本來真識的面目（把第八識阿賴耶識恢復成沒有汙染業識的如來藏）。只要先消除虛妄分別的作用，那麼一切的根識就自然消滅。」

這段經文的重點是：「分別意識」消滅了，才能見得到「如來藏」。第六識「意識」是由「前五識（眼、耳、鼻、舌、身）」分別對境，因「依他」而生起「遍計所執（妄想執著）」的關係，才產生「意識」的分別作用。既然離了「意識」分別攀緣的妄想作用，它所引起的其餘七種心識作用的「因」也就沒有了，因此七種心識就無法生起作用。

釋迦牟尼佛又進一步說明：妄想識滅了，就稱為「涅槃」。

《楞伽經》原文：「大慧！我所說者，妄想識滅，名為涅槃。」

《楞伽經》翻譯：「大慧！我所說的涅槃，是妄想識滅，才名為涅槃。」

釋迦牟尼佛在此說明，要證到寂滅的「涅槃境界」，首先必須離第六識「意識」的妄想。釋迦牟尼佛說第六識「意識」滅了，其餘六種識也同時滅了。因此，「切斷意識妄想」是修行的關鍵。假如第六識「意識」的妄想滅了，則由第六識「意識」所生起的「分別我執」與「分別法執」也就斷了，如此才可以說，已經獲得進入佛門的門票，否則一切都是空談。

雖然釋迦牟尼佛在《楞伽經》裡，說明第六識「意識」消滅了，才能見得到「如來藏」。但是，「唯識學」告訴我們一個原理，唯有透過「靜坐禪定」的練習，才能夠讓第七識「末那識」停止作用。一旦第七識「末那識」停止作用，我們的思想活動就停止，「妄想執著」當然就不存在。這時候，你的「自性佛」就顯現出來，這就是所謂的「見性成佛」。

這是因為第六識「意識」的覺知心，必須依托第七識「末那識（意根）」和「法塵（你的所有想法）」接觸之後才能夠生起。因為第七識「末那識」是第六識「意識」的根，所以又稱為「意根」。

第七識「末那識（意根）」主宰第六識「意識」的思維，由於第七識「末那識（意根）」隨時作主的特性，恆常不斷的審查思慮前六識，不斷的生起妄想，並且執著這些妄想，因此導致生死輪迴不斷。

因此，凡夫要修行，要先從第六識「意識」下手。第六識「意識」，在八個心識當中，它的活動範圍最廣，活動力最強。凡夫修行的第一步，就是要把第六識「意識」從「散亂活動」改變成為「定位活動」，而第七識「末那識」是第六識「意識」的「意根」，所以一定要學習「禪定」的功夫，讓第七識「末那識」停止作用，沒有了第七識「末那識」這個「意根」，第六識「意識」當然就沒有作用了。

（十）佛經舉例說明「唯識學」的名言：「三界唯心，萬法唯識。」

「無性菩薩」在他所著作的《攝大乘論釋》裡，有一個「一水四見」的例子，可以做為佐證。「一水四見」，又稱為「一境四見」，意思是說：同一個情境，六道的眾生見到的景象都不同。

《攝大乘論釋》原文：「謂於餓鬼。自業變異。增上力故。所見江河皆悉充滿膿血等處。魚等傍生。即見舍宅遊從道路。天見種種寶莊嚴地。人見是處有清冷水。波浪湍洄。若入虛空無邊處定。即於是處唯見虛空。」

《攝大乘論釋》翻譯：「人類所見到江河當中的水，對於餓鬼道眾生來說，他們因為過去慳貪吝嗇的業力感召，他們見到的水是充滿膿血；對於魚蝦等畜生道眾生來說，水是他們的舍宅（房屋）或者是道路；對於天上道的天人來說，所見到的水是莊嚴寶地；對於人道眾生來說，水是清澈冰冷的物質。如果修行者進入禪定到空無邊處定，水就消失不見了，只能看到虛空。

（十一）「量子力學」證明「三界唯心，萬法唯識。」

在量子力學裏，雙縫實驗（double-slit experiment，或稱雙狹縫實驗）是一種演示光子或電子等等微觀物體的波動性與粒子性的實驗。

科學家用「電子槍」向「雙縫」發射「電子」，這個「電子雙縫實驗」說明一件事情：你不觀察「電子」的時候，「電子」是「波」的型態，只有當你觀察「電子」的時候，「電子」才會變成看得到的有形物質。也就是說，宇宙萬物原本是不存在的，只有當有「觀察者」在觀察的那一瞬間，宇宙萬物（物質世界）才會出現。

這個「電子雙縫實驗」的結論，告訴我們一個令人吃驚的真相：

(1)沒有意識的觀察，就沒有物質的存在。

(2)沒有意識的觀察，宇宙萬物（物質世界）只是一團無形的能量。

(3)有情眾生的意識觀察，創造了宇宙（物質世界）。

量子力學的「電子雙縫實驗」研究顯示：宇宙原本是不存在的，只是一團無形的能量，只有當意識在觀察時，宇宙才會出現，也就是說是意識創造宇宙。這證明了釋迦牟尼佛在佛經裡說的「三界唯心，萬法唯識。」」，也就是說：宇宙（物質世界）是你的「意識觀察」所創造的。

（十二）結論：《楞伽經》主要內容是闡述「三界唯心，萬法唯識。」的學說，認為一切諸法都是「自心所見」，「自心所現」，「心生則一切法生，心滅則一切法滅。」」。

我們第八識「阿賴耶識」的「心識」，就好像是一個善於「工筆畫的師傅」，他能夠畫出種種三界（欲界、色界、無色界）的物質世界，也能夠畫出一切有情眾生的五蘊身。

二、《楞伽經》是「中國禪宗」的必修經典

（一）「求那跋陀羅」翻譯出《楞伽經》四卷

根據《楞伽師資記》的記載，達摩祖師抵達中國後，成為「求那跋陀羅」的弟子。求那跋陀羅是「中天竺人（在中古時期，未統一的印度劃分為五區，稱為「五天竺」，中央部分的諸國稱為「中天竺」。）」，屬於「南天竺一乘宗」。此宗是「中國禪宗」的別稱，又因為「達摩祖師」和「二祖慧可」經常以四卷《楞伽經》為傳法教科書，所以此宗又稱為「楞伽宗」。

求那跋陀羅於南朝宋元嘉十二年（435年）到達中國廣州，當時宋文帝劉義隆派人迎接到建康（現在的南京），並於南朝宋元嘉二十年（公元443年）翻譯出《楞伽阿跋多羅寶經》四卷（簡稱《楞伽經》）。後來他的弟子「菩提達摩（達摩祖師）」以這四卷《楞伽經》傳授眾徒弟。

《楞伽師資記》一卷原文：

「宋朝求那跋陀羅三藏。中天竺國人。大乘學時號摩訶衍。元嘉年。隨船至廣州。宋太祖。迎於丹

陽郡。譯出楞伽經。」

（二）「達摩祖師」交付《楞伽經》給「二祖慧可」

達摩祖師傳衣缽給二祖慧可時，親手把《楞伽經》交付給他。達摩祖師是中國禪宗的初祖，繼承者是二祖慧可，達摩祖師又親手傳授學習禪法的必修教科書給二祖慧可，可見《楞伽經》在中國禪宗裡，是最重要的經典之一，這件事情在《續高僧傳》和《景德傳燈錄》都有記載。

《楞伽師資記》一卷原文：

魏朝三藏法師菩提達摩。承求那跋陀羅三藏後。其達摩禪師。志闡大乘。泛海吳越遊洛至鄴。沙門道育、惠可。奉事五年。方海四行。謂可曰。有楞伽經四卷。仁者依行。自然度脫。

《續高僧傳》卷第十六原文：

初達摩禪師以四卷楞伽授可曰。我觀漢地惟有此經。仁者依行自得度世。

《景德傳燈錄》原文：

最後慧可禮拜後依位而立。師曰。汝得吾髓。乃顧慧可而告之曰。昔如來以正法眼付迦葉大士。展轉囑累而至於我。我今付汝。汝當護持。并授汝袈裟以為法信。……師又曰。吾有楞伽經四卷。亦用付汝。即是如來心地要門。令諸眾生開示悟入。

我們要注意在這段經文中，達摩祖師所交代的重點：「吾有楞伽經四卷。亦用付汝。即是如來心地要門。」。

（三）《楞伽經》四卷是歷代禪修者的必修經典

1. 達摩祖師說，《楞伽經》是「如來心地要門」，達摩祖師以後的禪修者，無不以這四卷《楞伽經》做為學習禪法的必要經典。這點我們可以從下列各經典的記載得到印證。

2. 唐代僧人「慧滿」和他的師父「僧那」共傳「四卷楞伽經」。

「僧那」是南北朝的禪僧，禪宗二祖慧可的法嗣。初業儒學，通三禮、周易。二十歲時講禮、易，聽者眾多。後於相州（河南安陽）聽二祖慧可說法，頓生正信，便請出家。

「慧滿」是唐朝的禪僧，曾投僧那門下參禪。後來，與師父僧那共傳「四卷楞伽經」。

《續高僧傳》原文：

有慧滿者。故使那、滿等師常齎（ㄐㄧ，贈送）四卷楞伽以為心要。隨說隨行不爽遺委。

《景德傳燈錄》卷第三原文：

相州隆化寺慧滿禪師。滎陽人也。姓張氏。始於本寺遇僧那禪師開示。……故常齎楞伽經四卷。以為心要。如說而行。蓋遵歷世之遺付也。

僧那和慧滿是二祖慧可的徒弟和徒孫，他們始終以《楞伽經》做為傳播禪法的經典。

3. 《續高僧傳》詳細記載當時研究《楞伽經》非常普遍興盛

唐代僧人「釋法沖」是研究《楞伽經》的專家，為初期禪宗南宗思想發展上受到矚目的人。釋法沖和五祖弘忍是同一時代的人，五祖弘忍雖然以《金剛經》取代了《楞伽經》，但是由「釋道宣」在他所寫的《續高僧傳》裡，我們可以得知當時研究《楞伽經》非常普遍興盛。

《續高僧傳》卷第三十五有「釋法沖」的傳記（兗州法集寺釋法沖傳三十九），敘述當時《楞伽經》的研究，非常普遍興盛。如下：

《續高僧傳》卷第三十五原文：

「釋法沖」。……「沖」以「楞伽」奧典沈淪日久。所在追訪無憚夷險。會「可（二祖慧可）」師後裔盛習此經。即依師學。屢擊大節。便捨徒眾任「沖」轉教。即相續講三十餘遍。又遇「可」師親傳授者。

依「南天竺一乘宗」講之。又得百遍。其經本是宋代「求那跋陀羅三藏」翻。「慧觀法師」筆受。故其文理克諧行質相貫。專唯「念惠不在話言」。

於後「達磨禪師」傳之南北。「忘言忘念無得正觀」為宗。後行中原。「惠可禪師」創得綱紐。魏境文學多不齒之。領宗得意者時能啟悟。今以人代轉遠紕繆後學。可公別傳略以詳之。今敘師承以為承嗣。所學歷然有據。

「達磨禪師」後。有「惠可、惠育」二人。「育師」受道心行口未曾說。「可禪師」後。「粲禪師」。「惠禪師」。「盛禪師」。「那老師」。「端禪師」。「長藏師」。「真法師」。「玉法師」（已上並口說玄理不出文記）。

「可師」後。「善師」（出抄四卷）「豐禪師」（出疏五卷）「明禪師」（出疏五卷）「胡明師」（出疏五卷）。

遠承「可師」後「大聰師（出疏五卷）「道蔭師」（抄四卷）「沖法師」（疏五卷）「岸法師」（疏五卷）「寵法師」（疏八卷）「大明師」（疏十卷）。

不承「可師」自依攝論者。「遷禪師」（出疏四卷）「尚德律師」（出入楞伽疏十卷）。

那老師後。實禪師。惠禪師。曠法師。弘智師（名住京師西明身亡法絕）。

「明禪師」後。「伽法師」。「寶瑜師」。「寶迎師」。「道瑩師」（並次第傳燈于今揚化）。

「沖公」自從經術。專以「楞伽」命家。前後敷弘將二百遍。須便為引。曾未涉文。而通變適緣。寄勢陶誘。得意如一。隨言便異。師學者苦請出義。乃告曰。義者。道理也。言說已麁。況舒在紙麁中之麁矣。事不獲已作疏五卷。題為私記。今盛行之。

這裡面有提到二個《楞伽經》的重點：

(1)專唯「念慧不在話言」。

(2)「忘言、忘念、無得正觀」為宗。

3.「馬祖道一禪師」引用《楞伽經》的經文

「馬祖道一禪師」是唐朝佛教的禪宗大師，也是六祖惠能的再傳弟子，師承南嶽懷讓禪師門下，為「洪州宗」的開創者，是確立中國禪宗有貢獻的禪師。

馬祖道一禪師的年代，離師祖達摩祖師有二百五十年之久，他曾經對大眾開示的時候，也引用《楞伽經》的經文。

《景德傳燈錄》原文：

一日謂眾曰。汝等諸人各信自心是佛。此心即是佛心。「達磨大師」從南天竺國來。躬至中華。傳「上乘一心之法」。令汝等開悟。又引「楞伽」經文。以印眾生心地。恐汝顛倒不自信。此心之法各各有之。

4.「二祖慧可」傳授《楞伽經》

《續高僧傳》卷第三十五原文：

釋法沖。……沖以楞伽奧典沈淪日久。所在追訪無憚夷險。會可師後裔盛習此經。即依師學。屢擊大節。便捨徒眾任沖轉教。即相續講三十餘遍。又遇可師親傳授者。

《續高僧傳》卷第十六原文：

有慧滿者。………故滿每說法云。諸佛說心。令知心相是虛妄法。今乃重加心相。深違佛意。又增論議殊乖大理。故使那、滿等師常齎四卷楞伽以為心要。隨說隨行不爽遺委。後於洛陶中無疾坐化。

「那」是是指「僧那」，二祖慧可的弟子；「滿」是指「慧滿」，是僧那的弟子（達摩第三傳，與「道宣」同時代）。這一傳承，都是依據《楞伽經》而隨說隨行的。「僧那」和「慧滿」是二祖慧可的徒弟和徒孫，他們始終以《楞伽經》做為傳播禪法的經典。

5.「三祖僧璨」雖然傳授《信心銘》，但是他還是《楞伽經》的傳承者。

《楞伽師資記》記載「三祖僧璨」是不出文記。祕不傳法又說文字語言。徒勞施設也，這些特質都是《楞伽經》的要旨。

《楞伽師資記》原文：

隋朝舒州思空山粲禪師。承可禪師後。………。可後粲禪師。隱思空山。蕭然淨坐。不出文記。祕不傳法。唯僧道信。奉事粲十二年。寫器傳燈。燈成就。粲印道信了了見佛性處。語信曰。法華經云。唯此一事。實無二。亦無三。故知聖道幽通。言詮之所不逮。法身空寂。見聞之所不及。即文字語言。徒勞施設也。

6.「四祖道信」傳授《文殊說般若經》，但是沒有捨棄《楞伽經》。

「四祖道信」和「五祖弘忍」的時代，流行《金剛經》的宣講，但是並沒有捨棄《楞伽經》。

《楞伽師資記》原文：

唐朝蘄州雙峰山道信禪師後。其信禪師。再敞禪門。宇內流布。有菩薩戒法一本。及制入道安心要方便法門。為有緣根熟者。說我此法。要依楞伽經。諸佛心第一。又依文殊說般若經。一行三昧。即念佛心是佛。妄念是凡夫。

「四祖道信」寫的《入道安心要方便法門》原文：

我此法。要依楞伽經。諸佛心第一。又依文殊說般若經。一行三昧。即念佛心是佛。妄念是凡夫。

7.「五祖弘忍」傳授《金剛經》但是沒有捨棄《楞伽經》

五祖弘忍喜歡《金剛經》，也以金剛經》傳授給六祖惠能，但是他並沒有捨棄《楞伽經》。在《六祖壇經》裡，有一段記載五祖弘忍本來想請處士（有才學而隱居不做官的人）「盧珍」繪畫「楞伽變相（將佛經描述的故事，圖繪成畫，以便傳播佛法。）」在牆壁上。可見，五祖弘忍還是將《楞伽經》視為修禪的必修經典。

《六祖壇經》原文：

五祖堂前，有步廊三間，擬請供奉（供養、侍奉）盧珍，畫楞伽經變相，及五祖血脈圖，流傳供養。

8.「神秀大師」持奉《楞伽經》為心要

神秀大師和六祖惠能都是五祖弘忍的弟子。神秀大師主張「坐禪三昧」，宏傳「北禪」是「北宗之祖」，神秀大師是精通《楞伽經》的專家。

《楞伽師資記》原文：我與神秀。論楞伽經。玄理通快。必多利益。

唐玄宗時期的中書令張說，擅長於碑文墓誌，在他的碑文作品裡，記載神秀大師以《楞伽經》為心要。

《唐玉泉寺大通禪師碑銘（並序）》原文：

禪師尊稱大通，諱神秀，……。持奉楞伽，近為心要，過此以往，未之或知。

從這句「持奉《楞伽》，近為心要」的碑文，可以看出神秀大師對禪學的研究，深信《楞伽經》為禪法心要。

9.「六祖惠能」是「南宗之祖」，他無意排斥《楞伽經》，而是為了擺脫《楞伽經》裡太多煩瑣的名相，改以文句簡單的《金剛經》代替了《楞伽經》，做為傳授禪法的要旨。六祖惠能雖然沒有提到《楞伽經》，但是《楞伽經》的思想在他的言教中表露無疑。

所以，要看懂「禪機」，這四卷《楞伽經》是必修的教科書。

三、《楞伽經》的經名

《楞伽經》的經名「楞伽」是梵語（Laṅkā），意思有二種：一是指「寶石」，二是指「不可前往的危險處」：

（一）做「寶石」解釋時，是指「釋迦毘楞伽寶石（梵語 śakrābhi lagna-mani-ratna）」，這是忉利天的天主「帝釋天」的頸上寶石飾品，能遍照三十三天。

（二）做「不可前往的危險處」解釋時，「楞伽」是指山名，也是城名。「楞伽」是梵語，中文翻譯為「不可往、不可到、難入」。「楞伽」這個名詞最早出自於印度大史詩《羅摩衍那》（意思為

「拘薩羅國王子羅摩的歷險經歷」），書中記載在錫蘭島（現代的斯里蘭卡國，「蘭卡」即為「楞伽（Lankā）」的今譯。）上有個「楞伽城」，此城在楞伽山頂，故以山名為城名。此山城極高，為夜叉王所佔據，山上有很多羅剎、夜叉，人們都不敢前往，故被稱為「不可前往的危險處」。釋迦牟尼佛曾經來到此地降伏「夜叉王」，並且在此山城向「夜叉王」開演此大乘無上經典。

《楞伽經》漢譯全稱《楞伽阿跋多羅寶經》，又譯為《入楞伽經》、《大乘入楞伽經》，「阿跋多羅」是指「入、無上」的意思，全意是釋迦牟尼佛入此聖山所說的寶經。《楞伽經》一開頭就說：「如是我聞：一時佛住南海濱楞伽山頂，……」故以「楞伽」為經名，稱此經為《楞伽經》。

四、《楞伽經》概說

《楞伽經》是「禪宗」和「法相宗（唯識宗）」的重要經典之一，在中國佛教史上具有十分重要的地位。《楞伽經》綜合了「唯識論」及「唯心論」，說明「唯心」、「如來藏」及「阿賴耶識」的教義，是大乘佛法中論述「唯識思想」的重要經典。達摩祖師說，除了《楞伽經》之外，其他的經典都不是「心要」，可見此經在「禪宗」的重要地位。

（一）《楞伽經》總共有四種漢譯本

傳說印度完整版的《楞伽經》有大本十萬頌，共一百五十品，而現存的《楞伽經》只是其中的一小部分殘本。

現在的《楞伽經》總共有四種漢譯本，第一次的翻譯本已經遺失，只剩下三種翻譯本。我們依照翻譯時代的先後，簡述如下：

1. 第一種譯本是中天竺國「曇無讖」三藏法師於西元412年來到中國，在北涼的首都姑臧翻譯出，最後在唐朝失傳。

2. 第二種譯本是南朝宋元嘉二十年（443年），天竺三藏法師「求那跋陀羅」在丹陽祇洹寺譯出的《楞伽阿跋多羅寶經》，共四卷，又稱為「宋譯」。四卷《楞伽》最具特色，只有〈一切佛語心品〉一品。此翻譯本是目前存在最早的翻譯本，流行也最廣。《續僧傳》卷一六說：「初，達摩禪師以四卷楞伽授可曰：我觀漢地，惟有此經，仁者依行，自得度世。」達摩祖師傳授於二祖慧可的《楞伽經》，就是第二種譯本。

3. 第三種譯本是北魏延昌二年（513年），北天竺國「菩提流支」在洛陽永寧寺譯出的《入楞伽經》，共十卷十八品，「入楞伽」的意思是「進入楞伽島」，又稱為「魏譯」距離「宋譯」大約有百餘年。《入楞伽經》又另稱為《十卷楞伽經》、《魏譯楞伽經》。

4. 第四種譯本是唐代「武則天」久視五年（704年），于闐國「實叉難陀」在國都佛授記寺奉敕令譯出的《大乘入楞伽經》，共七卷十品，又稱為「唐譯」。《大乘入楞伽經》又另稱《七卷楞伽經》、《唐譯楞伽經》，內容與梵本比較接近。

《楞伽經》是禪宗初祖達摩祖師傳燈印心的無上寶典，因此是歷來佛家弟子學習「如來禪」和「明心見性」最主要的依據經典之一。

達摩祖師吩咐二祖慧可要「以楞伽印心」，在《楞伽阿跋多羅寶經》序中提到：「楞伽阿跋多羅寶經。先佛所說。微妙第一真實了義。故謂之佛語心品。祖師達磨。以付二祖曰。吾觀震旦所有經教。惟楞伽四卷。可以印心。祖祖相授。以為心法。」

（二）《楞伽經》的核心論點：「五法」、「三自性」、「八識」、「二無我」

《楞伽經》是印度中期大乘佛教的重要經典之一，與《解深密經》同為論述「唯識思想」的重要經典，全經以「五法」、「三自性」、「八識」、「二無我」等為核心論點：

1.「五法」就是「相、名、妄想、如如、正智」。

2.「三自性」就是「依他起性、遍計執性、圓成實性」。

3.「八識」就是「眼識、耳識、鼻識、舌識、身識（以上合稱五識）、意識、末那識及阿賴耶識（又名「如來藏」）」。

4.「二無我」就是「人無我、法無我」。

「釋迦牟尼佛」在經中開示：

1.「三自性」可包含在「五法」之中。「相」和「名」屬於「妄想自性（遍計執性）」，此二者依附於「妄想自性（遍計執性）」，第八識「阿賴耶識」就會出生其它七個心識，而使八個心識出現在三界之中。

2.八個心識和其種種「心所法」的現行和運作，屬於「緣起自性（依他起性）」。

3.「正智」和「如如」屬於「成自性（圓成實性）」。

4.「八識」和「二無我」也可以歸納在「五法」。

《楞伽經》原文：佛告大慧：三種自性及八識、二種無我，悉入五法。

《楞伽經》翻譯：佛告訴大慧說：三種自性，以及八個識，和二種無我，都歸入於五法之中。

此「五法」可包含一切佛法，次第修學，是本經的重要內容之一。「唯識學」的重點，就是根據《楞伽經》來的。《楞伽經》的核心內容：「五法」、「三自性」、「八識」、「二無我」，這四個項目是學習佛法的全套理論。

（三）大慧菩薩提出「一百零八」個問題

《楞伽經》中主要的主角中有二位，就是「釋迦牟尼佛」和「大慧菩薩」。經文一開始，「大慧菩薩」就提出「一百零八」個問題請「釋迦牟尼佛」開示。

《楞伽經》原文：爾時大慧菩薩摩訶薩，承佛所聽，頂禮佛足，合掌恭敬以偈問曰：「云何淨其念？云何念增長？……」

釋迦牟尼佛耐心的聽完這「一百零八」個問題之後，立即回答了大慧菩薩的問題。但是非常奇怪，釋迦牟尼佛看似答覆問題，實際上卻是答非所問。

原文：善哉善哉問！大慧善諦聽，我今當次第，如汝所問說。生及與不生，涅槃空剎那，趣至無自性，……平等智慧佛？云何為眾僧？佛子如是問，箜篌腰鼓花，剎土離光明，心地者有七。所問皆如實，此及餘眾多，佛子所應問，一一相相應。遠離諸見過，悉檀離言說，我今當顯示，次第建立句。

對於大慧菩薩所提的「一百零八」個問題，實際上釋迦牟尼佛都沒有回答，原因是迦牟尼佛告訴大慧菩薩說：「像你所問的生及與不生、涅槃、空、剎那等這些問題，都是世間的有相之說，都沒有實質意義可言，所以何必問這些問題呢？」這個觀念，釋迦牟尼佛在《金剛經》裡也說過：「凡所有相，皆是虛妄。若見諸相非相，則見如來。」「所有相」都是「唯心所現，唯識所變，所以佛說「三界唯心，萬法唯識」。

《金剛經》說：「一切有為法，如夢、幻、泡、影，如露亦如電，應作如是觀。」釋迦牟尼佛告訴大慧菩薩，你所問的「一百零八」個問題，所有的名相，都是虛妄分別所變現，皆如夢、如幻，不可認為是真實之相。假如執著名相，一一追求答案，思慮考量，沒有窮盡，將永遠陷於迷惑而不能解脫。所以釋迦牟尼佛對於大慧菩薩所有的提問，徹底推翻。

接著，釋迦牟尼佛進一步的說明「一百零八」個諸佛所說的佛法，並且交代大慧菩薩及諸菩薩應當修學。

原文：佛子善諦聽，此上百八句，如諸佛所說。「不生句，生句。常句，無常句。相句，無相句。……字句，非字句。大慧！是百八句先佛所說，汝及諸菩薩摩訶薩，應當修學。」

「不生句，生句」這句話是古代的「倒裝句」寫法，這是為了強調、突出該詞語，而顛倒原有語序的句式，「句」是詞組成的，能表示出一個完整意思的話。接下來的其他句子，就恢復正常句式，例如：「常句，無常句。」、「相句，無相句。」、……「字句，非字句。」等。

釋迦牟尼佛繼續說明這「一百零八」個諸佛所說的佛法，實際上是「一百零八」個問題，而且題題「矛盾對立」，每提一個問題，自己就馬上推翻它。這是為了破除大慧菩薩執著名相的方法，說明大慧菩薩提出的「一百零八」個問題，都是從「分別對待」而來，離不開「語言」和「名相」，徹底推翻大慧菩薩的觀念，表示一切問題都要歸之於「心、自性」。眾生的「自性佛」具備一切智慧，徹底了解萬法的本源。

《楞伽經》裡提到的諸佛所說的「一百零八」個佛法，其實釋迦牟尼佛在《金剛經》裡也說過，只是換了一種方式來解說。《金剛經》裡常出現一種句式：「如來說甲，即非甲，是名甲。」例如：

（一）如來說世界，非世界，是名世界。
（二）如來說第一波羅蜜，非第一波羅蜜，是名第一波羅蜜。
（三）如來說莊嚴佛土者，即非莊嚴，是名莊嚴。
（四）如來說具足色身，即非具足色身，是名具足色身。
（五）如來所說三千大千世界，則非世界，是名世界。
（六）如來說一合相，則非一合相，是名一合相。
（七）如來說具足色身，即非具足色身，是名具足色身。
（八）如來說諸相具足，即非諸相具足，是名諸相具足。
（九）如來說諸心，皆為非心，是名為心。

這種句式是什麼意思呢？舉一個例子來說：「如來說世界，非世界，是名世界。」意思是：如來說法解釋「世界」，這個名稱「世界」，不是真實的「世界」，只是為了教育眾生，才不得不取名為「世界」。「名稱」只不過是暫時為這個狀態立一個名字概念，去代替它、稱呼它而已。釋迦牟尼佛說法，都是用比喻式的方便教育方法。

還原這句倒裝句「不生句，生句。」為「生句，不生句。」用《金剛經》的句式，可以寫成「生句，即不生句，是名生句」，意思是：「生」這個名詞，並不是「生」的事實真相，而是為了說明「生」的意思，才用「生」這個名詞。

要真正懂釋迦牟尼佛所說的佛法，必須要透過自己實際的禪定修行，而不是去看佛經，聽釋迦牟尼佛說故事。所以所有的「說法」，都是「方便法門」，佛經有「三藏十二部」之多，所說的也都是「教育法」。「教育法」的目的是使你懂得「那個東西（自性）」，如果把釋迦牟尼佛的「教育法」當成「學問」就錯了。釋迦牟尼佛是希望你聽懂了祂所說的「那個東西（自性）」，然後按照祂的方法，真實的去禪定修行，而不是去分析、背誦祂所說的「那個東西（自性）」。

《金剛經》的核心內容，就是在強調這個觀念，所以經文上說：

（一）如來常說：「汝等比丘，知我說法，如筏喻者，法尚應捨，何況非法。

（二）「須菩提！於意云何？如來有所說法不？」須菩提白佛言：「世尊！如來無所說。」

（三）「須菩提！汝勿謂如來作是念：我當有所說法。莫作是念，何以故？若人言：如來有所說法。即為謗佛，不能解我所說故。」

（四）世尊而說偈言：「若以色見我，以音聲求我，是人行邪道，不能見如來。」

（五）「一切有為法，如夢、幻、泡、影，如露亦如電，應作如是觀。」

（六）佛告須菩提：「凡所有相，皆是虛妄。若見諸相非相，則見如來。」

《金剛經》最重要的一個重點就是：「佛所說法，皆不可取。」不可以執著釋迦牟尼佛所說的佛法，而是了解之後，要真實的去禪定修練。

《楞伽經》一開始，大慧菩薩就提出「一百零八」個問題請釋迦牟尼佛開示，而釋迦牟尼佛對這「一百零八」個問題的回答，就是先建立為句，再斥為非句，讓大慧菩薩不墮入正反兩邊，不執著一法，歸於無相。

當我們透過實際的禪定修行而「見性成佛」、「歸於無相」，我們的第八識「阿賴耶識」就會轉變成「大圓鏡智」。「大圓鏡智」能夠觀照宇宙間的一切事相，無不明白；「大圓鏡智」就像一部超級智慧型電腦一樣，裡面有一個「宇宙超級大數據資料庫」，所以宇宙裡的萬事萬物，這裡面都有答案。不用透過學習，你自然什麼都知道。當然，也包括大慧菩薩所提出的「一百零八」個問題。

五、《楞伽經》的核心重點

釋迦牟尼佛在《楞伽經》開示的的主要內容如下：

(1)五法（相、名、妄想、如如、正智）

(2)三自性（依他起性、遍計執性和圓成實性）

(3)八識（眼識、耳識、鼻識、舌識、身識、意識、末那識和阿賴耶識）

(4)二種無我（「人無我」和「法無我」）

(5)如來藏

(6)不可言說

(7)戒殺素食

其他還提到「緣起」、「涅槃」、「禪定」、「漸頓」等重要的內容。

《楞伽經》原文：大慧！是名五法、三種自性、八識、二種無我，一切佛法悉入其中。是故，大慧！當自方便學，亦教他人，勿隨於他。

《楞伽經》翻譯：大慧！我所說的五法、三自性、八識、二無我，以及一切佛法，都融入於這五法之中。所以，大慧！你們應當自己尋找方便法門去學習，並且也以此教導他人，使他們不被外道的教義誤導。

（一）「五法」（相、名、妄想、如如、正智）

「五法」是對世間一切法的總括，是把一切有為法（指會隨因緣變化而出現、變化及消失的法，也叫做「緣起法」）、無為法（指不會隨因緣變化而出現、變化及消失的法，是「涅槃」的異名）、有漏法（「漏」，為漏泄的意思，指諸煩惱；指諸漏（煩惱）互相隨順增長之法。也是指四諦中的「苦、集」二諦之法）、無漏法（指遠離煩惱垢染之清淨法）諸法，歸納為五種法。

《楞伽經》原文：大慧！五法者：相、名、妄想、如如、正智。

《楞伽經》翻譯：大慧！這五法就是：相、名、妄想、如如、正智。

「五法」簡介如下：

1. 相（形象）：指事物的形象、相狀。

《楞伽經》原文：大慧！相者，若處所形相，色像等現，是名為相。

《楞伽經》翻譯：大慧！所謂相，就是處所和形狀，例如色相等現象，就稱為相。

2. 名（名字）：指在現象界所立的假名；也就是在人們所認識的物質世界裡，依照不同種類的相（形象），所取的各種名字；簡單的說，就是指事物的名稱，能形容解釋事物的本體。

《楞伽經》原文：若彼有如是相，名為瓶等，即此非餘，是說為名。

《楞伽經》翻譯：如果有了這個相，取名為瓶子等等，人們就依照形相取名。世界上所有的事物，都有「相」有「名」。眼睛可以看見的稱為「相」，耳朵可以聽見的稱為「名」。「相」和「名」都是世間的「有為法」，統稱為「名相之法」；因為「名」能夠解釋事物的形象、「相」狀，所以佛經稱為「名相」。

《楞伽經》原文：愚夫計著俗數名相，隨心流散。

《楞伽經》翻譯：愚夫執著於俗世的數量、名稱，使心念隨境流離散亂。

3. 妄想：又稱為「分別、妄想分別、虛妄分別、妄想顛倒」，凡夫以虛妄顛倒的心，分別諸法的相（形象）。「分別」是指人們的「主觀意識」能夠對事物做分別認識，對於萬物的相及名，思量它，識別它，於是產生所謂大小、高低、美醜、是非等想法。由於心的執著，而無法了解事物的真象，所以產生錯誤的「分別心」。「分別心」是由前面所說的「名、相」二法所引起的，而產生虛妄的念頭。

世間萬物的「相」與「名」都是虛假而沒有不變的實性、本性，只是一種方便教化的假設，但是凡夫卻常分別這個虛假的名相，而生起種種的妄想執著。

《楞伽經》原文：大慧！彼妄想者，施設眾名，顯示諸相，如此不異象馬車步男女等名，是名妄想。

《楞伽經》翻譯：大慧！這個妄想，是對外境依他而起，設立各種名詞，用它來表示這些現象。就像馬、舟、車、男、女等等名稱，都是妄想分別所生。

舉個例子：一張木製的桌子，有「桌面」和「桌腳」，人們依照它的「相（形象）」替它取「名（名字）」為「桌子」。但是這張「桌子」實際上沒有不變的「實性、本性」，只是一種方便教化的假設。因為一旦把這張「桌子」拆開，分解成一個「桌面」和四支「桌腳」，「桌子」瞬間「不見了」。人們不會把「桌面」稱為「桌子」，也不會把「桌腳」稱為「桌子」，但是「桌子」卻在眼前像變魔術一般的消失不見了。

再往前追溯這張木製桌子的前生，它原來是深山裏面的一棵大樹，原來「大樹」是這張木製桌子以前的「名相」；再往前追溯這棵大樹的前生，它原來是一隻小鳥叼在嘴裡的種子，飛過這座深山時，不小心掉下來的，原來「種子」是這棵大樹以前的「名相」；再往前追溯這粒種子的前生，……。最後，你會發現一件事情，你根本不知道怎麼稱呼「這張木製桌子」？哪個「名相」才是它真實的身分？

我們人也一樣，你的名字只是在這一世，代替你、稱呼你的一個「名相」而已。你的前世有另外一個名字，你的下一世又是另外一個稱呼。並且，你每一世都是自己當世所生成的第七識「末那識」在做主，你以為當世那個有肉體的你，是真正的你。而不知道實際上是生生世世，不斷六道輪迴的「中陰身（俗稱「靈魂」）」裡面的第八識「阿賴耶識」，才是「真正的你」。因為只有第八識「阿賴耶識」會永遠的、世世代代的跟隨著你去六道輪迴投胎，而你的第八識「阿賴耶識」，其實就是被你累世的「妄想執著」所包覆的「自性、本性」。

釋迦牟尼佛所說的「自性、本性」，意思是「常住不變的絕對真實性」，也就是源頭不變的身分，真實不變的你。「本性」又稱為「實性、真如」，是宇宙中真實的本體，為一切萬有的根源。

假如你能夠透過禪定修行，除掉外表的「妄想執著」，顯露出乾淨無染的「自性」，就稱為「佛」。所以，「自性」又稱為「自性佛」。能夠見到自己的「自性」，你就是「佛」，所以佛經裡才說「見性成佛」。釋迦牟尼佛說法四十九年，就是不厭其煩的在告訴我們這個道理。

釋迦牟尼佛在《金剛經》告訴我們一個概念：「凡所有相，皆是虛妄。若見諸相非相，即見如來」但是我們凡夫卻經常分別這個虛假的名相，而生起種種的「妄想執著」。

4. 如如：第一個「如」字是「像」的意思，第二個「如」字是「真如」，引申為「永存、常在」，指宇宙中真實的本體，為一切萬有的根源。

「真如」的「真」是「真實不虛妄」，「如」是「不變其性」的意思，即「萬有之本體」。「如如」又稱作「真如、如實、法界、法性、實際、實相、如來藏、法身、佛性、自性清淨身、一心、不思議界。」等。

「如如」是由「正智」所證得的境界，心境皆寂，一如「真如」的體性。簡單的說，「如如」的意思是說：「就像真如那樣」。在早期漢譯的佛經中，翻譯作「本無」。

《楞伽經》原文：彼名彼相，畢竟不可得，始終無覺。於諸法無展轉，離不實妄想，是名如如。

《楞伽經》翻譯：要追究名和相的根本，畢竟是不可得的。如果在名相的生滅界中，始終遠離妄覺，便不受一切諸法的纏繞。既然離了不實的妄想，就稱為如如。

5. 正智：指三乘（聲聞乘、緣覺乘、菩薩乘）所修的「無漏根本智（非能分別、非所分別）」及「後得智（所分別、能分別）」，「正智」為契合「真如」的智慧。

《楞伽經》原文：大慧！正智者，彼名相不可得，猶如過客。諸識不生，不斷不常，不墮一切外道、聲聞、緣覺之地。

《楞伽經》翻譯：大慧！所謂正智，它不是名和相，它是明白名和相的本身，根本不可得。名相和妄想分別等等，就像是往來過客，生滅不休，並無真實可得。如果一切識和妄想不生，不斷不常，就不會墮入一切外道和聲聞、緣覺的見解了。

（二）三自性（妄想自性、緣起自性、成自性）

「三自性」又稱為「三自相」，也就是「妄想自性（又翻譯為「遍計所執性」）」、「緣起自性（又翻譯為「依他起性」）」、「成自性（又翻譯為「圓成實性」）」，簡稱為「三性」。此「三性」必須依賴第八識「阿賴耶識」才能存在。

「三自性」在《楞伽經》的翻譯是：「妄想自性」、「緣起自性」和「成自性」，「玄奘法師」則翻譯成：「遍計所執性」、「依他起性」、和「圓成實性」。

「三自性」是「唯識宗」的主要理論法義，「唯識宗」的主體思想即是「唯識無境」，三界萬法皆由有情各自本具的第八識「阿賴耶識」所變現。「唯識宗」把宇宙萬法分為三種性質，宇宙萬法的性質不出此三種，所以叫做「三自性」。

《楞伽經》原文：云何三自性？謂妄想自性、緣起自性、成自性。

《楞伽經》翻譯：什麼是三自性？就是妄想自性、緣起自性、成自性。

「三自性」詳述如下：

1.「妄想自性（遍計所執性）」：是因為自身執著而產生的幻象；凡夫普「遍」存在「計」較「所執」著的妄想，並且執著抓得很牢，不肯放下，因此造成業力的牽引，凡夫的「生死輪迴」就是由「遍計所執」來的。

《楞伽經》原文：大慧！彼名及相，是妄想自性。

《楞伽經》翻譯：大慧！那些名和相，都是妄想自性（遍計所執性）。

舉例「妄想自性（遍計所執性）」：你看著天上的月亮，你認為月亮上面有嫦娥，這是因為你聽過「嫦娥奔月」的故事後，自身執著而產生的幻象。

2.「緣起自性（依他起性）」：指一切存在都是依因緣條件而起。

《楞伽經》原文：大慧！若依彼妄想生心心法，名俱時生，如日光俱。種種相各別分別持，是名緣起自性。

《楞伽經》翻譯：大慧！因為依他而起妄想的心心諸法，是和心法同時生起的，如同日光一出，便同時照見一切萬物。種種現象，雖然各別存在，但心卻能同時分別它們的差別，這就稱為「緣起自性（依他起性）」。

舉例「緣起自性（依他起性）」：月亮的月光，是由太陽的反射才發光，這是因為有外在條件，才構成的現象。

3.「成自性（圓成實性）」：即圓滿、成就、真實，是絕對的真實性；指「真如」具有圓滿、成就、真實等三種性質。

《楞伽經》原文：大慧！正智如如者，不可壞，故名成自性。

《楞伽經》翻譯：大慧啊！只有正智是如如不動，不可毀壞的，所以便取名為「成自性（圓成實性）」。

舉例「成自性（圓成實性）」：月亮原本就是圓的，這是絕對的真實性。

（三）八識（眼識、耳識、鼻識、舌識、身識、意識、末那識和阿賴耶識）

「八識」是：眼識、耳識、鼻識、舌識、身識（這五識又稱為「前五識」）、第六識「意識」、第七識「末那識」、第八識「阿賴耶識」，「識」是「了別認識」的意思，又叫「心」或「意」，每個有情眾生都有這八種心識的認識作用。

「八識」依照它的特性，可分為四大類：前五識、第六識（又名意識）、第七識（又名意根、末那識）和第八識（又名如來藏、阿賴耶識）。詳述這四大類如下：

1. 前五識：即「眼識、耳識、鼻識、舌識、身識」，依照有情眾生的「五根（「根」意思是「能生出意識」。指五種感覺器官，即眼睛、耳朵、鼻子、舌頭、身體）」所對應的「五塵（「塵」就是塵垢，有染污的意思。）」而命名。

(1)「眼識」依賴「眼睛（眼根）」了別「色塵（眼睛所看到的景像）」。

(2)「耳識」依賴「耳朵（耳根）」了別「聲塵（耳朵所聽到的聲音）」。

(3)「鼻識」依賴「鼻子（鼻根）」了別「香塵（鼻子聞到的香味和臭味）」。

(4)「舌識」依賴「舌頭（舌根）」了別「味塵（舌頭嘗到的酸、甜、苦、辣等味道）」。

(5)「身識」依賴「身體（身根）」了別「觸塵（身體所摸到的軟、硬、冷、熱等觸感）」。

「了別」的意思是：我們心識的第一個「念頭知覺」所對應的外境，沒有用任何的語言文字去稱呼它，沒有去做分析判斷。簡單的說，就是只有「認識作用」。

「了別」和「分別」不同，「分別」是在前五識「了別」以後，我們的心識對於外境，進一步用「語言文字」去做分析判別。

「前五識」依賴「五根」而生起，但所依賴的「五根」有「外根」和「內根」的分別。

「外根」又稱為「扶塵根」或「浮塵根」，就是指：眼睛、耳朵、鼻子、舌頭、和身體等器官。「外根」扶助「內根」認識五塵，它本身只是一個硬體工具，並沒有感覺和認識外境的作用，所以稱為「扶塵根」。另外，「外根」是浮虛的法，所以又稱為「浮塵根」。

「內根」又稱為「勝義根」或「淨色根」，就是指「身體的一切神經系統」。「內根」依賴「外根」來攝取外界的境，並且產生內界心識（前五識）的感覺、認識作用。「內根」有攝取外境和產生心識的作用，它的功能殊勝，所以又稱為「勝義根」。

「前五識」攝取外界的境，只有「認識的作用」，沒有「分別的功能」。能分別「色、聲、香、味、觸」五塵的內容，是第六識「意識」的功能。

「前五識」的特性為「不恆不審思量」，「恆」是恆常、相續不斷，「審」是審察、分析判斷。「前五識」是既不恆常，也不審察思量。

比如說：眼睛（眼根）看到一顆鑽石（色塵），產生「眼識」。「眼識」就像用「照相機（眼根）」拍照的「相片檔案」一樣，只是一個「影像檔案」，「眼識」永遠不會（不恆）對這顆鑽石的「相片檔案」做出分析判斷（不審）的動作，它只是一個「相片檔案」的功能而已。

其它四個心識也一樣：「耳識」只有聽覺的功能；「鼻識」只有嗅覺的功能；「舌識」只有味覺的功能；「身識」只有觸覺的功能，它們都永遠不會（不恆）對聲音、味道、觸感做出分析判斷（不審）的動作。

2. 第六識：又稱為「意識」，能分別認識「法塵」。第六識「意識」所依托的根是第七識「末那識」，第六識「意識」必須憑藉著第七識「末那識（意根）」和「法塵」接觸之後才能生起，稱為「緣起法」。

第六識「意識」有「攀緣」的功能，「攀」的意思是：抓住物體往上爬、依附、牽連、牽扯。「緣」意思是：人與人或事物之間相遇的機會。「攀緣」就是「心隨外境而轉」；就是「內心跟隨著環境而變動，因為追逐、執著而造作業力和煩惱」；就是你有企圖、有目的，或者是為名、為利，想去做一件什麼事情。

一切法被第六識「意識」所攀緣者，稱為「法塵」。「色、聲、香、味、觸」等「五塵」所顯示的種種法相，都稱為「法塵」，例如：漂亮、醜惡等。

「法塵」是第七識「末那識（意根）」所攀緣的情境，第七識「末那識（意根）」接觸到這些「法塵」就會生起第六識「意識」，再由第六識「意識」去領取納入，同時分別這些「法塵」的好壞。簡單的說，「法塵」就是「思想所能及者」。在佛經中，經常將煩惱比喻為塵垢，因為此等諸法如灰塵一般會污染情識，所以稱為「法塵」。

在八個識之中，只有第六識「意識」才能夠分別諸法種種差別，而生起種種的業因，受種種的果報。因此，牽引我們去接受業力報應的，也是第六意「意識」功能。

第六識「意識」的特性為「審而不恆思量」，「恆」是相續不斷，「審」是審查思慮。「審而不恆思量」是指第六識「意識」有審察的思量作用，但是在五種無心位時（睡眠、悶絕、無想天、無想定、滅盡定）會中斷思量作用。

比如說：眼睛（眼根）看到一顆鑽石（色塵），產生「眼識」。第七識「末那識（意根）」立刻就生起第六識「意識」，第六識「意識」領取納入「眼識」所傳來的「相片檔案」，並且做分析判斷（審），分別好壞，最後得到「鑽石是珍貴的好東西」這個結論，再傳回給第七識「末那識（意根）」做決定。但是傳出訊息給第七識「末那識（意根）」後，就永遠不會再思量（不恆思量）「眼識」所傳來的「相片檔案」。

又例如：昏迷不醒的時候，第六識「意識」也暫停作用，所以是「審而不恆思量」。

我們會知道冷、熱；好、壞；美、醜；高、低；前、後；左、右；上、下等等，都是第六識「意識」的功能。

第六識「意識」所依托的根，是第七識「末那識」，例如：逛街經過珠寶店的櫥窗，看到一顆漂亮的五克拉鑽石，這是「前五識」裡「眼識」的「了別（我們心識的第一個「念頭知覺」）」作用；然後心裡浮現第一個念頭：「好珍貴的鑽石」，這是第六識「意識」的分別作用；然後心裡浮現第二個念頭：「我想要擁有這顆珍貴的五克拉鑽石，對我有很大的好處。」這是第七識「末那識」的執取作用。

第六識「意識」是人類心理活動的總管，人類心理活動的尋伺、作意、判斷、記憶、決定等作用，以及喜怒哀樂的情緒作用，都是第六識「意識」的功能。

凡夫還沒有截斷分別意識之前，只要「前五識」的作用一起，第六識「意識」就跟隨而起，進行了別、思惟、作意等分析判斷的心理活動。

第六識「意識」具有分別、認識抽象概念的功能，「前五識」都歸它指揮，但它卻也是最大的心識污染媒介。

第六識「意識」俗稱「分別心、能知心、妄心、覺知心」，具備有：思考、分別、對色聲香味觸法起憶想、愛恨、覺知、寂照、見聞覺知等功能。

第六識「意識」能夠攀緣現在情境、過去情境和未來情境，例如：回憶過去，眺望未來，都是它的作用。

「前五識」是依賴「五根」而生起，是屬於「色法（物質）之根」；而第六識「意識」是依賴第七識「末那識」而生起，是屬於「心法（非物質）之根」。

「前五識」只能了別自己範圍以內的事物，而第六識「意識」則是「前五識」任何一識發生作用，第六識「意識」立即與它（們）「同時俱起（同時一起產生作用）」，而進行分析判斷的作用。

「前五識」就像是公司各部門的經理，接觸外部的資訊，第六識「意識」就像是總經理，整合處理各部門的經理所傳送過來的資料。

第六識「意識」又分為「五俱意識」和「獨頭意識」：

(1)「五俱意識」是與「前五識」同時生起的「意識」：

①「意識」與「眼識」一同生起時，發生了別的作用，稱為「眼俱意識」。

②「意識」與「耳識」一同生起時，發生了別的作用，稱為「耳俱意識」。

③「意識」與「鼻識」一同生起時，發生了別的作用時，稱為「鼻俱意識」。

④「意識」與「舌識」一同生起時，發生其了別作用時，稱為「舌俱意識」。

⑤「意識」與「身識」一同生起時，發生其了別作用時，稱為「身俱意識」。

「五俱意識」就是第六識「意識」和「前五識」在同一個時間內，一起接觸到外面的種種境界。

舉例來說，「眼識」看見色境，這時第六識「意識」也同時產生分別判斷作用。由於有第六識「意識」的運作，使「眼識」對於色境了別得更加清楚；而第六識「意識」本身，同時也把「眼識」所看見的色境，和以前所看見儲存的回憶影像做比較分別判斷，這就稱為「五俱意識」。

第六識「意識」和「前五識」不是一對一的「一俱」作用，而是可能「一俱」、或一對二的「二俱」、或三俱、或四俱、或五俱都不一定，視因緣而定。

(2)「獨頭意識」是單獨生起，不和「前五識」俱起。「獨頭意識」攀緣思慮的只是「法境」，「法境」又稱作「法處、法界」，「法」是指「一切法」，即包含一切事物、物質、精神，以及所有現象的存在，也就是「思想所能及的事情」。「境」的意思是「被感覺器官和心識所感覺或思惟的對象」。簡單的說，「法境」就是「你所能想得到的事情」。

「獨頭意識」分為四種：

①夢中獨頭意識：攀緣夢中的境界，所生起的意識。在睡覺的時候，「前五識」停止作用，但是第六識「意識」還是可以活動起種種的分別。我們平常「做夢」就是第六識「意識」的活動。

②定中獨頭意識：攀緣「禪定（專心一境，心不散亂。）」中的境界，所生起的意識。禪定中的意識，「前五識」已經完全停止活動，只剩下第六識「意識」。

③散位獨頭意識：這是既不在夢境中，也不在禪定中，也不和「前五識」同時攀緣外境。而是在平常的情況下，生起散亂心，想東想西，回憶過去、思惟現在、計劃未來，因為散亂心生起，所生起的妄想。

④狂亂獨頭意識：經神病患者，在神經錯亂的時候，自言自語，語無倫次，事實上他有他意識所攀緣的幻想境界。

「獨頭意識」就是在「前五識」停止作用，不起分別的時候，第六識「意識」仍然可以單獨活動，比如說：第六識「意識」回憶過去，或者想像未來的種種情境時，就完全是不伴隨著「前五識」，獨自活動。

第六識「意識」為什麼有那麼多的「分別心」呢？凡夫的「分別心」是如何產生的呢？答案是：被

「名相」困住了。

《楞伽經》原文：「愚痴凡夫，隨名相流。」

世間一切的事物都有「名相（名稱）」，耳朵可以聽見的，稱它為「名」；眼睛可以看見的，稱它為「相」。「名」可以解釋顯示事物的「相」狀，所以稱為「名相」。簡單的說，「名相」就是「名稱、稱呼」。然而實際上「名相（名稱）」都是虛假的，沒有「實性、自性」。因為世間的事物都不會永久存在，永遠在變化。「實性、自性」是指永遠不會變化、改變的東西。

世間事物的「名相（名稱）」，只是一個暫時性的代名詞，等它一變化，這個事物的「名相（名稱）」，也跟著消失。而凡夫卻經常分別這個虛假的名相，而生起種種的妄想執著。

比如說「水」：當它是液體的時候，我們稱它為「水」；當它是固體的時候，我們稱它為「冰」；當它是氣體的時候，我們稱它為「蒸氣」，只要形體一變化，原來的「名相（名稱）」立即消失。

我們人也一樣（假設你三世都投胎做人）：這一世你的名字是「乙」；上一世你的名字是「甲」；下一世你的名字是「丙」。當你死亡的時候，那一世的你就消失不見了。釋迦牟尼佛告訴我們說，只有你內在的「自性」會隨著「中陰身（俗稱靈魂）」去投胎轉世，去六道輪迴，這個「自性」永遠不會改變，這個「自性」才是真正的你，世上只有這個「自性」是真實的，所以又稱它為「實性」。但是，我們凡夫在每一世的時候，都認為在那一世的甲或乙或丙，才是真正的自己，釋迦牟尼佛說這是我們凡夫的「妄想執著」。

《楞伽經》原文：「愚夫計著俗數名相，隨心流散。」

所以，凡夫的「分別心」是由分別「名相」而來的。自己分別之後，又「遍計所執（妄想執著）」，生生世世都是如此，永遠在六道輪迴中，不得解脫。

凡夫要修行，要先從第六識「意識」下手。第六識「意識」，在八個心識當中，它的活動範圍最廣，活動力最強。它有時和前五識一起，對外在的境界起著種種分別；有時單獨向內起著種種分別。所謂「修道」就是：要「修」正自己錯誤的思想和行為，來符合佛「道」。因此，我們要學習佛法，必須要認識了解第六識「意識」的活動情況。

凡夫修行的第一步，就是把第六識「意識」從「散亂活動」改變成為「定位活動」，所以一定要學習「禪定」的功夫。

第六識「意識」攀緣「三性、三量、通三境」，第六識「意識」無所不通，它具備有「三性」、「三量」的功能，通「三境」。

⑴三性：善性、惡性、無記性（非善非惡）。

①善性：指現在世及未來世，對自己和他人都有益處者的心性，例如：善心及善心所生起的一切善業。是以無貪、無瞋、無癡等為因緣的業。

②惡性：指現在世及未來世，對自己和他人都有害處者的心性，例如：惡心及惡心所生起的一切惡業。是以貪、瞋、癡等為因緣的業。

③無記性：指非善非惡的心性，例如：發呆、發愣、失念。不是以無貪、無瞋、無癡等；也不是以貪、瞋、癡等為因緣的業。

⑵三量：

「量」的意思是「測量」，也就是我們心識的「攀緣能力」。我們以心識來測量外面的情境，就可以分辨情境，例如：好、壞、正、斜等等。我們在認識外境時，心理活動的「相狀（形相或狀態）」有三種狀況，稱為「三量」：即現量、比量、非量。

①現量：

就好像是你用照相機對著一個物體，照相機的鏡頭，就呈現出來這個物體真實的形狀，這種情況就是「現量」。

「現量」是不用思考、分析、判斷，就能夠立即直覺感受到它的存在，也就是直接知道，不必經過思考，例如：手碰到火或冰，立刻就知道它的存在。

「現量」在第六識「意識」用的最多，當你看到一輛車時，當下你的「眼識」直覺那只是一輛車，這個時候是「現量」的狀態；下一秒鐘，你的第六識「意識」就開始分析判斷，這輛車是「名牌車」還是「普通車」？這個時候就已經不是「現量」了。

當你靜坐到一個境界時，頓時內心裡什麼都不去分別，在這一剎那間，內心裡頭沒有思想，可是都清清楚楚的知道，這是第六識「意識」清淨的「現量」。

當你念「阿彌陀佛」的佛號，念到「念而無念、無念而念」的境界時，連「阿彌陀佛」這句佛號都沒有了，沒有「阿彌陀佛」這一念了。這個境界並不是我睡著了，反而是非常清醒，只是當下心裡沒有雜亂的思想，連「阿彌陀佛」也沒有了，這個時候就是第六識「意識」的「現量」。

在八識當中，那一個識可以運用「現量」呢？

(a)「前五識」在接觸外界情境的時候，當下的直覺就是「現量」，沒有作揣測分別。

(b)當第六識「意識」的「五俱意識」的「見分（認識「相分」的作用，即被心識所認識的對象。）」不生起「計度分別」、「隨念分別」的時候，它也可以作「現量」。

(c)第六識「意識」當中的「定中意識」，就是在「禪定」中所見到的境界，就是「現量」來見這個境界：「禪定」中所看到的境界，就是「現量」見到的境界，沒有分別心。

(d)第七識「末那識」沒有現量。

(e)第八識「阿賴耶識」的「見分（認識「相分」的作用，即被心識所認識的對象。）」就是攝持「根身（人的身體）」、「器界（我們所住的世界）」、「種子（物質與精神等，一切現象都有其產生的原因，如同穀類的種子。）」，第八識它對於根身、器界、種子的攝持就是屬於「現量」，是不加分別的。

②比量：

「比量」是「比較測量」的意思，是由「比較推理」而來。

「比較推理」什麼呢？就是用「已經知道的事物和經驗」來比較「未知的事物」，經過分析、判斷，推測那個「未知的事物」後，所得到的結論，這就稱為「比量」。

我們「所有的思想」、「一切的理解」和「任何的學問」，都是第六識「意識」在作用（分析、判斷），都是屬於「比量」。「比量」就是第六識「意識」在生起「分別作用」，從比較當中得到「未知事情」的真相。

例如：

Ⓐ看到遠方在冒煙，就知道那裡有火；聽到屋裡有人說話的聲音，就知道裡面有人。

Ⓑ對於「有沒有鬼神？」這個問題，許多人自認為受過高等教育，「鬼神」既然無法用科學儀器探

測出來，證明祂們的存在，就推論斷言「鬼神」只是一種迷信和傳說。

Ⓒ 西方著名的哲學家笛卡兒說：「我思故我在」，意思是「因為我有思想，所以我存在。」我在思想的這個「思想」，就是第六識「意識」的作用，這是「比量」的情境，不是「現量」。

Ⓓ 現代心理學有個專有名詞叫做「意識形態」，也是一種「比量」。「意識形態」的意思是「所有政治運動、利益集團、黨派乃至計畫草案，各自有固定追求的理想。」簡單的說，就是「有一個共同理想的思想，它構成了一個習慣。」這個習慣性的「意識」，就是第六識「意識」在作用，這個「比量」的作用，已經變成了一個固定的形態。現代世界各國，他們社會的撕裂，都是來自於「政治的意識形態」，例如：「左派」與「右派」、台灣的「國民黨」和「民進黨」。

在八識當中，那一個識可以運用「比量」呢？

(a)「前五識」不行，「前五識」只能單獨對現在的情境來分別。

(b)第七識「末那識」沒有分辨外面情境的功能。

(c)第八識「阿賴耶識」也沒有分辨情境的功能。

(d)只有第六識「意識」裡面的「獨頭意識（不和「前五識」俱起，獨自生起思考作用）」可以運用這個「比量」。

③ 非量：

就是「似是而非」的「測量」，「似是」好像是對的，其實是錯的；就是對所測量的對象，都是錯誤不正確的，與事實不相符合。用不正確的理由或例子來推論，推論出來的結果當然是錯誤的。

以下都是「非量」的例子：

(a)精神病患者的思想。
(b)做白日夢、幻想的情境。
(c)黑夜中看到一條繩索，以為一條是蛇。
(d)有人掉了皮夾，以為是遭小偷，結果是掉在家裡。
(e)一個人遭受打擊，情緒低落到想自殺；或者欣喜若狂，造成短暫的發瘋症狀。

在遠方看到一個著火的輪圈，走近一看，才知道是有人拿一個火把在空中畫圈。

有人說這個世界上一定有上帝，因為這個世界上人工的東西，都有一個製造者，那自然界的萬物，「當然」也有一個造物者。結果，事實上這是錯誤的推論，因為釋迦牟尼佛說：「萬法皆是因緣合和而成。」

(h)有人說世間根本沒有「六道輪迴」，因為人死以後，就腐爛化為塵土，什麼都沒有了。所以證明人死了以後，沒有「六道輪迴」這件事。事實上，這個理由是按照錯誤的經驗來推論的。因為，釋迦牟尼佛說：「人死以後雖然肉體會腐壞，但是還有一個永遠不會腐壞的東西˙就是我們的第八識「阿賴耶識」，會隨著眼睛看不到的「靈魂（中陰身）」去「六道輪迴」投胎。用不正確的例子來推論，推論出來的結果，當然是錯誤。

在八識當中，那一個識可以運用「非量」呢？

(a)第六識「意識」當中的「散位獨頭意識」，常常做「非量」的思考。
(b)第六識「意識」的「五俱意識」攀緣「現量（現在的情境）」，假如攀緣錯誤、分別錯誤，也是「非量」。

(c)第七識「末那識」是絕對的「非量」，它錯誤執著了第八識「阿賴耶識」的「見分（認識「相分」的作用，即被心識所認識的對象。）」為實我，這樣的判斷是錯誤的。

我們在日常生活中，面臨上述的這些錯誤認識，實在多的不勝枚舉。由於我們無始以來「妄想執著」的作用，「貪、瞋、痴」等煩惱的驅使，經常使我們是非不辨、善惡不分、正邪錯亂、黑白顛倒！導致我們造了許多罪業，永遠陷在「六道輪迴」不能脫離。

(3)三境：性境、獨影境、帶質境。

①性境：

「性境」的「性」是「真實性、不虛假」的意思；「境」是「境界」，原本是指「地理、空間的界限」，引申到人類所處的抽象領域層次。在宗教信仰方面，引申為修行、修煉的進度或內心所處的心境。

「性境」真實不虛，對於情境能夠攀緣到它的本質，所以又稱為「本質境」，可分成二種：

(a)無本質性境：即第八識「阿賴耶識」所攀緣的「根身（人的身體）」、「器界（我們所住的世界）」、「種子（物質與精神等，一切現象都有其產生的原因，如同穀類的種子。）」，但是自己變現自己攀緣，不假手外質。

(b)有本質性境：即「前五識」以及與「前五識」同時俱起的第六識「意識」（五俱意識），所攀緣的五塵境，是依托第八識「阿賴耶識」的相分為「本質」，隨即變為自識相分，而為所攀緣。就好像是「照相機」依托人身為「本質」，所拍攝的照片，只是實體的影像而已，可是卻被認為是「本質」。

「本質」與「影像」相對稱，「本質」被「影像」所依托。「影像」的實質根據及所依托物的對象，即為「本質」；心識認識對象時，在內心中變現認識對象的相狀，稱為「影像」。

所以「相分（即被心識所認識的對象）」可以分為二種，即「本質相分」與「影像相分」。例如「眼識」攀緣色境，除了「眼識」所顯現的影像之外，還有第八識「阿賴耶識」種子所生起的實質色法，就稱為「本質」；被「影像」所依托的對象，稱為「帶質境」；第六識「意識」的幻想和夢想，只有影像而沒有所依托的本質，則稱為「獨影境」。

「性境」就是「實境」，就是「真實的情境」。意思是：這個「情境」並不是從分析、判斷、考量而生起，也不是隨順心識的妄想所造成，而是人類能攀緣的心識，得到外境的「自相（事物的外觀、形象和特徵）」而生起。

在「八識」中，可以攀緣到「性境」的心識有三個：

(a)「前五識」攀緣「性境」，「前五識」對於所攀緣的情境，沒有分別心，只有真實的呈現「事物的外觀、形象和特徵」，也就是「性境」。

(b)第六識「意識」中的「定中獨頭意識」（攀緣「禪定」中的情境，所生起的意識。），對於所攀緣的「相分（由心識所變現的外境）」，也是一種「性境」。在禪定中所看到的情境，不是屬於「幻境」，那是屬於禪定中所看到的一個情境。

(c)第八識「阿賴耶識」的「相分（由心識所變現的外境）」，也是一種「性境」。第八識「阿賴耶識」的攀緣，是不起分別的。這種情境，也是一種「性境」。

②獨影境：

「獨」是指第六識「意識」不依靠「前五識」起作用，而能夠自己單「獨」產生心識；「影」是「影像」、「相分（由心識所變現的外境）」，這種情境是由我們心裡去幻想、夢想出來的境界。「獨影境」就是不依托「本質」，純粹是第六識「意識」自己「獨自」起了一個「影像」而已。簡單的說，「獨影境」就是沒有「真實的景象」做依托，純粹是「心中想像」而得到的情境，我們通常稱為「幻想」。

「前五識」攀緣色境，除了「前五識」的心識所顯現的影像（即相分）之外，還有第八識「阿賴耶識」的業識種子所生的實質色法，做為此影像所依托的東西，稱為「本質」。

第六識「意識」和「前五識」不同，可以不依托「本質」，單獨由「心識」變現產生「影像」，所以稱為「獨影境」。這個「影像」所產生的境界，是由我們的第六識「意識」，去幻想或者夢想出來的情境。

「獨影境」就是「幻想」，例如：

(a)中國的成語「杯弓蛇影」，就是一種「獨影境」的現象。在漢代「應劭」所寫的《風俗通義．怪神》中說：有個人參加宴會，看見自己的酒杯中有個蛇影，內心暗生疑懼，酒後就覺得肚子痛。後來得知那個「蛇影」其實是牆壁上所掛的弓，映入杯中的影像，於是肚痛的病就不藥而愈。這個成語是比喻「疑心太重，自己嚇自己。」。

(b)晚上做夢的時候，那個「夢」就是第六識「意識」所變化出來的虛幻情境。

(c)白天做白日夢，幻想和自己喜歡的人去約會。

(d)回憶過去或憧憬未來。由心識幻起影相，思惟其事，虛幻無實體。

(e)買了一張樂透彩，幻想自己會中頭獎。
精神病患者的幻想情境。
身心極度疲勞困倦，精神恍惚時候的情境。
(h)有人吃了毒品以後，產生的迷幻情境。
對一個人進行催眠，被催眠的情境。
靜坐禪定中的情境。
「獨影境」又可分為「無質獨影境」和「有質獨影境」二種：
(a)「無質獨影境」就是前面所舉例的「凡夫心中的幻想」。
(b)「有質獨影境」是指出世間法當中，對於釋迦牟尼佛所述說的「出離三界後的聖境」，也就是我們凡夫無法見到，但是心中嚮往的境界，如「西方極樂世界、彌勒淨土、東方淨琉璃世界」等。
在「八識」中，可以攀緣到「獨影境」的心識有二個：
(a)第六識「意識」有「獨影境」。
(b)第七識「末那識」只有「非量」，只攀緣到「帶質境」。
(c)第八識「阿賴耶識有「獨影境」。
③帶質境：
「帶」是「挾帶、連著、含有」的意思，「帶質」就是「挾帶本質、含有本質、連著本質」。我們所居住的這個物質世界，是第八識「阿賴耶識」的業力種子所變現出來的情境。所以，「帶質境」就是第八識「阿賴耶識」帶物質來的情境，「帶質境」也是第八識「阿賴耶識」的「性境」。

當這個情境是在實境上，另外又生出一個相似的「本質情境影像」，這種情境帶有「本質情境」，我們稱為「帶質境」。例如：影印鈔票時，把「真鈔票」比喻為「本質境」，「鈔票影印本」比喻為「帶質境」。「鈔票影印本（帶質境）」和「真鈔票（本質境）」看似一樣，實際上不同。「鈔票影印本」就是「偽鈔」，這叫做「帶質境」。

「帶質境」就是依據心中所生起的景象，所產生的妄想；就是因為面對所見的景象時，根據自己的經驗或習性，心中所生起猜疑不實的妄境假相。「帶質境」是由「心識」和「情境」二者合力而成，界於「性境」與「獨影境」之間。

「帶質境」就是「錯覺」，例如：

(a)疑神疑鬼。

(b)杯弓蛇影。

(c)一朝被蛇咬，十年怕草繩。

(d)回憶過去的事情。

(e)晚上走黑路，因為光線不明，錯認路旁的石頭是一隻狗。

熱戀中的男女，無時無刻都在想著對方。

「帶質境」又分為兩種：「真帶質境」和「似帶境質」。

(a)「真帶質境」：

「真帶質境」是挾帶第八識「阿賴耶識」的本質來的，是指我們的第八識「阿賴耶識」裡，儲存過去宿世的習性業識種子。而第七識「末那識」依托此業識種子，所生起的幻相，都不是真實的。例如：

有人生性慳貪吝嗇，這是因為他的第七識「末那識」中，一直認為自己很匱乏，其實並非如此。但是當他的第六識「意識」緣取第七識「末那識」的見解，表現在行為上時，就會很執著錢財，想要存許多錢，才有安全感，這是重現宿世的習性。

「宇宙的萬有」和「世界的萬物」都是第八識「阿賴耶識」的業識種子所變現出來的，這個情境就是「真帶質境」。

我們這個生命是依照業力的果報來的，是業力所生，帶來我們這個身體，這個就是「真帶質境」。「西方極樂世界」是阿彌陀佛的願力所造就的共業世界，「東方琉璃淨土世界」是藥師佛的願力所造就的共業世界，「兜率天淨土」是彌勒佛的願力所造就的共業世界，這些也是屬於「真帶質境」。

(b)「似帶質境」：

「似帶質境」就是我們的第六識「意識」遇到外境時，心中所產生的錯覺。例如：「一朝被蛇咬，十年怕草繩。」雖然草叢裡沒有真的蛇，但是看到草叢裡的一條草繩，就會誤以為是真蛇，在心中浮現生起蛇的形象。

我們黑夜走路，看到樹影當成鬼，這是「似帶質境」。我們晚上睡覺做夢，大部分的「夢境」是「獨影境」，但是有些夢是「似帶質境」。

中國古代有一個「李廣射虎」的記載：在西漢時期，有一位著名的將軍叫做李廣，他精通騎馬射箭，驍勇善戰，被稱為「飛將軍」。有一次，他去山裡打獵，忽然發現草叢裡蹲伏著一隻猛虎。李廣立即彎弓搭箭，一箭射出去。李廣以為老虎一定中箭身亡，於是走向前去，仔細一看，被射中的竟是一塊形狀很像老虎的大石頭。不可思議的是，他這一箭不僅箭頭深入石頭當中，而且整支箭也幾乎全部射入石頭當中。李廣很訝異，他不敢相信自己有這麼大的力氣，於是就想再試一下，就往後退了幾步，張弓搭箭，用力向石頭射去。可是，一連射幾箭都無法射進大石頭。後來有文人學者把李廣這件事評語為：「精誠所至，金石為開」，這就是「精誠所至，金石為開」成語典故的由來，意思是：一個人只要專心誠意去做事，那麼就沒有什麼困難的問題不能解決的。

「李廣射虎」的故事，說明了一個道理，李廣在第一次射箭的時候，他以為石頭是老虎，所以精神非常專注。但是第二次射箭的時候，他知道射的是石頭，所以精神較為鬆懈。「李廣以為石頭是老虎」，這個「錯覺」就是「似帶質境」。

在「八識」中，可以攀緣到「帶質境」的心識有二個：

(a)第六識「意識」見到外面的情境，心裡生起分別判斷，這是屬於「似帶質境」。

(b)第七識「末那識」攀緣第八識的見分，再起一個有「實我」，「實我」就是一種「帶質境」，屬於「真帶質境」。

3. 第七識：第七識又稱為「末那識」或「意根」，「末那」是梵語manas的音譯，意譯為「意」就是「思量」的意思。為了不和第六識「意識」的翻譯互相衝突，所以用音譯「末那」來做為第七識的代名詞。

第七識「末那識（意根）」的特性為「恆審思量」，「恆」是相續不斷，「審」是審查思慮。第七識「末那識（意根）」從無始以來，就在生死輪迴之中，相續不斷的活動，未曾間斷（恆思量）；另外，它又攀緣第八識「阿賴耶識」的「見分（認識「相分」的作用，即被心識所認識的對象）」，執著以為是真我（審思量）。

第六識「意識」的覺知心，必須依托第七識「末那識（意根）」才能夠生起，因為是第六識「意識」的根，所以又稱為「意根」。這就好像我們的第一識（眼識）是依靠「眼根（眼睛）」而生起，所以稱為「眼識」；「第六識」是依靠「意根」而生起，所以稱為「意識」。

第七識「末那識（意根）」主宰第六識「意識」的思維，由於第七識「末那識（意根）」隨時作主的特性，恆常不斷的審查思慮前六識，不斷的生起妄想，並且執著這些妄想，因此導致生死輪迴不斷。

第七識「末那識（意根）」是依托第八識「阿賴耶識」做為它的自體，另外依托第六識「意識」做為它的作用。而它自己卻是既無自體也無作用，只是依托他物而生起。第七識「末那識（意根）」執著第八識「阿賴耶識」的「見分（認識的作用）」，以為我們這個身體是「自我（真實的我）」，卻不知道這個身體死亡之後，就消失不見了。

當我們睡著了，處於不做夢的狀態時，這個時候「前五識」和第六識「意識」都停止作用，繼續在工作的心識，只有第七識「末那識」和第八識「阿賴耶識」。

在日常生活中，第七識「末那識」靠著肉體的「五根（眼、耳、鼻、舌、身）」，仍然在監督外面的一切情境。它攀緣外面的一切情境，一直在做監督的工作。

舉例來說：有個人在房間裡睡覺，這時候假如房間著火了，人睡著了什麼也不知道，但是會突然驚醒。這是因為火光的情境，透過眼皮反映到閉著的眼睛裡；火燃燒東西的聲音，傳到耳朵裡；火燃燒的熱度，被皮膚感受到，這些外界的訊息都被第七識「末那識（意根）」的「念頭知覺」感應到。

但是第七識「末那識（意根）」沒有分析判斷的功能，所以不知道是怎麼回事，它就趕快把第六識「意識」叫醒了，這時候第六識「意識」又生起了。第六識「意識」一分析判斷，原來是著火了，它就通知第七識「末那識（意根）」要趕快逃命，於是人就從夢中被驚醒。

人的貪、瞋、癡都來自第七識「末那識（意根）」，它會本能的保護自己，增加生存的機會。古諺早就說過「人不為己、天誅地滅」，人的自私行為都和第七識「末那識（意根）」有關。

第六識「意識」就好像是你心靈上的「天使」；而第七識「末那識（意根）」就好像是你心靈上的「魔鬼」，我們遇到事情會覺得很難下決定、猶豫不決、天人交戰和內心矛盾的種種現象，都是你內在的第六識「意識」和第七識「末那識（意根）」在爭論。但是，假如第六識「意識」不能夠完全說服第七識「末那識（意根）」，最後還是會由第七識「末那識（意根）」來做決定，再付諸行動。

例如：人在失戀時，身不由己的想要繼續沉溺在愛情裡，這個是第七識「末那識（意根）」的作用，而不斷的告訴自己，應該結束這段戀情，這樣對雙方都好。這種分析判斷的心靈聲音，是第六識「意識」的功能。

如果第六識「意識」的分析符合道理，第七識「末那識（意根）」就會接受，下決心擺脫這段戀情；如果第六識「意識」的分析不符合百分之百的道理，第七識「末那識（意根）」不接受或是部分接受、部分又不接受，就會造成內心矛盾的現象。

第七識「末那識（意根）」是一個自私又執著的心識，它的最大特點是執著「假我（我們的身體）」，這個「執著心」的根源，從無始劫以來，就與四種煩惱互相呼應，生死相隨。

這「四種煩惱」就是「我痴、我愛、我慢、我見」。人只要執著「假我」，這「四大煩惱」立即同時生起。詳述如下：

(1)我痴：「痴」就是「無明（指無智、愚昧，即不通達真理、不能明白理解事相或道理的精神狀態；特指不了解佛教道理的世俗認識。）」，「我痴」就是指第七識「末那識（意根）」不明白我們的身體是「假我」的真理，迷戀於自心所變現的「假我相（我們的身體）」，以為是真實。

(2)我見：「見」就是推測的意思，第七識「末那識」妄想執著第八識「阿賴耶識」的見分（認識的作用）為「真實的我」。凡夫總是帶著強烈的「我執」去認識這個世界，處處以「自我（假我）」為中心。

(3)我慢：「慢」就是「傲慢、心不謙卑」，不屑他人。「我慢」就是指第七識「末那識」處處以「自我（假我）」為中心，總覺得自己比他人更優越，高高在上，自以為是。

(4)我愛：「愛」就是「貪愛」，「我愛」就是指第七識「末那識」愛戀自己，覺得自己最好，自己最重要，無一時捨離。我們希望求得更好的生活條件，希望有富貴名利，希望吃好、睡好、穿好、住好，希望青春美貌，希望健康長壽，這些都是和「我愛」有關。「我愛」也會影響和他人的人際關係，因為只愛自己，就會以「自我」為中心，目中無人，很難和他人相處。

由於第七識「末那識」與上述四種煩惱互相呼應，所以又稱為「染汙識」。眾生之所以自無量劫以來，就處在六道輪迴之中，不能解脫，這個關鍵就在於第七識「末那識」的「執著假我」。由於第七識「末那識」執著我們這個身體（假我），生死煩惱，覆蓋自性，迷惑顛倒，造業受苦，循環不已，所以眾生才會在生死輪迴中不能自拔。

因此，想要學佛了斷生死，最重要的課題就是：如何斬斷第七識「末那識」我執的繩索；也就是如何讓第七識「末那識」停止作用。

4. 第八識：又稱為「阿賴耶識」，是梵語 alaya 的音譯。又翻譯為「阿羅耶識、阿黎耶識、阿剌耶識、阿梨耶識」。舊翻譯為「無沒識」，新翻譯為「藏識、第八識、本識、宅識」。

第八識「阿賴耶識」的特性為「恆而不審思量」，「恆」是相續不斷，「審」是審查思慮。自無始劫以來，第八識「阿賴耶識」永恆存在，但是不審察思量。「前七識」和「六塵萬法」都是從祂而生，但是祂離「見聞覺知」，所以不分別「六塵萬法」，對它們從不思量也不作主。

我們前一世的「中陰身（俗稱「靈魂」）」，帶著第八識「阿賴耶識」，由「業因」決定引導我們出生到這個世界，當某些「業識種子」成熟了，就顯現為「果報」。第八識「阿賴耶識」帶著我們累世的「業識種子」，在這一世又製造新的「業識種子」，然後又儲藏到第八識「阿賴耶識」裡去。就這樣，第八識「阿賴耶識」生生世世把「業識種子」儲藏到自己的資料庫裡去，然後生生世世的「果報」，也從第八識「阿賴耶識」的「業識種子」顯現出來。

第八識「阿賴耶識」不是「真我」，因為它的「業識種子」永遠是川流不息的，並且隨著「業因、業力」而改變。「業識種子」就好像瀑布一樣，從山崖上急衝而下，我們看見瀑布掛在懸崖峭壁上，好像是一條永遠不變的長布條。但是實際上，瀑布裡的水，卻是不間斷又瞬息萬變的，永遠不是先前的那一滴水。第八識「阿賴耶識」的狀況也是如此，表面上一世一世的流轉著，好像是持續的「有」，實際上卻是流轉、變遷的，並不是永遠不變的同一個「我」。

因此，第八識「阿賴耶識」雖然帶著「業識種子」，卻不是一個永恆不變的「真我」。雖然它具有「持續」的性質，卻是遷流、變化、不實在的。只是虛幻的「有」，隨著因緣、業力而變化組合。

第八識「阿賴耶識」是從「自性（真我）」轉變而來，沒有「妄想執著」的「業識種子」儲存在第八識「阿賴耶識」裡，是清淨、乾淨的第八識「阿賴耶識」，就稱為「自性（真我）」；反之，有「妄想執著」的「業識種子」儲存在第八識「阿賴耶識」裡，是汙染的第八識「阿賴耶識」，就稱為第八識「阿賴耶識」。

所以第八識「阿賴耶識」和「自性（真我）」是同一個東西，只差別在有沒有存在汙染的「妄想執著」的「業識種子」儲存在裡面。

只有透過禪定靜坐的修行，停止自己第六識「意識」的分析判斷功能，讓第六識「意識」無法傳達分析判斷的結果，給第七識「末那識」做決定，第七識「末那識」就會停止作用，無法產生「妄想執著」，也就無法覆蓋。此時，「自性」自然顯現。這時這個「自性」，才是真正的「自己、實我、真我」。

第八識「阿賴耶識」的簡介如下：

(1)舊翻譯「無沒識」的意思是：執持諸法而不迷失本心。
(2)它是諸法的根本，又稱為「本識」。
(3)它是八識中作用最強者，又稱為「識主」。
(4)它是宇宙萬有的根本，含藏萬有，而且永遠不會消失，又稱為「藏識」。
(5)它能含藏生長萬有的種子，又稱為「種子識」。
(6)因為宇宙萬物生成的最初一剎那，只有此第八識「阿賴耶識」而已，又稱為「初剎那識、第一識」。
(7)它是能變現諸境的心識，又稱為「初能變」。
(8)由於有第八識「阿賴耶識」才能變現萬有，所以「唯識學」主張一切萬有皆緣起於「阿賴耶識」，這是屬於「唯心論」的論點。

根據《成唯識論》卷二所說，第八識「阿賴耶識」具備有三種功能，即「能藏」、「所藏」及「執藏」。

《成唯識論》卷第二原文：

初能變識大小乘教名阿賴耶。此識具有能藏、所藏、執藏義故。

詳述如下：

(1)能藏：第八識「阿賴耶識」具有能含藏無量劫以來，善、惡、無記、有漏、無漏等一切法種子的功能，並且永遠不壞。第八識「阿賴耶識」中所儲藏的一切法種子，只要遇到因緣和合，就會招感果報；反之，假使因緣不和合，那麼第八識「阿賴耶識」中的種子，雖然經過百千劫，乃至無量劫，也是不會消滅的。由於第八識「阿賴耶識」善於自體中藏一切萬法的種子，好似倉庫「能藏」一切貨物，所以稱第八識「阿賴耶識」為「能藏」。

(2)所藏：第八識「阿賴耶識」為一切「有漏法（諸煩惱）」所依托，所儲藏的地方。「前七識」起惑造業之後，「能薰（感化，潛移默化的受影響）」其「業識種子」，儲藏在第八識「阿賴耶識」之中，所以稱為「所藏」。

我們在一天之中，眼、耳、鼻、舌、身、意等，都隨時在造業，雖然事情已經過去了，但是並沒有消失，只是轉化成「業識種子」的形態。這就好像著名科學家愛因斯坦所說的「能量互換定律」：物質從「物體」轉化為「能量」，質能互變卻是永遠不消滅的。

(3)執藏：意思是「堅持不捨」，第八識「阿賴耶識」被第七識「末那識」堅持為「我」。所謂

「我」，是指「真我」，有常住、不變的意思。凡夫的第八識「阿賴耶識」，是隨著累世業力的牽引，在六道中不斷的輪迴，就好像車輪的滾動一樣，每一世都有一個不同生命的面貌。就好像一個演員，演不同的戲，擔任的角色就不一樣，沒有常住不變。

但是，第七識「末那識」卻把第八識「阿賴耶識」，認為是「真我」，永遠不會變。所以，我們一般人在日常生活中，不管做任何事情，無時無刻都是為了「我」。例如：我的健康、我的財產、我的家人、我的政黨、我的國家等，無時無刻都有彼此之分、人我之別。第八識「阿賴耶識」恆被第七識「末那識」妄執為「實我、真我」，所以稱為「執藏」。

總而言之：第八識「阿賴耶識」對「業識種子」來說，稱為「能藏」；對「前七識」來說，稱為「所藏」；對第七識「末那識」來說，則稱為「執藏」。

釋迦牟尼佛在菩提樹下悟道後，所說的第一句話，記載在《指月錄》中：

《指月錄》第一卷原文：

入正「三昧」。至八日明星出時。廓然大悟。成等正覺。乃歎曰。奇哉一切眾生。具有「如來智慧德相」。但以「妄想執著」不能證得。

《指月錄》第一卷翻譯：

釋迦牟尼佛於菩提樹下，進入禪定的境界，到了第八天看到明星，突然悟道成正覺，就感嘆的說：「奇怪啊！一切的眾生，都具備有如來的智慧德相，但是因為有妄想執著，所以不能證得。」

要看懂這句話，就要用另一個角度來解釋：釋迦牟尼佛是說，每個人都有純淨的「自性（如來的智慧德相）」，都有成佛的條件。但是，純淨的「自性」都被第七識「末那識」所製造汙染的「業識種子」所覆蓋，所以眾生都不知道自己擁有「自性」。

舉個例子：純淨的「自性」，就好像是空白的「硬碟」，「業識種子」就像是「資料檔案」。空白的「硬碟」稱為「自性」，一但空白「硬碟（自性）」儲存了「資料檔案（業識種子）」，就換了一個名字叫做「第八識阿賴耶識」。

所以，「自性」就是「第八識阿賴耶識」，是同一個東西，只是內容不一樣，有沒有存在汙染「業識種子」的差別而已。

（四）二種無我（「人無我」和「法無我」）

二種「無我」是「人無我」和「法無我」，又稱為「人空、法空」，或「我法二空」。眾生都沒有永恆不變的實體，就是一般人所說的「自我」或「靈魂」，就稱為「人無我」；客觀事物也沒有恆常不變的實體，只有「自性」是絕對的真實體，就稱為「法無我」。

「二無我」詳述如下：

1. 人無我：了解「人身」是「五蘊（色蘊、受蘊、想蘊、行蘊和識蘊）」假和合而成，實際上沒有自主「真我」的實體。

法無我：了解諸法是因緣所生，實際上沒有「自性」實體。

《楞伽經》原文：大慧！菩薩摩訶薩，善觀二種無我相。云何二種無我相？謂人無我，及法無我。

《楞伽經》翻譯：大慧！大乘菩薩們，還要善於諦觀二種無我相，所謂人無我和法無我。

什麼是「人無我」？

《楞伽經》原文：

云何人無我？謂離我我所，陰界入聚。無知業愛生。眼色等攝受，計著生識。一切諸根，自心現器身等藏，自妄想相，施設顯示。如河流，如種子，如燈，如風，如雲，剎那展轉壞。躁動如猿猴。樂不淨處如飛蠅。無厭足如風火。無始虛偽習氣因，如汲水輪，生死趣有輪。種種身色，如幻術神咒，機發像起。善彼相知，是名人無我智。

《楞伽經》翻譯：

什麼是人無我呢？就是說：必須知道，分別無始劫以來，妄想所執著的假我，和由假我所引起的作為和想法。那些由五陰入聚所構成人我的身心作用，都是由無始劫以來的愚癡，和愛欲所引起的業力所生。例如由眼根和色塵等的攝取、領受和執著。便生起眼識的作用。其餘諸根的所知和識，也都是如此。

身心一切的諸根，以及器世間（一切眾生可居住的國土世界）的物質，和能儲藏一切種子的阿賴耶識，都是自心所顯現的心識。由於妄想的緣故，便顯示出這種種的法相。就好像河流、種子、燈、風、雲，剎那之間，輾轉相續，變壞不停而無止境。

人們自生執著，自心躁動的好像猿猴，好像喜歡逐臭的飛蠅，以及好像風火一樣，毫無厭足的吞滅一切和自己。其實這些都是由於無始劫以來的虛妄習氣所形成。就好像引井水的轉輪一樣輪轉不停，人的生死輪迴也是輪轉無窮。死生生死，而生出各種各類的身體，和各種不同的色相，就好像幻術和神咒一樣，機鈕開關一啟動，形象便跟著產生作用。如果善於觀察這種實際情況，便了解根本上都沒有實我的存在，這就稱為人無我的智慧。

什麼是「法無我」？

《楞伽經》原文：

云何法無我智？謂覺陰界入妄想相自性。如陰界入離我我所。陰界入積聚，因業愛繩縛。展轉相緣生，無動搖。諸法亦爾。離自共相。不實妄想相，妄想力，是凡夫生。非聖賢也。心意識五法，自性離故。大慧，菩薩摩訶薩，當善分別一切法無我。善法無我菩薩摩訶薩，不久當得初地菩薩，無所有觀地相。觀察開覺歡喜，次第漸進，超九地相，得法雲地。於彼建立無量寶莊嚴，大寶蓮華王像，大寶宮殿。幻自性境界修習生。於彼而坐。同一像類，諸最勝子眷屬圍繞，從一切佛剎來。佛手灌頂。如轉輪聖王太子灌頂。超佛子地，到自覺聖法趣。當得如來自在法身。見法無我故，是名法無我相。汝等諸菩薩摩訶薩，應當修學。

《楞伽經》翻譯：

什麼是法無我呢？就是說：如果覺知五陰（色蘊、受蘊、想蘊、行蘊和識蘊）、十八界（六根界、六塵界和六識界）、十二入（眼、耳、鼻、舌、身、意、色、聲、香、味、觸、法）等，都是妄想的情境，了解自性本來如如，而五陰、十八界、十二入等，本來就是遠離我和我所（我所有）的。五陰、十八界、十二入積聚而合為身心，是因為被業力情愛的繩索所綁縛，輾轉相纏，互為因緣，所以便生出諸相。實際上，本來就沒有生滅來去之相。

一切諸法，也是如此，本來就遠離自己和他人諸相，沒有實法可得。虛妄不實的妄想之力，是凡夫的習氣所生起的作用，並不是聖賢的境界。這是因為心意識和五法中的名、相、分別等等，它的自性本來就遠離有無，並非真有實法可得。

大慧啊！大乘菩薩們，應當善於分別一切法無我，若能如此，就能進入初地（歡喜地）的菩薩位階，住於無所有之地而觀一切法相，由此開發佛知見，發起無量歡喜。再由此次第漸進超過九地菩薩之位，最後進入第十法雲地的菩薩位階，建立無量寶藏莊嚴的大寶蓮花王的大寶宮殿。其實這些境界，也都是在自性如幻三昧的境界中修習所生。大乘菩薩莊嚴的坐著，被一切同類的最勝佛子們恭敬圍繞，而十方的諸佛也都來為他灌頂。由此再超過佛子地，到達自覺聖智的境界，便得到如來自在法身，徹底了知法無我相，這就稱為法無我，你們這些大菩薩們應當要這樣的修學。

「二無我」是如何生起的呢？我們心裡所顯現的各種妄想，有八種心識分別作用，就是「藏識（第八識阿賴耶識）」、「意識（第六識意識）」、「意根（第七識末那識）」和「前五識」。所謂的「身相（身體形象）」，只是一種不實在的現象，也是妄想所形成的，只要能夠使「我」和「我所（我所有）」的二種執著和感受滅了，「二無我」的境界，便自然顯現。

《楞伽經》原文：

大慧！自心現妄想，八種分別，謂識藏、意、意識及五識身相者，不實相，妄想故。我我所二攝受滅，二無我生。

《楞伽經》翻譯：

大慧啊！自心所顯現的各種妄想，有八種分別作用，就是藏識（第八識阿賴耶識）、意識（第六識意識）、意根（第七識末那識）和前五識。所謂的身相（身體形象），只是一種不實在的現象，也是妄想所形成的，只要能夠使我和我所（我所有）的二種執著和感受滅了，二無我的境界，便自然顯現。

（五）如來藏

第八識「阿賴耶識」來自於「如來藏」，「如來藏」又稱為「佛性、自性、本體、實相、真如、無上正等正覺」等等。「如來藏」就是我們修行，最後要追求的那個「東西」。第八識「阿賴耶識」和「如來藏」是什麼關係呢？簡單的說，「如來藏」就是「清淨」的第八識「阿賴耶識」。

「如來藏」的意義如下：

1.「如」：「如」是「如是呈現的狀況」，也就是「事物的真實本質」。漢譯佛經時，為了要正確的表示宇宙的真實名相（自性），用「如」或「如如」來形容，也就是「就是那樣子」的意思。「如」又稱為「真如」，在代表實性（自性）的「如」之前，加入修飾形容詞「真」，表示「不虛假的」，合為「真如」，表達了「這如是呈現的性質」，是諸法實性的另一種稱呼。

2.「來」：是「本來」的意思，從無始劫以來，「如來藏」不生不滅，原本就是這個樣子，現在這樣，未來也永遠不會改變。

簡單的說，「如來」就是「自性、佛性、法身、如來藏、實相、法性，圓成實性」等的意思。「如來」也是諸佛的十種稱號（如來、應供、正遍知、明行足、善逝、世間解、無上調御丈夫、天人師、佛、世尊）之一。

3.「藏」：是指「胎藏」，即孕育胎兒的狀態中，有「出生」的意思。「藏」是「含藏」、「能藏」、「寶藏」的意思，「如來藏」是能夠出生一切法的寶庫。「如來藏」的特性為不生不滅，沒有變異過。

《楞伽經》原文：

譬如巨海浪，斯由猛風起，洪波鼓冥壑，無有斷絕時。藏識海常住，境界風所動，種種諸識浪，騰躍而轉生。青赤種種色，珂乳及石蜜，淡味眾華果，日月與光明，非異非不異。海水起波浪，七識亦如是，心俱和合生。

《楞伽經》翻譯：

譬如一個風平浪靜的大海，當陣陣強風吹來時，平靜的大海，便生起重重的巨浪。巨浪波的拍打聲，就好像在千萬個壑（ㄏㄜˋ，坑谷，深溝）敲鼓怒號一般，天地也晦冥（ㄇㄧㄥˊ，昏暗）。從此以後，再沒有停息平靜的時候。

「藏識海（如來藏）」是宇宙的本體，本來是平靜清澈，常住而不變動的。因為內外情境風的吹動，便使平靜清澈的本體，隨著情境風，變成前七識的風浪起伏，奔騰跳躍，便轉生一切境界，而沒有止境。

在人世間的一切萬物，眼睛所看到的青、紅種種顏色；耳朵聽到珂（ㄎㄜ，古代玉的名稱）玉清脆的聲音；鼻子聞到牛乳及石蜜（甘蔗糖）的香味；舌頭嚐到花果的濃淡味道；身體感觸到太陽月亮的光明。這些物體和「藏識（如來藏）」，在本質上並沒有什麼不同，就像是海水（藏識）生起波浪（物體）一樣，海水轉變成為波浪，波浪的形式，和海水便不同了；可是，波浪的根本，還是由海水所轉變而來的。七個心識也是像這樣，也都是由如來藏識所轉生。因為心識與物體的和合，發生世間種種事情，於是本來平靜的「藏識海（如來藏）」，就永無寧日了。

《楞伽經》原文：

如來之藏，是善不善因，能遍興造一切趣生。譬如伎兒，變現諸趣，離我我所。不覺彼故，三緣和合方便而生。

《楞伽經》翻譯：

如來藏（阿賴耶識）是善業和不善業的因，它能夠創造整個六趣（六道）眾生的輪迴，譬如能夠變幻術的伎師，變化顯現各種人物，他所變現的各種人物，卻沒有「我（自身）」和「我所（身外的事物，為我所有）」的作用。因為凡夫不能覺悟其中的道理，所以一遇到根、塵、識三種因緣的和合，就隨著業力投胎而出生到六道裡。

《楞伽經》原文：

善不善者，謂八識。何等為八？謂如來藏、名識藏、心意意識、及五識身。

《楞伽經》翻譯：

所謂善法和不善法，都是根據八個心識來生起作用的。哪八個心識呢？就是指第八識的「如來藏識（阿賴耶識）」、第七識的「末那識」、第六識的「意識」，以及眼識、耳識、鼻識、舌識、身識的前五識身。

《楞伽經》原文：

為無始虛偽惡習所薰，名為識藏，生無明住地，與七識俱。如海浪身，常生不斷。離無常過、離於我論，自性無垢，畢竟清淨。

《楞伽經》翻譯：

因為眾生自無始劫以來，被虛假的妄想惡習所薰陶，才產生這些妄見，取名為「藏識（如來藏）」，是由於「藏識（如來藏）」忽然生出無明，並且和七個心識（眼識、耳識、鼻識、舌識、身識、意識和末那識）同時生出，就好像大海中的波浪一樣，連續不斷。如果能夠遠離生滅無常，遠離自我的論點（無我），便能夠證得自性沒有汙垢，完全清淨的境界。

《楞伽經》原文：

菩薩摩訶薩欲求勝進者，當淨如來藏及藏識名。大慧！若無識藏名如來藏者，則無生滅。

《楞伽經》翻譯：

修大乘菩薩道的人，想要求得更精進的境界，應當清淨如來藏，轉識成智，不被名相所約束。

《楞伽經》原文：

云何成自性？謂離名相、事相妄想，聖智所得，及自覺聖智趣所行境界，是名成自性，如來藏心。

《楞伽經》翻譯：

什麼是「成自性（圓成實性）」呢？就是說：如果捨離名相和事相的妄想，證得「聖智（明白萬法緣起沒有自性，捨離妄想分別）」，以及無師自己覺悟的聖智所行的境界，便稱為「成自性（圓成實性）」，如來藏心。

《楞伽經》原文：

如來藏自性清淨，轉三十二相，入於一切眾生身中，如大價寶，垢衣所纏。如來之藏常住不變，亦復如是，而陰、界、入垢衣所纏，貪欲恚癡不實妄想塵勞所污，一切諸佛之所演說。

《楞伽經》翻譯：

如來藏的自性是本來清淨的，能夠轉變成三十二種形相（轉輪聖王及佛的應化身，所具足的三十二種殊勝容貌與微妙形相），融入於一切眾生的身中，就好像一個無價之寶，被包覆在污垢的破衣裡。

但是如來藏的自性，仍然是常住不變的。所以一切佛都說：一切眾生被五陰（色、受、想、行、識）、十八界（即能發生認識功的：眼、耳、鼻、舌、身、意等「六根」，及其所認識的對象：色、聲、香、味、觸、法等六境，以及「六根」攀緣「六境」所產生的眼識、耳識、鼻識、舌識、身識、意識等「六識」。）、十二入（「六根」加「六境」）等等汙垢的外衣所纏縛。被貪欲、瞋恨、愚痴等不實妄想「塵勞（世俗事務的煩惱）」所污染，而無法解脫。

總括來說，「如來藏」的意思是：「如來」在「胎藏」中，一切眾生都有「如來佛性」。在一切眾生的煩惱身中，隱藏著本來清淨的」如來法身（自性）」。「如來藏」雖然隱藏在煩惱中，卻不被煩惱所污染，因為「如來藏」具足本來絕對清淨而永遠不變的本性。

在佛教裡，有一句話說「煩惱即菩提，菩提即煩惱」，這句話讓人很難理解。「菩提」是「清淨的佛智慧」，「煩惱」是「無明妄想」。那為什麼說「清淨的佛智慧」就是「無明妄想」呢？

這個答案就在於：「菩提」就是「如來藏」，「煩惱」來自於第八識「阿賴耶識」；而「如來藏」就是「清淨」的第八識「阿賴耶識」。

「菩提」就是「如來藏」，就好像是一顆空白硬碟；「煩惱」來自於第八識「阿賴耶識」，就好像是這一顆空白硬碟，已經儲存了許多的資料檔案。「空白硬碟」和「已經儲存資料檔案的硬碟」，其實是同一顆硬碟。

同樣的，「煩惱」和「菩提」，就是第八識「阿賴耶識」和「如來藏」的關係，兩者是同一體的。迷了就是「煩惱」，悟了就是「菩提」。

再另外舉個例子：把「菩提」和「煩惱」比喻做「海水」與「波浪」，原本平靜的「海水」，因為突然來了一陣「強風（無明煩惱）」的吹襲，而生起澎湃洶湧的「波浪」。事實上，「波浪」是來自於平靜的「海水」，「波浪」和「海水」本是一體的兩面；「煩惱」和「菩提」也是一體的兩面；同樣的，第八識「阿賴耶識」和「如來藏」也是一體的兩面。

釋迦牟尼佛說，唯有「藏識海（如來藏）」才是宇宙的本體，「藏識海（如來藏）」是指「藏識」如大海一般。把「真如、自性」稱為「藏識海」，「真如、自性」隨順因緣而生起諸法，就好像大海的波浪一般，所以稱為「藏識海」。物質世界的萬事萬物，都是「風（能煽動人心的法）緣」引起的海上波浪。

所謂善法和不善法，都是根據八個心識來生起作用的。哪八個心識呢？就是指第八識的「如來藏識（阿賴耶識）」、第七識的「末那識」、第六識的「意識」，以及眼識、耳識、鼻識、舌識、身識的前五識身。

（六）不可言說

《楞伽經》還有一個重點，就是「不可言說」，這是了解禪宗的關鍵。二祖慧可大師就是看懂《楞伽經》的這個重點，才會受到初祖達摩祖師的認可，而把禪宗的衣缽傳授給他。

「不可言說」是說：諸佛菩薩，是「不說一個字，不答一個字。」因為真正的佛法，是「離文字相的」，是不能用人世間的言語來說明的。

佛性「不可言說」，因為文字、語言、概念都不能說明「自性、佛性」的含義，都必須親自禪修體悟，而無法言說來解說教導。許多人學佛，都希望能夠從研究佛經中，明白自性、佛性是什麼？但是，他們往往會被深奧的義理所迷惑，或者陷入文字的框架中不能自拔。

說一個關於「不可言說」的笑話：

有四和尚一起學習禪宗的「不說話修煉」，他們相約坐禪時，誰都不能說話。

四個和尚盤腿打坐，圍繞著中間的那盞油燈進行修煉。半天過去了，四個和尚都默不作聲，但是油燈裡的油越燃越少，就快要燒盡了。

第一個和尚忍不住說：「油燈快燒完了。」

第二個和尚說：「不是不能說話嗎？」

第三個和尚接著說：「你們二個不要說話！」

第四個和尚，始終沉默靜坐。可是過了一會兒，他就睜開眼睛，對其他三個和尚說：「只有我沒說話！」

一般人學禪，只看到禪宗大德們參禪的外在形式，並沒有真正領悟到其中的奧秘。

《楞伽經》原文：

大慧復白佛言：「如世尊所說：我從某夜得最正覺，乃至某夜入般涅槃，於其中間乃至不說一字，亦不已說、當說，不說是佛說。」

《楞伽經》翻譯：

大慧菩薩再請佛開示說：「如世尊所說：我從某一個夜晚，在菩提樹下得到最正覺，直到我進入涅槃，在這期間，沒有說過一個字，以前說過的，現在所說的，都不說是佛所說的。」

《楞伽經》原文：

大慧。如來不說墮文字法。文字有無不可得故。除不墮文字。大慧。若有說言。如來說墮文字法者，此則妄說。法離文字故。是故大慧，我等諸佛及諸菩薩，不說一字，不答一字。所以者何。法離文字故，非不饒益義說。言說者，眾生妄想故。大慧。若不說一切法者，教法則壞。教法壞者，則無諸佛菩薩緣覺聲聞。若無者誰說為誰。是故大慧。菩薩摩訶薩莫著言說，隨宜方便廣說經法。以眾生希望煩惱不一故，我及諸佛為彼種種異解眾生，而說諸法。令離心意意識故，不為得自覺聖智處。大慧。於一切法，無所有覺，自心現量，離二妄想。諸菩薩摩訶薩，依於義不依文字。若善男子善女人依文字者，自壞第一義。亦不能覺他。墮惡見相續，而為眾說。不善了知一切法。一切地。一切相。亦不知章句。若善一切法。一切地。一切相。通達章句，具足性義，彼則能以正無相樂，而自娛樂，平等大乘，建立眾生。

《楞伽經》翻譯：

大慧！如來說法，不會局限在文字的範圍裡，因為文字的若有若無，是根本不可得的。因此唯有不局限於文字言語中，才會明白如來的本來面目。除了不局限在文字的範圍裡。

大慧！如果有人說，如來也局限在文字的範圍裡，那便是虛妄的說法。因為真正的佛法，是離文字相的。

大慧！所以我等諸佛菩薩，是不說一個字，不答一個字。為什麼呢？因為真正的佛法，是離文字相的。並非不願作利益眾生的真義的說法，只是唯恐言說反而增加了眾生的妄想。

大慧！但是如果不說一切法，那教法就要被破壞了。教法一壞，也就沒有諸佛菩薩、緣覺、聲聞。如果連這些都沒有，又有誰在說法，又為了誰說法呢？所以大乘菩薩們，切莫執著於言語相，只是隨處方便說法，廣說一切經法，因為眾生的煩惱和希望不一樣，所以我和諸佛，為種種見解不同的眾生而說一切法，只是為了使他們遠離妄心意識，而不是為了要使他們內證聖智才成立諸法的。

大慧！如果能夠明白一切法本無所有，證得唯有自心現量，而遠離於空和有的二邊妄想，才是大乘菩薩道的依於真義，而不依於文字的道理。

如果善男子善女人，依於文字相，只執著於文字言語，那便是自壞了第一義，也就不能覺他了。這樣，便將墮在惡見相續之中，便以此為眾生說法，他當然就不善於明白一切法、一切地、一切相，以及不知文字章句的真義。如果是善於明白一切法、一切地、一切相，乃至通達文字章句的真義，他就能夠以真正的無相樂而自娛，就可以在平等性的大乘之中，成就一切眾生了。

「不可言說」又稱為「不可說」，「佛法真理」只能透過禪定才能夠證得，不可以用言說來解釋，因為人類的語言文字，無法完全表達「佛法真理」的境界。就像如人飲水一般，冷暖滋味只有自己知道。

另外，用言說來解釋「佛法真理」，會造成聽者更多的妄想執著，妨礙聽者的修行佛法之路。比如說：有一個住在內陸的人，他一輩子都在大草原生活，從來沒有見過河流和湖泊。你要跟他解釋什麼是一望無際的大海，你解釋了半天，他還是不懂什麼是大海？但是，你把這個人帶到大海邊，他一看到大海，馬上就懂了。

「佛法真理」也一樣，用言說來解釋，是一種修行的妨礙，只能夠靠自己的禪修來證得。所以，佛曰：「不可說」。

其實，「不可言說」是大乘佛教的一個重點，在許多佛經都有提到「不可言說」的重要性。

1.《摩訶般若波羅蜜經》卷十七〈深奧品〉第五十七：

佛告須菩提。如是如是。是法義無別異。須菩提。是法不可說。佛以方便力故分別說。所謂不可盡無數無量無邊無著。空無相無作無起無生無滅無染涅槃。佛種種因緣以方便力說。須菩提白佛言。希有世尊。諸法實相不可說。而佛以方便力故說。世尊。如我解佛所說義。一切法亦不可說。佛言。如是如是。須菩提。一切法不可說。一切法不可說相即是空。是空不可說。

說明：諸法實相（自性）不可說，一切法亦不可說。

2.《大方等大集經》卷十八〈虛空藏菩薩品〉第八之五：

文殊師利法王子菩薩白佛言：世尊！若有言語，則有滯礙；若有滯礙，則是魔界。若法不為一切言說所表者，乃無滯礙。何謂法不可言說？所謂第一義，其第一義中亦無文字及義。若菩薩能行第一義諦，於一切法盡無所行，是為菩薩能過魔界，無所過故。

說明：「第一義諦」是指至高無上圓滿究竟的真理，又稱為「自性、實相、法界、畢竟智」。

3.《中論》卷四〈觀四諦品〉第二十四：

第一義皆因言說。言說是世俗。是故若不依世俗。第一義則不可說。若不得第一義。云何得至涅槃。是故諸法雖無生。而有二諦。

說明：「言說」是世俗之人的思慮考量，「第一義諦」不可以「言說」，不可以思慮考量。若不得「第一義」，就無法得到涅槃。

4.《大般涅槃經》卷二十一：

不生生不可說、生生亦不可說、生不生亦不可說、不生不生亦不可說、生亦不可說、不生亦不可說。

說明：諸法的生與不生都不可說。

5.《瑜伽師地論》卷十六：

第五由四種不可說故名不可說相。

一無故不可說。謂補特伽羅（眾生）於彼諸蘊不可宣說若異不異。

二甚深故不可說。謂離言法性不可思議。如來法身不可思議。諸佛境界。如來滅後若有若無等。不可宣說。

三能引無義故不可說。謂若諸法非能引發法義梵行。諸佛世尊雖證不說。

四法相法爾之所安立故不可說。所謂真如於諸行等不可宣說異不異性。

說明：「不可說」總共有四種的區別，即：

(1)無故不可說：

原文：謂補特伽羅於彼諸蘊，不可宣說若異不異。

說明：沒有這件事，所以是不可說。眾生身在五蘊的執著中，不可以這樣說。

(2)甚深故不可說：

原文：謂離言法性，不可思議如來法身，不可思議諸佛境界，如來滅後若有、若無等不可宣說。

說明：這種真理太深奧了，是不能用語言文字來表示的，所以不可以用語言文字來宣說。

(3)引無義故不可說：

原文：謂若諸法非能引發法義梵行，諸佛世尊雖說不說。

說明：如果說了的話，會引起一些沒有意義的事情，多增加妄想執著，所以就不說。

(4)法相法爾之所安立故不可說：

原文：所謂真如於諸行等，不可宣說異不異性。

說明：「法相」就是諸法的真實相，那個法本來就是那樣子，不是因緣所安立的，所以這個「真如（自性）」是不可以宣說的。

6.《維摩詰所說經》〈入不二法門品〉第九：

如是諸菩薩各各說已，問文殊師利：何等是菩薩入不二法門？

文殊師利曰：如我意者，於一切法無言無說，無示無識，離諸問答，是為入不二法門。

於是文殊師利問維摩詰：我等各自說已，仁者當說何等是菩薩入不二法門？

時維摩詰默然無言。

文殊師利歎曰：善哉！善哉！乃至無有文字、語言，是真入不二法門。

說明：「不二法門」是指平等而無差異的真理，「二」就是分別心，「不二」就是無分別心。維摩詰居士以「默然無言」詮示「入不二法門」的境界，也是說明「佛法真理」不可說的一個例子。

7.《五燈會元》卷第二：

梁武帝請講金剛經，士纔陞座，以尺揮按一下，便下座。

帝愕然，聖師曰：「陛下還會麼？」

帝曰：「不會。」

聖師曰：「大士講經竟。」

8.《金剛經》：

須菩提！汝勿謂如來作是念：我當有所說法。莫作是念，何以故？若人言：如來有所說法。即為謗佛，不能解我所說故。須菩提！說法者，無法可說，是名說法。

9.《五燈會元》卷第一：

世尊臨入涅槃。文殊大士請佛再轉法輪。世尊咄曰。文殊。吾四十九年住世。未曾說一字。汝請吾再轉法輪。是吾曾轉法輪邪。

（七）戒殺素食

在《楞伽經》最後一段經文中，釋迦牟尼佛詳細說明食肉與殺生的罪過，列出十五種理由，說明應該素食的原因，以此來結束楞伽山中的法會。

這一段「戒殺素食」的經文，是針對住在「楞伽山」頂上，會吃人的「羅剎」和「夜叉」演說的。釋迦牟尼佛來到此地的「楞伽城」降伏「夜叉王」，並且在此山城向「夜叉王」開演此大乘無上經典《楞伽經》。

六、第八識「阿賴耶識」和「靈魂」的關係

這裡要探討第八識「阿賴耶識」和「靈魂」的關係，以及「道教」、「儒教」和「佛教」對於人死後狀況的觀念和看法。我們先來談談「道教」的觀念和看法，因為「道教」影響民間非常深遠。

（一）「道教」的「三魂七魄」論點

「道教」對於「死亡的世界」，是以「三魂七魄」來解釋。道教的「魂魄」這二個字，最早出現在中國戰國時期，楚國詩人「屈原」的作品《楚辭・九歌・國殤》當中：「身既死兮神以靈，子魂魄兮為鬼雄。」意思是：「身體已經死亡啊！精神永遠不死。你的魂魄啊！為鬼中的英雄！」這是追悼楚國陣

亡士卒的挽詩。

這個「魂魄」的概念，後來延伸到「道教」，認為人身有「三魂七魄」如下：

(1)「三魂」是指「胎光、奭（ㄕˋ）靈、幽精」，「奭靈」又常寫成「爽靈」。

(2)「七魄」是指「屍狗、伏矢、雀陰、吞賊、非毒、除穢、臭肺」。

在道教的經書《道藏》裡的《抱朴子》、《雲笈七籤》、《皇天上清金闕帝君靈書紫文上經》，都有「三魂七魄」的記載。

道教對於「三魂七魄」這個稱呼，最早記載於《抱朴子》。《抱朴子》是晉朝「葛洪」所編著，葛洪是晉朝時代的陰陽家、醫學家、煉丹術家、博物學家和製藥化學家，也是著名的道教人士。

《抱朴子》分為內外兩篇，後來被道教奉為經典。其中《外篇》主要是對葛洪生平的自述和談論當時社會時事；而《內篇》則是葛洪對道家思想和丹道修煉方法的闡述。

《抱朴子》裡提到「守一存真（一心不亂）」就可以「金水分形（分身之術）」，自見人身中有「三魂七魄」，更能接見「天地神靈」。

《抱朴子》內篇「地真」原文：

抱朴子曰：「師言欲長生，當勤服大藥，欲得通神，當金水分形。形分則自見其身中之三魂七魄，而天靈地祇，皆可接見，山川之神，皆可使役也。

另外，也記載在《雲笈七籤》第十一卷三洞經教部原文：

《太微靈書》云：人有三魂：一曰爽靈，二曰胎光，三曰幽精。

《雲笈七籤》卷五十四魂神部一原文：

正一真人居鶴鳴山洞，告趙升曰：夫人身有三魂，一名胎光，太清陽和之氣也；一名爽靈，陰氣之變也；一名幽精，陰氣之雜也。其第一魄名尸狗，其第二魄名伏矢，其第三魄名雀陰，其第四魄名吞賊，其第五魄名非毒，其第六魄名除穢，其第七魄名臭肺。此皆七魄之名也，身中之濁鬼也。

還有記載在《皇天上清金闕帝君靈書紫文上經》原文：

月三日、月十三日、月二十三日夕，是此時也，一二魂不定，爽靈浮遊，胎光放形，幽精擾喚。其爽靈、胎光、幽精，三君是三魂之神名也。其第一魄名尸狗，第二魄名伏矢，第三魄名雀陰，第四魄名吞賊，第五魄名非毒，第六魄名除穢，第七魄名臭肺，此皆七魄之陰名也，身中之濁鬼也。

夫三魂者。第一魂胎光，屬之於天，常欲得人清淨，欲與生人，延益壽算，絕穢亂之想，久居人身中，則生道備矣；第二魂爽靈，屬之於五行，常欲人機謀萬物，搖役百神，多生禍福災衰刑害之事；第三魂幽精，屬之於地，常欲人好色、嗜欲、穢亂昏暗、耽著睡眠。

爽靈欲人生機，生機則心勞，心勞則役百神，役百神則氣散，氣散則太清一氣不居，人將喪矣；幽精欲人合雜，合雜則厚於色欲，厚於色欲則精華竭，精華竭則名生黑簿鬼錄，罪著，死將至矣。

月朔、月望、月晦之夕，是此時也，七魄流蕩，游走穢濁，或交通血食，往鬼來魅，或與死尸相關入，或淫惑赤子、聚奸伐宅，或言人之罪、請三官河伯，或變為魍魎，使人魘魅，或將鬼入、呼邪殺質、諸殘病生人，皆魄之罪；樂人之死，皆魄之性；欲人之敗，皆魄之病。道士當制而厲之，陳而變之，御而正之，攝而威之。

其第一魄名尸狗，其第二魄名伏矢，其第三魄名雀陰，其第四魄名吞賊，其第五魄名非毒，其第六魄名除穢，其第七魄名臭肺。

一樣。

（二）「儒教」的「三魂七魄」論點

「儒教」也有「三魂七魄」之說，但是「儒教」並不是「儒家」，就好像「道教」並不是「道家」一樣。

「儒教」是吸收了「儒家」的義理，再加入祭拜主神和相關儀式而形成宗教化的一種宗教團體。這一類的宗教團體在明、清時期非常多，例如「三一教、劉門教、同善社、一貫道」等，這些宗教團體都是以宏揚儒家文化、教化人民為志業，形成台灣民間的重要信仰。在台灣最具有代表性的「儒教」團體是「鸞堂」，「鸞堂」是以「扶鸞」為主要儀式的宗教團體。

「扶鸞」又稱為「扶乩」，原來是「道教」的一種占卜方法，又稱為「扶箕、架乩、扶鸞、揮鸞、飛鸞、拜鸞、降筆、請仙、卜紫姑」等等。「扶鸞」的儀式，是有神明附身在一個人的身上，此人代表神明稱為「天才、鸞生、乩身」，神明會附身在「天才、鸞生、乩身」身上，透過此人推動一隻丫字型的「桃枝筆（稱為「鸞筆」）」，在沙盤上面寫字，以傳達神明的意思，稱為「神諭」。「天才、鸞生、乩身」的旁邊有人唱出神意，稱為「人才」。另有一人負責筆錄，稱為「地才」。信徒們通過這種方式，與神明溝通，了解神明的指示。

一般創建或參與鸞堂的人，大多是地方上有聲望的仕紳文人，他們深受「儒家」思想的影響，自認為自己有教化百姓的責任，因此藉著成立「鸞堂」，以「儒家」的義理來教化百姓。因為「鸞堂」是這些深受儒家思想影響的仕紳文人所創立的，所以「鸞堂」又稱為「儒教」，至今「鸞堂」仍然自稱為「儒宗神教」或「聖教」。

台灣的「鸞堂」是在清末時期由大陸傳來的，在日據時代昭和十二年（西元一九三七年）時，台灣北部的「鸞堂」組織「儒宗神教」。台灣光復後，南投縣埔里地區的各鸞堂，於民國七十年向省政府陳情，擬成立「儒宗神教會」，但是沒有被核准。台灣解嚴後，「鸞堂」又興起一波整合運動，民國八十六年，以台灣南部「鸞堂」為中心，結合各地「鸞堂」與寺廟組織成立「中國儒教會」，並於八十九年元月十五日申請核准成立。

台灣「儒教（鸞堂）」主張「三教（儒、釋、道）合一」或「五教（儒、釋、道、耶、回）合一」，傳播聖人們的奧旨。它的「鬼神觀」深受「道教」的影響，尤其「三魂之說」源自於明朝傳教士利瑪竇神父的影響甚鉅。

天主教耶穌會，義大利籍傳教士「利瑪竇」神父於1583年（明神宗萬曆十一年）來到中國居住，並頗受當代士大夫的敬重，尊稱為「泰西儒士」。他是是第一位對中國典籍進行研究的西方學者，他除了傳播天主教教義外，還廣交中國官員和社會名流，傳播西方天文、數學、地理等科學技術知識。

耶穌會來華傳教士「羅明堅」用拉丁文著有《天主實錄》一書，這部天主教神學著作，後來由利瑪竇在中國翻譯者的幫助下，用漢字翻譯撰寫成中文版，在明朝萬曆十一年（1630年出版）於北京出版。這是西方人用漢語書寫的第一部基督教神學著作。

《天主實義》一書中所敘述的「三魂之說」源自於希臘哲學家亞里斯多德的《靈魂論》。書中的「三魂之說」，被台灣「儒教（鸞堂）」拿來取代中國「道教」的「三魂之說」。

《天主實義》中所敘述的「三魂觀」提到：草木只有一魂（生魂），禽獸有二魂，一個是「生魂」能知生長走動，另一個是「覺魂」能知痛苦和喜樂哀鳴之情，人則有三魂「生魂、覺魂、靈魂」。

《天主實義》上卷原文：

人有魂與魄

西士曰：人有魂、魄，兩者全而生焉；死則其魄化散歸土，而魂常在不滅。吾入中國嘗聞有以魂為可滅，而等之禽獸者；其餘天下名教名邦，皆省人魂不滅，而大殊於禽獸者也。吾言此理，子試虛心聽之。

世有「生、覺、靈」三魂彼世界之魂有三品：

(1)草木之生魂下品名曰「生魂」，即草木之魂是也。此魂扶草木以生長，草木枯萎，魂亦消滅。

(2)禽獸之覺魂中品名曰「覺魂」，則禽獸之魂也，此能附禽獸長育，而又使之以耳目視聽，以口鼻啖嗅，以肢體覺物情，但不能推論道理，至死而魂亦滅焉。

(3)人類之靈魂上品名曰「靈魂」，即人魂也。此兼生魂，覺魂，能扶人長養及使人知覺物情，而又使之能推論事物，明辨理義。人身雖死，而魂非死，蓋永存不滅者焉。人的靈魂不同於草木禽獸身雖歿，形雖渙，其靈魂仍複能用之也。故人與草木禽獸不同也。

另外，台灣「儒教（鸞堂）」把「道教」的「三尸之說（「上尸、中尸、下尸」）」當做「三魂」。雖然「三尸之說」也是出自《道藏》的經典，卻是誤把「三尸」稱為「三魂」。

《三尸中經》原文：

人之生也，皆寄形於父母胞胎，飽味於五穀精氣，是以人之腹中，各有三尸九蟲，為人大害，常以庚申之日，上告天帝，以記人之造罪，分毫錄奏，欲絕人生籍，滅人祿命，令人速死。死後魂昇於天，魄入於地，唯三尸遊走，名之曰鬼，四時八節企其祭祀，祭祀既不精，即為禍患，萬病競，作伐人性命。

上尸名彭倨，在人頭中，伐人上分令人眼暗髮落，口臭面皺齒落。中尸名彭質，在人腹中，伐人五臟，少氣多忘，令人好作惡事，噉食物命，或作夢寐倒亂。下尸名彭矯在人足中，令人下關搔擾，五情勇動，淫邪不能自禁。

台灣「儒教（鸞堂）」的「三魂之說」綜合了「道教」的「三尸之說」和利瑪竇神父著作《天主實義》裡的「三魂之說」，就變成民間耳熟能詳的傳說如下：

(1)生魂，又稱為「彭琚」：主宰生息，生命只知道生長孕育結果，不知道苦痛樂事，也不會思考。植物只有生魂。

(2)覺魂，又稱為「彭質」：主宰意識，知道覓食溫飽，知道痛楚與喜樂，能夠思考、感受和記憶，動物擁有生、覺二魂。

(3)靈魂，又稱為「彭矯」：主宰人類的靈性，代表智慧，能分別善惡、通曉萬物之情，只有人類三魂齊備。

人類死亡之後，「三魂」的歸處如下：

(1)生魂：附在神祖牌位上、

(2)覺魂：歸於墓地或納骨塔，守著屍體。

(3)靈魂：投胎轉世，六道輪迴。

台灣「儒教（鸞堂）」的「七魄之說」採用「道教」的「七魄之說」，但是也有把儒家的「七情之說」，錯當「七魄之說」的說法如下：

(1)採用中國「道教」的「七魄之說」：

「七魄」者：
一名「屍狗」，為好食。
二名「伏屍」，為好衣履鞋服。
三名「雀陰」，為好男女淫慾。
四名「吞賊」，為好賭欲樂。
五名「蜚毒」，為好作禍亂、是非。
六名「除穢」，為好貪、瞋、癡。
七名「臭肺」，好一切雜事。
人死以後，七魄散去。
(2)採用儒家的「七情之說」：
「七魄」是指「喜、怒、哀、懼、愛、惡、欲。」
儒家《禮記・禮運》原文：
何謂人情？喜、怒、哀、懼、愛、惡、欲，七者弗學而能。
（三）「佛教」的「中陰身」論點
「佛教」對於「死亡的世界」，是以「中陰身」來解釋，不同於「道教」和台灣「儒教（鸞堂）」，沒有「三魂七魄」之說，而是「中陰身」之說。
佛教對於「投胎轉世」的理論，是以「中陰身」來解釋。我們來這個世界上投胎做人，除了要有父精母血之外，還要有前一世的「中陰身」帶著前世的第八識「阿賴耶識」投入「受精卵」之後，才能變成為「胎兒」。我們死亡之後，「前七識」都消失，只有第八識「阿賴耶識」隨著「中陰身」，脫離腐壞的肉體，隨著「業力」的牽引，繼續下一世六道輪迴的投胎。

「中陰身」又稱作「中有、中蘊」，意指生命在死亡之後，到下一期生命開始之前的中間存在狀態。是生命輪迴的一部份，類似一般所說的「靈魂、鬼魂、魂魄、元神」等。

「中陰身」有個「身」，是因為它有眼識、耳識、鼻識、舌識、身識、意識的作用，還有思想，這個是「唯心」所生的。實際上，它沒有真正的眼睛、耳朵、鼻子、舌頭和身體，但是它他可以感應到色、聲、香、味、觸、法。

「中陰身」只有「意識」存在，並無實質肉體，是由「意識」作主宰，幻化而來，不是父精母血孕育而成，所以又稱為「意生身」、「意成身」或「化生身」。

「中陰身」不同於西方「基督教」所說的「靈魂」和「道教」的「魂魄」，在有情死亡之後，「中陰身」才會現起，在「中陰」期間會隨著「因緣業報」而投胎於有緣的父母。投入母胎後，「中陰身」會消失，轉變成另一個有情眾生。

一般來講，人死後亡者的「心識」一旦離開肉身，在投生六道任何一道之前，他的「心識」便會因為「業力」的牽引，而得到一種稱為「中陰身」的「細微身」，以這種身存在到因緣成熟，或者最多七七四十九天，再次投生為止。

《大寶積經．佛說入胎藏會》記載，「中陰身」的身相，是他下一生的形相。

例如：

下一生將生於「畜生道」的中陰身，形如畜牲而身如煙色；

將生於「地獄道」的中陰身，色如焦炭，行走時是倒立而行的；
將生於「餓鬼道」的中陰身，身如水色，倒退而行；
將生於「人道」的中陰身，身如金色而平行；
將生於天界中之「色界天」的中陰身，身色白而行動時如上升飛行一般；
將生於生天界中之「欲界天」的中陰身，身色亦為金色，行時如飛行上升。
另外，經中記載「中陰身」的特性如下：
(1)「中陰身」因為業報，而出生到另外六道眾生的其中一道，就稱為「六道輪迴」。
(2)「中陰身」的行動極為迅速，被業力與欲望牽引而走。
(3)「中陰身」擁有完整身體與五蘊，但是他們不會被實際的物質阻礙。
(4)「中陰身」以氣味為食，有福報的「中陰身」以「香氣」為食物；無福的「中陰身」是以「惡臭的氣味」為食物。
(5)「中陰身」不是鬼，鬼是「中陰身」投胎到「餓鬼道」的眾生。
(6)「中陰身」的存在時間不定，但是不超過七七四十九日。
(7)「中陰身」有五種神通（天眼通、天耳通、他心通、神足通、宿命通）。
(8)一般而言，人死後皆有「中陰身」。但是大善或大惡者就沒有。
(9)「中陰身」移動的速度超過光速，在業力尚未形成之前，可用神通隨心所欲到它想去的地方，可穿牆走壁。
(10)「中陰身」透過觀想，希望求得的東西，立刻現前，都是唯心所造。

(11)「中陰身」的身高形像五、六歲的兒童。

(12)「中陰身」有生死，七天一個變化，昏迷過去，再醒過來。

那「中陰身」是如何產生的呢？在《瑜伽師地論》裡有記載。

《瑜伽師地論》卷第一原文：又彼生時唯是化生。六處具足。

《瑜伽師地論》卷第一翻譯：

這個「中陰身」是以「化生」方式來出生的，而且還是六處具足。六處指的就是眼、耳、鼻、舌、身、意等六根，有這六根當然就有「見聞覺知」的功能。

《瑜伽師地論》卷第一原文：而此中有必具諸根。

《瑜伽師地論》卷第一翻譯：

這個「中陰身」是有眼、耳、鼻、舌、身、意（第七識）這六根都是具足的。

眾生死亡的時候，第八識「阿賴耶識」離開壞死的肉身，然後以「化生」的方式生出「中陰身」。「化生」的意思是：無中生有，不需要有肉體的憑藉，隨著業力而發生。

第八識「阿賴耶識」所「化生」的「中陰身」，也有眼、耳、鼻、舌、身、意（第七識）等六根，只是這個「化生六根」是「複製版」的，不是「原版」的。就好像在做夢的時候，你覺得自己有「眼、耳、鼻、舌、身」五根，但是實際上這「五根」是假的，是幻想出來的。但是即使是「複製版」的，仍然有「見聞覺知」的功能。所以「中陰身」像活著的時候一樣有「八識」，而且是一種「化生八識」。

「中陰身」一生起，因為生前所造作的善業和惡業的「業因」，這些「業報的種子」會形成一股「業力」，牽著「中陰身」去六道輪迴投胎。因為有六、七、八識，所以「中陰身」能看見下一世有緣的父母，前去投胎。

《雜阿含經》卷三十四原文：

眾生於此處命終，乘意生身生於餘處，當於爾時，因愛故取，因愛而住，故說有餘。

「中陰身」屬於「意生身」的一種，「意生身」又翻譯做「意成身、意成色身、摩化身、摩奴末耶身」。「意生身」不是父母所生的身體，是由自己的業力引發第八識「阿賴耶識」的種子，再由化生第七識「末那識」用「意念」所變現出來的，無實質的「虛擬身體」。

另外，初地以上的菩薩為了濟度眾生，依「意」所化生之身、劫初之人（第一代人類是由「光音天」所化生的）、色界、無色界、變化身、界外之變易身等，都是屬於「意生身」。

《楞伽經》原文：

意生者，譬如意去，迅疾無礙，故名意生。譬如意去，石壁無礙，於彼異方無量由延，因先所見，憶念不忘，自心流注不絕，於身無障礙生。

第十六單元　三祖僧璨傳授《信心銘》

一、《信心銘》簡介

《信心銘》全一卷，是禪宗「三祖僧璨」所作，全文共五百八十四個字，一百四十六句。

《信心銘》是「三祖僧璨」的心法，他以「頌偈體」的方式，說明開悟的方法與境界。他把他所有修行的方法，都包含在這五百八十四個字裏頭，可以說一切諸佛妙理，盡在此中。

《信心銘》這三個字是什麼意思呢？

「信」是「真信」，心中真正的相信，沒有任何懷疑。對諸佛菩薩和歷代禪宗祖師所說的佛法，要能「真信」。所謂「信為道源功德母，長養一切諸善根」，學習佛法要以「信」為根本，如果沒有信心，學佛是不可能有成就的。

「心」是「自性真心」。要想成佛，一定要顯現自己的「自性真心」。

「銘」是將佛所說的法義，祖師所傳的心要，牢牢記住，「銘」記於心，才能建立「正見」。「銘」是一種文體名，是指刻在器物或石碑上，警惕自己或讚頌他人的文字。

總而言之，《信心銘》就是「三祖僧璨」的慈悲，恐怕眾人記不住，所以把學佛的心法編成頌，透過文字的闡述，讓大眾方便記憶、了解領悟，增長信心，所以稱為《信心銘》。

近代有學者，對於《信心銘》的真正作者，有不同的看法。傳統上認為《信心銘》的作者是禪宗「三祖僧璨」，但是在《景德傳燈錄》卷三十中，有另一篇「四祖道信」的徒弟「牛頭法融」的著作《心銘》，與《信心銘》的主題相近，內容雷同，文句相似。

所以，近代有學者懷疑《心銘》是《信心銘》的姐妹篇，很可能都是「牛頭法融」所著作，是對《心銘》的修訂與濃縮。因為，《信心銘》的思想比《心銘》更具有條理、精簡，而且更完整。

《信心銘》的思想特色有四點：

(1)滅除「邊見」，唯一不二，教人遠離一切對立、差別、是非、得失的妄念，遠離分別對待的取捨，而安住於平等自在的境界。所謂「邊見」，就是落在好壞相對的兩邊，一切的「邊見」都背離中道。

(2)凡人的情識並不是真實的世界，「非思量」的世界才是絕對的真如法界，若心安住於此，對於「極大、極小」和「有、無」等觀念，都是平等一如。

(3)提倡「一即一切、一切即一」，「相互融通」的華嚴思想。

(4)文中提到：「萬法齊觀，歸復自然。」這是源自於「莊子」的《齊物論》與「僧肇」思想的「萬物與我一體」的觀念。

《信心銘》影響後世的禪宗甚深，「百丈懷海」禪師是禪宗裡，最早以《信心銘》來教授徒弟的祖師；「趙州從諗」禪師經常引用「至道無難，唯嫌揀擇。」來接引學人，《信心銘》在歷代的禪宗，一直受到重視。

《信心銘》中的一些觀念，對後世的「曹洞宗」影響深遠。例如「一念萬年」所表達的觀念，是

「一念不動卻又明照」，這個觀念後來成為「宏智正覺」禪師提倡「默照禪」的依據。

二、《信心銘》解說

《信心銘》原文：

至道無難。唯嫌揀擇。但莫憎愛。洞然明白。毫釐有差。天地懸隔。
欲得現前。莫存順逆。違順相爭。是為心病。不識玄旨。徒勞念靜。
圓同太虛。無欠無餘。良由取捨。所以不如。莫逐有緣。勿住空忍。
一種平懷。泯然自盡。止動歸止。止更彌動。唯滯兩邊。寧知一種。
一種不通。兩處失功。遣有沒有。從空背空。多言多慮。轉不相應。
絕言絕慮。無處不通。歸根得旨。隨照失宗。須臾返照。勝卻前空。
前空轉變。皆由妄見。不用求真。唯須息見。二見不住。慎勿追尋。
纔有是非。紛然失心。二由一有。一亦莫守。一心不生。萬法無咎。
無咎無法。不生不心。能隨境滅。境逐能沉。境由能境。能由境能。
欲知兩段。元是一空。一空同兩。齊含萬象。不見精麤。寧有偏黨。
大道體寬。無易無難。小見狐疑。轉急轉遲。執之失度。必入邪路。
放之自然。體無去住。任性合道。逍遙絕惱。繫念乖真。昏沉不好。
不好勞神。何用疏親。欲取一乘。勿惡六塵。六塵不惡。還同正覺。

智者無為。愚人自縛。法無異法。妄自愛著。將心用心。豈非大錯。
迷生寂亂。悟無好惡。一切二邊。良由斟酌。夢幻空華。何勞把捉。
得失是非。一時放卻。眼若不眠。諸夢自除。心若不異。萬法一如。
一如體玄。兀爾忘緣。萬法齊觀。歸復自然。泯其所以。不可方比。
止動無動。動止無止。兩既不成。一何有爾。究竟窮極。不存軌則。
契心平等。所作俱息。狐疑淨盡。正信調直。一切不留。無可記憶。
虛明自照。不勞心力。非思量處。識情難測。真如法界。無他無自。
要急相應。唯言不二。不二皆同。無不包容。十方智者。皆入此宗。
宗非促延。一念萬年。無在不在。十方目前。極小同大。忘絕境界。
極大同小。不見邊表。有即是無。無即是有。若不如是。必不須守。
一即一切。一切即一。但能如是。何慮不畢。信心不二。不二信心。
言語道斷。非去來今。

《信心銘》翻譯：

(1)「至道無難。唯嫌揀擇。但莫憎愛。洞然明白。毫釐有差。天地懸隔。」

①「至道」即至極的大道、佛祖的大道，亦即宇宙最高的真理。

②「唯嫌」是只有厭惡、討厭。

③「揀擇」是選擇。

④「洞然」是清楚明白。

要悟入至極的大道，並無困難，只要不落入選擇差別的分別心，就可以達到。只要心中沒有厭惡和喜愛的分別心，就會清楚明白「至道」是什麼。只要對「至道」有一絲一毫的誤解，你與「至道」之間，就會變得天差地別了。不要誤認為沒有厭惡和喜愛的分別心，就對任何事情都抱著「無關緊要、漠然置之」的態度來應對，那就和樹木與石頭沒有兩樣。

(2)「欲得現前。莫存順逆。違順相爭。是為心病。不識玄旨。徒勞念靜。」

想要「至道」現前，就不該存有「順、逆」的分別心。只要有「順（喜歡）」、「逆（不喜歡）」的兩種心，「至道」就不會現前，這是禪修者常犯的心病（錯誤見解）。

如果不了解「至道」深奧的義理，一直有想要得到安靜的想法，這都是白白浪費精力，沒有任何效益的做法。因為，「想要得到安靜」的這個念頭，本身就是一種「妄想執著」。

(3)「圓同太虛。無欠無餘。良由取捨。所以不如。」

①「圓」是「圓覺（自性）」，圓滿的覺性。眾生都有本覺、真心，自無始以來，常住清淨，昭昭不昧，圓滿周備，了了常知。就體而言，稱為「一心」；就因而言，稱為「如來藏」；就果而言，則稱為「圓覺」，與「真如、佛性、法界、涅槃、菩提」等，是相同的意思。

②「太虛」是指宇宙萬物最原始的實體「元炁」，「元炁」是中國古代的哲學概念，指產生和構成天地萬物的原始物質。「太虛」不是一無所有，而是無所不有，普遍存在。

③「良由取捨」是確實是由於我們選擇接受還是捨棄。

④「不如」是「不如法」，「如法」的對稱，意思是違背佛法而所行非道。遵循釋迦牟尼佛所說的教法，或符合正確、正當的道理者，都稱為「如法」；反之，違逆正理而與佛陀所開示的教

法處處不能相應的情形，則稱為「不如法」。

眾生圓滿的「覺性（自性）」，和宇宙萬物最原始的「太虛」是一體相同的，有不增不減的特性。人的「覺性（自性）」，原本是圓滿無缺，無欠無餘，至真、至善、至美的。眾生無法覺悟「至道」的存在，確實是由於我們有分別對待心，有選擇接受還是捨棄的念頭，所以是「不如法」，違逆釋迦牟尼佛所說的教法。

(4)「莫逐有緣。勿住空忍。」

①「有緣」即有因緣關係，有可攀緣。

②「空」是宇宙萬物的虛幻不實，都沒有自體、實體、我等。

③「忍」原來是「忍耐、忍許、忍可、安忍」的意思，即指能夠忍耐違逆的外境而不起瞋心，在這裡是指能夠安住在「空」的境界。

修習禪定時，不要追逐「有緣」，也不可以停留在「空忍」的境界裡，什麼都不要住，「忍」也不住、「空」也不住。也就是不要有追求自己喜歡的，拒絕自己厭惡的念頭，執著「有、空」都是不正確的態度。

開悟的境界是「前念」、「後念」和「當下一念」都不生起，但不是有一個「念頭」刻意去不生起，強自壓抑著，使心念不生，這是「頑空」，而不是「真空」。

修習「忍」的目的，是要達到「不動心」，「自性」就是處於「不動心」的狀態，這個心念本來就「不生」，「不生」就是「不動」。假如再去住在一個「忍」的境界裡，這個能住的心，也是在動。

(5)「一種平懷。泯然自盡。」

①「平懷」：即「平常心」，心無分別對待，舉目都是自然平等。

②「泯然」：形跡消滅的樣子。

③「自盡」：自滅。

這就是「明心見性」的境界，禪修者已經證悟到「平常心」，一切平等，凡聖一如，沒有任何分別、對待、主客、人我、能所等的心識，泯然無跡，自然消滅。

(6)「止動歸止。止更彌動。唯滯兩邊。寧知一種。」

修習禪定時，妄想來了，心動得不得了，攀緣得不得了。我們用一種方法，例如數息、念佛、觀想、參話頭等，把心定住在一個點上，心就不動了。但是，這是暫時性的心不動，很容易受到外境的影響，又開始躁動。這是因為，想要「止心」的各種方法，本身就是一個「念頭」。我們想用「止」來對治「妄想」的動念，但是想要「止念」的這個「念頭」也是一個動相，動上加動，反而愈來愈動，沒完沒了。

用「止念」的方法，其實一個是「止」的「念頭」，另一個是「動」的「念頭」，就落入「止、動」兩邊。「動相」是相，「靜相」也是相，動靜二相都是妄相，都是虛妄不實。不喜歡「動」是執著，喜歡「靜」也是一種執著，還是屬於「心識」的作用。

一般人不知道，諸法是無二無別的，並沒有一物分別的相對，「止」和「動」本來就是一體的，所以根本不用對治，既然沒有對立，又何必解脫。

(7)「一種不通。兩處失功。遣有沒有。從空背空。」

佛法是不二法門，若不能明白此不二法，便會執著於分別對待的兩邊，不管你如何用功修行，都是徒勞無功，因為知見不對，所行就偏。一旦執著兩邊的任何一邊，怎樣修行都是徒勞無功的。想要消除「有」，而去追求「空」，反而更背離了「空」。

(8)「多言多慮。轉不相應。絕言絕慮。無處不通。」

過多的語言和思慮，就轉到六根、六塵、六識去攀緣，是非和煩惱一大堆，與「自性」不能相應。當你不多言，停止分別、妄想和思惟，不生一念時，理、事二個障礙當下消除，即可見到「自性」，自然就「無處不通」。

(9)「歸根得旨。隨照失宗。須臾返照。勝卻前空。」

①「須臾」是片刻、暫時。

②「勝卻」是勝過。

修行時若能回到根本，歸依「自性」，就得到了佛法的宗旨。但是，假如只是一直隨著觀照的方法（文字般若）在用功，這依然是停留在觀照（觀照般若）的現象中，並沒有得到根本（實相般若）。平時我們的心向外攀緣，心隨境轉，只要片刻返照自心，把六根內照，兩眼內視、兩耳內聽、透過覺照，把這念心收回來，就勝過「前空」。「前空」是一種無知無覺的、無思無為的虛無境界，又稱為「頑空」。安住在這種空上面，只是一種空定，還不是究竟。

(10)「前空轉變。皆由妄見。不用求真。唯須息見。」

修習禪定的初期，從「有」轉變為「空」，會到達一個空的境界。但是，修禪者往往容易執著這個「空定」，而希望住於這個「空」上，這種「頑空」是虛妄的見解。

修行時不要期盼「自性」何時顯現，假如這樣想，就永遠見不著「自性」。只要把自己第六識「意識」的分析判斷功能停止，讓第七識「末那識」停止作用，「自性」就自然顯現。

(11)「二見不住。慎勿追尋。纔有是非。紛然失心。」

「二見」是佛教指古印度對人死後的兩種錯誤見解：「斷見（無見）」與「常見（有見）」，「見」就是觀念、見解。

「斷見」就是只相信五種感覺器官所認識外境的存在，只承認現實世界和現世生命的存在，不相信生命死亡後還有個不滅的靈性，不承認有三世因果，不相信生死輪迴，沒有前世和後世。認為人的思想感覺和功能是肉身的功能，人死後一切都消失不存在。

「常見」是「恆在」，一切皆有，是認為人死後靈魂繼續存在不滅的妄見。「常見」就是認為宇宙有一種「持久存在的本質」，能導致萬物永久的存在，生命永遠存在。自己的靈魂，或造物主或萬物，都可以永恆的存在。

事實上，「斷見」與「常見」都是一種誤解。佛教的生命觀，主張當下的生命就是「緣起」，只有「諸行無常」才是正理。

除了「斷見」與「常見」以外，一切相對的境界，也都可以稱為「二見」，也就是指「分別心」例如：生滅、垢淨、增減、憎愛、順逆、動靜、空有、真妄、好壞、高低、明暗等。

「住」就是執著、攀緣，不住一切「相對」的知見，慎勿再去追尋，因為一旦有分別對立的「二見」，才有種種的是非、對錯、好壞、善惡的概念生起，來擾亂清淨的「自性本心」。心一動，就落入「相對」的「二見」，就與「自性本心」不相應。

所以一起心動念，就「紛然失心」。「紛然」，就是雜亂無章；「失心」是迷失了這念心，就迷失了「自性本心」。

(12)「二由一有。一亦莫守。一心不生。萬法無咎。」

①「萬法」是總括萬有事理包括宇宙間的森羅萬象、萬事萬物，一切有為法和無為法。

②「無咎」，「咎」是過失，「無咎」就是沒有過失。

世間的「相對分別」現象，例如：是非、對錯、好壞、善惡、高低、空有等的二分法，都是由唯一的「自性真如」所變化出來的一切現象。為什麼修道必須從自己的第六識「意識」下手呢？因為只要停止自己第六識「意識」的分析判斷功能，「心識」不生分別、不落兩邊，讓第七識「末那識」停止作用，「自性」才會顯現。讓「相對分別」現象的「二」，回到原來「自性真如」的「一」。

禪修到「初禪」的境界時，已經停止第六識「意識」的分析判斷功能，這時候要捨棄你的禪修方法，就是你用功守住的東西，不管是數息、呼吸、佛號、咒語等，那個你辛苦守住的「唯一念頭」，通通要丟掉。

因為，你用功守住的東西，還是用「念頭」在守，還是一種「執著」。禪修者必須要放下這「最後的執著」，才能夠達到「無心」的狀態，見到「自性真如」，否則只能夠見到「自性真如」的光輝，無法真正「見性」。

「相對分別」的世界，是從「一」當中產生出來的，只要不執著「一」，「相對分別」的世界，自然就歸回「自性」，從「相對分別」的現象，回到「絕對唯一」的境界。

心不妄動，不生一念，妄念就不生起。妄念不生起，就不會落入兩邊「二見」，萬法就寂然，行為就不會招致罪過。

(13)「無咎無法。不生不心。」

①「咎」就是過失，指所有「善念」和「惡念」的執著和分別。心中只要有一念，不管是善念或惡念，都是「見性」的障礙。因為，「自性」就像一面乾淨明亮的鏡子，假使有了一點汙點，不管它是「白點（善念）」還是「黑點（惡念）」，都會障蔽這面鏡子（自性）的光明。

②「法」是一事、一物，是對萬法而言，表示存在、事物。

「無咎」就是當我們的「一念」達到「無念」的境界，不思善、不思惡，善惡兩亡，達到「一念不生」的狀態。

「無咎無法」是說，「三界唯心，萬法唯識。」，心生萬法，萬法唯心，只要「一念不生」，就沒有萬法。

「不生不心」是說，只要「自性」不起心動念，就沒有攀緣的心、是非的心。只要安住在這個「不生」的境界，就不會起心動念。

(14)「能隨境滅。境逐能沉。境由能境。能由境能。」

①「能」是某一動作的主體，能做主觀的察知。例如：能看見事物的「眼睛」，稱為「能見」。

②「境」是「境界」又稱做「塵」，指心的對象，是客觀的存在。即「六根」與「六識」的對象，亦即心與感覺器官所感覺或思惟的對象。引起眼、耳、鼻、舌、身、意「六根」的感覺思惟作用的對象，即色、聲、香、味、觸、法「六境」，以其能污染人心，故又稱為「六塵」。

「能隨境滅」是說，如果沒有客觀的存在，那主觀的察知就不會生起。我們起了能觀的心念，隨著所觀的境界消失，能觀的心念也會跟著滅掉。「六根」對「六塵」，我們執著外面的「境界」為實有，就生起貪愛心，一旦外面的「境界」消失，這個心念就沒有依靠，也就跟著滅掉。

「境逐能沉」，「沉」是迷戀，如果沒有主觀的察知，客觀的存在就沒有什麼意義。「境」追逐「心」，「心」迷戀「境」，「心」和「境」是互相依賴的，沒有「心」，就沒有「境」。

「境由能境」是說，「境」由「心」現，客觀憑藉主觀而顯現，由「能」產生「境」。因為有能觀的「心」，才有外面的「境」；沒有這個能觀的心，回歸「自性」，「境」就消失了。

「能由境能」是說，有客觀的環境，才能產生主觀的心念。因為有外面的境界，所以這個心才會起心動念。「心」為主因，「境」為助緣，能觀照的「心」和所觀察的「境」，兩者互為因緣關係。

(15)「欲知兩段。元是一空。」

①「兩段」是指「能」和「境」。

②「元」是原來。

想知道「能」和「境」的本質，原來來自同一個無量無邊的「空性」。

(16)「一空同兩。齊含萬象。不見精麤。寧有偏黨。」

①「麤（ㄘㄨ）」同「粗」。

②「偏黨」是「偏向、偏袒」。

③「精」是指精細、好的。

④「粗」是指粗大、壞的。

唯一的「空性」同時融合了「能」和「境」，一起包含了一切萬象，都是不實的假相。

「精、粗」就是執著分別兩邊的「二見」。假如我們的心念沒有取捨「精粗、好壞」的分別心，時時刻刻都安住在「自性」上，哪裡還會偏到任何一邊去？

(17)「大道體寬。無易無難。小見狐疑。轉急轉遲。」

大道的體性沒有障礙，遍佈宇宙，無所不在，是寬大無量無邊的。「容易」與「困難」都是從自己第六識「意識」的分析判所產生，假如停止自己第六識「意識」的分析判斷功能，那就沒有「容易」與「困難」的分別。

每個人都有自己的「見解」，這種「見解」即是「偏見」，也是「小見」。因為心存「小見」，所以不能徹見真理的全貌，對佛法時常心存懷疑。「小見」的人沒有正見，卻想要速成佛道，結果欲速則不達，不是走入旁門左道，就是退道不前。越是急著要有成果，越是得不到，成就也就越難越遲。

(18)「執之失度。必入邪路。放之自然。體無去住。」

「度」就是一個原則、標準，以不落兩邊「二見」為標準。修行的重點，在於破除「分別執著」，若是以「分別執著」的心來修行，就是失去原則、標準，必定走入邪路。

修行的法門，就是萬緣放下，順任本性，契合自然的大道。把虛偽、造作、比較、取捨、憎愛、攀緣、不善等「妄心」，徹底的放下。念起由它起，念滅由它滅，緣生讓它生，緣滅讓它滅。當「妄心」放下，以寂滅為樂，逍遙自在，無憂無惱，「真心」自然流露。

(19)「任性合道。逍遙絕惱。繫念乖真。昏沉不好。」

①「任」是聽憑、任意、任其自然。

②「性」是「自性」。

③「逍遙」是悠閒自得的樣子

④「繫念」是掛念，這裡是指把心定在一個東西上，讓心不妄動。

⑤「乖」是違背、不合。

聽憑「自性」，相符不違背於「大道」，自然就逍遙自在，沒有煩惱。把心定在一個東西上，讓心不妄動。一起心動念，就會背離「自性」真心。禪坐時容易昏沈，就不好。

(20)「不好勞神。何用疏親。欲取一乘。勿惡六塵。」

①「好」是愛、喜愛。

②「勞」是勞慮困頓。

③「神」是我們的精神。

④「疏」是遠、不喜歡。

⑤「親」是近、喜歡。

⑥「一乘」是佛乘，指佛道，「乘」是載運。佛說一乘之法，為令眾生依此修行，出離生死苦海，運至涅槃彼岸。

⑦「六塵」是現實的環境，指色塵、聲塵、香塵、味塵、觸塵、法塵等六境。

禪修時，不要勞心費神，刻意將念頭拉回來親近，或是任由它疏離不管。若想要達到一乘佛道，就不要厭惡現實的環境（色塵、聲塵、香塵、味塵、觸塵、法塵等六境）。不要喜歡的東西就貪求，不喜歡的東西就捨棄。

(21)「六塵不惡。還同正覺。」

①「六塵」是現實的環境，指色塵、聲塵、香塵、味塵、觸塵、法塵等六境。
②「還」是返回。
③「正覺」是真正之覺悟。
只要不厭惡六塵，沒有相對的取捨心，就是處在一個絕對的境界，就能夠返回真正的覺悟。
(22)「智者無為。愚人自縛。」
①「無為」是無造作之意，即非由因緣所造作，離生滅變化而絕對常住的法。
②「縛」是拘束、約束。
開悟的人無造作，無事可做，只有愚笨的人無事找事做，一心想要解脫，結果反而把自己綁得更緊。
(23)「法無異法。妄自愛著。將心用心。豈非大錯。」
真正的法是無差異的，偏愛哪個法，都是妄自喜愛。將真心用來豈妄心。難道不是大錯特錯嗎？
(24)「迷生寂亂。悟無好惡。」
對於尚未開悟的迷者，會生出寂靜和散亂的分別心，所以認為有散亂可除，有涅槃可求；但是對於開悟者而言，是沒有喜好和厭惡的分別心，無散亂可除，也無涅槃可求。
(25)「一切二邊。良由斟酌。」
①「二邊」是好、壞的相對。
②「良由」是確實、果然，表示肯定。
③「斟酌」是分別心。

世間的一切事物，都有生滅、垢淨、增減、憎愛、順逆、動靜、空有、真妄、好壞、高低、明暗等相對的二邊，這些都是分別心在作用。

(26)「夢幻空華。何勞把捉。」

①「何勞」是何須煩勞、用不著。

②「把捉」是執持、掌握。

由我們分別心所顯現的形像，都如夢、幻、泡、影，像空中的花一樣，用不著執著持有。

(27)「得失是非。一時放卻。」

①「一時」是同時。

②「放卻」是放下。

得到的與失去的，正確與錯誤，這些想法同時要放下。

(28)「眼若不眠。諸夢自除。心若不異。萬法一如。」

①「萬法」是一切諸法，萬象、萬事、萬物，總括萬有事理，一切所有存在的總稱。

②「一如」，「一」為不二；「如」為不異。「一如」是一切諸法皆由因緣生起，故無常、無我，而無固定不變的實體，即無自性。

如果眼睛不睡，所有的夢自然就除去。如果心沒有分別，也就是停止自己第六識「意識」的分析判斷功能，那麼萬法就以「空」為性而歸於一理。

(29)「一如體玄。兀爾忘緣。」

①「體玄」是體察玄妙。

②「兀爾」是寂靜的樣子。

一切萬法以「空」為性，而歸於一理，體察玄妙，寂靜忘卻攀緣。

(30)「萬法齊觀。歸復自然。」

「齊觀」是同等看待，沒有分別。把一切諸法同等看待，沒有分別心，回歸自然。

(31)「泯其所以。不可方比。止動無動。動止無止。」

①「泯」是消除、消滅。

②「所以」是原故、理由。

③「方比」是比方、比擬。

因為不起心動念，就消除分別心的原故，這種境界無法用語言文字來比方表達。假如起心動念，有一個想要止住動的心，卻不知道「自性」是本無動搖的；當你以為變動的心停止了，實際上並沒有所謂的停止，因為「自性」是本無動搖的實體。

(32)「兩既不成。一何有爾。」

「相對分別」既然不是真實的相，那麼除了「絕對唯一」的「自性本體」之外，還有什麼呢？

(33)「究竟窮極。不存軌則。」

①「究竟」是至極，即佛經裡所說的最高境界。

②「窮極」是窮盡、極盡。

③「軌則」是規則、準則。

到達最究竟、最窮盡的佛法時，不存在任何規則、準則。因為當一切思慮的分別心，當下全滅時，既沒有所謂真理，也沒有一定的標準，海闊天空，任意遨遊。

(34)「契心平等。所作俱息。」

「契心」是心意投合、稱心。只要停止自己第六識「意識」的分析判斷功能，就沒有「相對分別」，只有「絕對平等」。如果心到了平等的境界，就歸於「無為」，做任何事情等於沒有做。但是，這並不是不做事的意思，而是做任何事根本就「無心」，沒有「執著心」，只是專心做事而已。因為心中沒有執著，還有什麼好去「作為」的呢？

(35)「狐疑淨盡。正信調直。」

①「狐疑」是猜疑，懷疑。

②「正信」是篤信正法的心，正直的信念。虔信佛所說正法的心，此信心不因遭逢諸異道而稍生疑念。

③「調直」是言辭直率。

猜疑沒有了，正信就堅固了。

(36)「一切不留。無可記憶。虛明自照。不勞心力。」

「虛明」是內心清虛純潔。修道人的心應該一切不留，不管發生什麼事，都不應該在心中留下痕跡和記憶，就像「空中鳥跡」和「鏡中影像」一樣。小鳥從空中飛過，在空中留下了什麼？站在鏡子前看到自己的影子，離開後鏡中又留下了什麼？

「見性」之後，內心清虛純潔，「自性」自己發出「自性光」照耀宇宙，不必辛勞的使用精神和體力。

(37)「非思量處。識情難測。」

「無心」的境界，是「心無一物」，這種境界是無法用語言文字來解釋的。因為人們能夠思量的，只限於世間常識的範圍，若是法界的實相，是無法去思量揣度的。唯有停止自己第六識「意識」的分析判斷功能，才能夠明白什麼是實相、自性。

(38)「真如法界。無他無自。」

①「真如」是即指遍佈於宇宙中真實的本體，超越所有的差別相，為一切萬有之根源。又稱作「如如、如實、法界、法性、實際、實相、如來藏、法身、佛性、自性、自性清淨身、一心、不思議界」等。

②「法界」是指意識所攀緣對象的所有事物，泛指有為、無為的一切諸法。

「真如法界」的境界，沒有他人，也沒有自己，佛與眾生平等。

(39)「要急相應。唯言不二。不二皆同。無不包容。」

①「相應」是相契合。

②「不二」又稱作「無二、離兩邊」。指對一切現象，應該無分別，或超越各種區別。

要快速與「真如」相契合，只有「不二」。既不是「二」，也不是「一」，只能稱作「不二」。

「不二」就是自他不二，物我一如，萬物萬法皆非別有。

(40)「十方智者。皆入此宗。宗非促延。一念萬年。」

①「十方」是四方、四維、上下的總稱。即指東、西、南、北、東南、西南、東北、西北、上、下。佛教主張十方有無數世界及淨土，稱為「十方世界、十方法界、十方淨土、十方剎」等。

②「促延」是長短。

十方有大智慧的人，都會來信仰禪宗。禪宗的佛法是超越時空的，所以一念與萬年沒有差異。

(41)「無在不在。十方目前。」

「目前」是最近、眼前。說「真如」存在是不對，說「真如」不存在也是不對。「真如」遍佈法界，超越時空，「十方」就是「目前」、「目前」就是「十方」，

(42)「極小同大。忘絕境界。極大同小。不見邊表。」

「邊表」是邊境。「極小」和「極大」是相同的，只要捨棄超越疆界，泯滅了時空、長短、大小的對立，「極大」和「極小」是相同的，沒有邊境。

(43)「有即是無。無即是有。若不如是。必不須守。」

「有」即是「無」，「無」即是「有」，因為「有」和「無」都是由自己第六識「意識」的分析判斷所產生的概念。若不是有這種「有無皆同」的觀念，那就錯了，必須不要執著「有」和「無」。

(44)「一即一切。一切即一。但能如是。何慮不畢。」

①「一」即「一切」，「一切」即「一」。這是說明「一」與「一切」，其體用相融而不二，用以說明法界緣起中，現象之間互相融通不離的關係。

②「萬法」不離「自性」，「萬法」唯「心」所現，是「自性」的顯現和作用。

所謂「千江有水千江月」，「月亮」是唯一的，「千江月」就很多了。「月亮」代表「自性」，「千江月」代表「萬法」，「萬法」都是「自性」所顯現的產物，所以說「一」即「一切」，「一切」即「一」。只要能夠做如此的觀察，就不必憂慮有做不成的事。

(45)「信心不二。不二信心。」

①「信心」是信受所聽聞所解釋的佛法而無疑心。

②「不二」是沒有兩樣，相同。

要相信「自性真心」是唯一的心，平等的心，無差別的心。

(46)「言語道斷，非去來今。」

「道」是言語所不能表達的，也不屬於過去、現在和未來。「道」是原本就存在，普遍的存在宇宙萬物中。

第十七單元

四祖道信傳授《入道安心要方便門》

一、《入道安心要方便門》簡介

四祖道信所撰寫的《入道安心要方便門》，原書已亡佚，僅由《楞伽師資記》所引錄，而知道四祖道信曾經著有此書。此書文章很長，大約有三千六百字左右。

《楞伽師資記》又名《楞伽師資血脈記》，是由唐代「淨覺禪師」編著於景龍二年，本書記述《楞伽經》八代相承傳持的經過，從禪宗「菩提達摩」直到「玉泉神秀」之間的傳承。中國禪宗初期，有南北宗之分，而本書即為站在北宗立場所撰述的初期禪宗傳承史。

「入道安心要方便法門」意思是：入道安心的重要方便法門，這是禪宗四祖道信的開示，讓心安住不動，而證入無漏聖道的重要法門。

二、《入道安心要方便門》解說

《楞伽師資記》原文：

「第五。唐朝蘄州雙峰山道信禪師後。其信禪師。再敞禪門。宇內流布。有菩薩戒法一本。及制入道安心要方便法門。為有緣根熟者。」下面接著就是《入道安心要方便門》的全文。

因為《入道安心要方便門》的原文篇幅冗長，所以省略全文，把全文分段來翻譯解說。

《入道安心要方便門》的內容，總共可分為七段，七個重點來解說。

第一段：禪宗四祖道信的法門要旨

第二段：提出四部佛典的重點經文

第三段：四祖道信的三問三答

第四段：「智敏禪師」和「傅大師」的名言

第五段：「守一不移」的禪定法門

第六段：四祖道信傳授禪定的方法

第七段：四祖道信評論「老莊思想」

《入道安心要方便門》翻譯和重點提示：

第一段：禪宗四祖道信的法門要旨

原文：我此法。要依楞伽經。諸佛心第一。又依文殊說般若經。一行三昧。即念佛心是佛。妄念是凡夫」

經文翻譯：

我繼承的這個禪宗法門的要旨，是依據《楞伽經》的重點「諸佛心第一」，又依據《文殊說般若經》的重點「一行三昧」，就是「專一念佛的心，就是佛；妄念的心，就是凡夫。」

重點提示：

《楞伽經》的「諸佛心第一」，是指《楞伽經》卷第一「一切佛語心品之一」中所說的「大乘諸度門。諸佛心第一。」。意思是：在大乘佛教種種得度的法門中，諸佛的心是第一法門。

「諸佛的心」就是「澄寂的心」，就是「自性真心」，就是「無想無念心」，也就是讓第六識「意識」的分析判斷功能停止，讓第七識「末那識」停止作用，「自性真心」就會自然顯現。。

《文殊說般若經》的「一行三昧」，是指《文殊師利所說摩訶般若波羅經》裡，所提到的「一行三昧」。「一行」就是專注於一件事，一定不變，始終實施。

「三昧」；就是將心定住於一處（或一境）的一種安定狀態。

「一行三昧」又分為二種，即：

(1)理的一行三昧：

就是定心觀法界平等一相的三昧。入此三昧，則知一切諸佛法身與眾生身為平等無二、無差別相，故於行住坐臥等一切處，能純一直心，不動道場，直成淨土。《大智度論》卷四十七裡，所說的「一行三昧」，是指「理的一行三昧」。

《大智度論》卷四十七：「云何名一行三昧？住是三昧不見諸三昧此岸、彼岸，是名一行三昧。」又說「一行三昧者，是三昧常一行畢竟空相應三昧中，更無餘行次第；如無常行中次有苦行，苦行中次有無我行。又菩薩於是三昧，不見此岸，不見彼岸。諸三昧入相為此岸，出相為彼岸；初得相為此岸，

就是一心念佛的念佛三昧，《文殊師利所說摩訶般若波羅經》裡，所說的「一行三昧」，是指「事的一行三昧」。

《文殊師利所說摩訶般若波羅經》卷下：「善男子、善女人，欲入一行三昧，應處空閑，捨諸亂意，不取相貌，繫心一佛，專稱名字；隨佛方所，端身正向，能於一佛念念相續，即是念中，能見過去、未來、現在諸佛。」

(2)事的一行三昧：

滅相為彼岸。」

第二段：提出四部佛典的重點經文

原文：文殊說般若經云。文殊師利言。世尊。云何名一行三昧。佛言。法界一相。繫緣法界。是名一行三昧。如法界緣不退不壞。不思議無礙無相。善男子善女人。欲入一行三昧。應處空閑。捨諸亂意。不取相貌。繫心一佛。專稱名字。隨佛方便所。端身正向。能於一佛。念念相續。即是念中。能見過去未來現在諸佛。何以故。念一佛功德無量無邊。亦與無量諸佛功德無二。不思議佛法等分別。皆乘一如。成最正覺。悉具無量功德。無量辨才。如是入一行三昧者。盡知恒沙諸佛法界。無差別相。夫身心方寸。舉足下足。常在道場。施為舉動。皆是菩提。普賢觀經云。一切業障海。皆從妄相生。若欲懺悔者。端坐念實相。是名第一懺併除三毒心。攀緣心。覺觀心。念佛。心心相續忽然澄寂。更無所緣念。大品經云。無所念者。是名念佛。何等名無所念。即念佛心名無所念。離心無別有佛。離佛無別有心。念佛即是念心。求心即是求佛。所以者何。識無刑。佛無刑。佛無相貌。若也知此道理。即是安心。常憶念佛。攀緣不起。則泯然無相。平等不二。不入此位中。憶佛心謝。更不須徵。即看此等心。即是如來真實法性之身。亦名正法。亦名佛性。亦名諸法實性實際。亦名淨土。亦名菩提金剛三昧本覺等。亦名涅槃界般若等。名雖無量。皆同一體。亦無能觀所觀之意。如是等心。要令清淨。常現在前。一切諸緣。不能干亂。何以故。一切諸事。皆是如來一法身故。經是一心中。諸結煩惱。自然除滅。於一塵中。具無量世界。無量世界集一毛端。於其本事如故。不相妨礙。花嚴經云。有一經卷。在微塵中。見三千大千世界事。

經文翻譯：

《文殊師利所說摩訶般若波羅經》說：「世尊，什麼是『一行三昧』？」

佛回答說：「一切『法界（指意識所攀緣對象的所有事物）』實際上都是『一相（指平等無差別的真如相）』，懸繫攀緣（將心專注於）這個『法界』，就稱為『一行三昧（指將心專注於一件事，而修習的正定）。』」

『一如法界（指真如法性之妙理）』雖然攀緣一切的『法界』，但是能緣所緣不二不異，沒有分別對待，所以能夠不減損，也不損毀。不用思慮去評論是非（指停止自己第六識「意識」的分析判斷功能），自然就沒有阻礙，也沒有形相。

善男子！善女人！假如有人想要進入『一行三昧』的境界，應該找一個清閒的地方，捨棄所有紊亂的雜念，『心識』不想任何事相（指停止自己第六識「意識」的分析判斷功能）。然後，專心想念一尊佛，稱念該佛的佛號，不被妄念間斷，身體正直坐著，想像對著該佛的方位。能夠專心對著一尊佛，相續不斷的專心念誦該佛的佛號，如此的念誦佛號中，能夠見到過去、未來、現在的諸佛。

為什麼會這樣呢？因為念誦一尊佛的佛號，功德無量無邊，也和念誦無量諸佛的佛號，功德是沒有區別的。不可思慮言說的佛法，是平等沒有分別的，都是『乘（是交通工具，指能將眾生從煩惱的此岸載到覺悟的彼岸的教法。）』，都是『一如（真如的理，是唯一不二、相同不異、平等無差別的。）』，成就了最『正覺（真正的覺悟）』，具備全部無量功德、無量辯才。如此進入『一行三昧』的人，完全知道如同恒河沙數那麼多的諸佛境界，都是相同沒有差別。」

本篇所引用《文殊師利所說摩訶般若波羅經》的經文，到此為止，下面是四祖道信的論述。

修行人想要進入「一行三昧」的境界，必須隨時注意自己的身（行為）、心（思想）及方寸（人的內心），舉足下足（抬腳落腳、一舉一動），都應該當做是在道場（修道的地方），一切作為（言行舉止）的施展，都是「菩提（覺智，是斷絕世間煩惱而成就涅槃的智慧）」，都在「覺智」中，而不是無意識，不知不覺。

《佛說觀普賢菩薩行法經》說：「如同大海一般深廣的一切業障，都是源自於妄想所生起。若是有人想要懺悔，就要『端坐（端正身體而坐）』念『實相（真如，一切萬法真實不虛的體相）』。」

本篇所引用《佛說觀普賢菩薩行法經》的經文，到此為止，下面是四祖道信的論述。

這就叫做「第一等懺法門」，能夠掃除「三毒心（貪欲、瞋恚、愚癡等三種煩惱）」、「攀緣心（指心執著於某一對象的作用，攀取緣慮色塵、聲塵、香塵、味塵、觸塵、法塵等『六塵』的心。）」和「覺觀心（尋伺，『覺』是尋求推度，即對事理的粗略思考；『觀』是細心思惟諸法名義等的精神作用。『覺』和『觀』二者都是妨礙第二禪以上的『定心』作為，假如持續作用，就會使得身心勞損，正念旁落，所以又列為『隨煩惱』之一。修習禪定，依此『覺』、『觀』二者的有無，就能夠判別『定心』的淺深。）」

「念佛」的要訣，必須要「心心相續（『念佛』的心，要接續不斷，中間不夾雜妄念。）」日久功深，忽然覺得內心一片清澈靜寂（此時，『念佛』的心念也消失），更沒有任何一事，可以攀緣掛念。這就是《大品般若經》所說的「無所念，就是念佛。」

為什麼稱為「無所念」呢？就是這個清澈靜寂的「念佛心」，就是「無所念」。離開「這個清澈靜寂的心」，就沒有別的佛；離開了佛，就沒有「這個清澈靜寂的心」。「念佛」就是念「這個清澈靜寂的心」，求「這個清澈靜寂的心」，就是求佛。

為什麼這樣說呢？因為「意識」沒有型態，佛也沒有型態。若能夠明白這個道理，就是「安心」。經常思念佛，不生起「攀緣心」，那麼一切相狀便消滅淨盡，一切諸法平等，沒有區別。一但進入這個「無相」位的境界，那麼思念佛的心也消失，就不需要再向前進階修習了。

這樣的心，就是「如來真實法性之身」，也稱為「正法」，也稱為「佛性」，也稱為「諸法實性實際」，也稱為「淨土」，也稱為「菩提」、「金剛三昧」、「本覺」，等，也稱為「涅槃界」、「般若」等。名稱雖然有無量個，指的都是同一個本體，也沒有「能觀（某一動作的主體）」和「所觀（其動作的客體、對象）」的見解。

「能觀」是指能觀想、察看、審視的「心」；「所觀」是指被「心」所觀想、察看、審視的事物。這樣的本心，要讓它清淨，使它時常顯現出來。那麼一切現象世界的因緣，就不能干預擾亂本心。

為什麼呢？因為一切萬法，都是源自於「如來（真如自性）」獨一法身的緣故。安住在這個獨一的「本心」中，所有的「結煩惱（『結』是可招感果報的煩惱）」，自然滅除。

接下來，四祖道信另外提到《大方廣佛華嚴經》上的一個重點：在一顆「微塵」中，具足「無量世界」；「無量世界」集合在一個「毫毛」端。而「無量世界」本來的樣子依舊如故，互相不妨礙。《大方廣佛華嚴經》上說：「有一本經卷提到，在微塵中，可以見到三千大千世界境界。」。

重點提示：

(1)《文殊師利所說摩訶般若波羅經》裡，所提到的「一行三昧」，是指將心專注於一件事（佛號、數息、呼吸等），而修習的正定。

釋迦牟尼佛說，意識所攀緣對象的所有事物，實際上都是平等無差別的真如相。我們只要將心專注於所攀緣對象，就稱為「一行三昧」。我們的「自性真如」雖然攀緣一切的事物，但是沒有分別對待心。我們只要停止自己第六識「意識」的分析判斷功能，自然就能夠見到自己的「自性真如」。

四祖道信論述說，修行人想要進入「一行三昧」的境界，必須隨時注意自己的行為、思想及內心，一舉一動都應該當做是在道場，一切的言行舉止，都是「菩提覺智」，都在「菩提覺智」中，而不是無意識，不知不覺。

(2)《佛說觀普賢菩薩行法經》說：「眾生的業障，如同大海一般的深廣，都是源自於妄想所生起。若是有人想要懺悔，就要端正身體而坐，念『實相（真如）』。」

四祖道信論述說，這就叫做「第一等懺法門」，能夠掃除「三毒心、攀緣心」和「覺觀心」。「念佛」的要訣，必須要接續不斷，中間不夾雜妄念，日久功深，忽然覺得內心一片清澈靜寂，「念佛」的心念也消失，更沒有任何一事，可以攀緣掛念。

這就是《大品般若經》所說的「無所念，就是念佛。」什麼是「無所念」呢？就是「無念」，就是

「沒有念頭」。但是，我們沒有辦法用「念頭」去停止「念頭」。因為，當你有一個「念頭」是「我不要有念頭」，這個「念頭」是「有念」，而不是「無念」。

所以，釋迦牟尼佛教導我們一個方法，就是「以念止念」。由於，我們一次只能夠生起一個「念頭」，即使有人會「一心二用」，心思同時放在二件事情上，分心不專注，但那也是二個「念頭」有先後次序。

所以，只要能夠把腦中存放「念頭」的空間佔據，就不會有第二個「念頭」出現，這就是「以念止念」的原理。這唯一的「念頭」，釋迦牟尼佛教導我們「念佛」，就是「念佛號」，而且不限定哪一尊佛，只要你歡喜就好。

當你「念佛號」時，你的第六識「意識」的分析判斷功能，會暫時停止，因為「念佛號」不需要用到分析判斷的功能。當你的「念頭」被「佛號」佔據，短時間內不會出現第二個「念頭」，這個時候你沒有其它的「妄想」，只有「佛號」這個「念頭妄想」。

持續念誦「佛號」，時間一久，你的第六識「意識」的分析判斷功能，會產生「彈性疲乏」現象，持續暫時停止。就像「馴野馬」或「馴野牛」一樣，持續念誦「佛號」，就像那條馴馬牛的繩子一樣，時間一久，這頭「野馬」或「野牛（比喻你的第七識『末那識』）」就乖乖聽話了。

你的第六識「意識」的分析判斷功能，繼續暫時停止。你的第七識「末那識」，由於長時間接收不到第六識「意識」的分析判斷資訊，也暫時停止作用。第七識「末那識」停止作用，就不會生起「妄想執著」，此時你的「自性」光芒就會逐漸顯露出來。

注意！這個階段你只能見到「自性光芒」，而不是「自性」本身。也就是，你只見到「燈光」，還沒有見到「燈泡」本身。

這就稱為「安心」法門，「安」住你的「心」，「安」住你的第七識「末那識」的「心」識，不讓它生起「妄想執著」。把腦中存放「念頭」的空間佔據的方法，不只是念「佛號」一種，念「咒語」，念「數字」，念「佛珠」，念「呼吸」，觀「佛像」，觀「燈火」等等，都可以。

(3)四祖道信提到《大方廣佛華嚴經》上的一個重點。

《大方廣佛華嚴經》上說：「有一本經卷提到，在微塵中，可以見到三千大千世界境界。」

《華嚴經》有三個漢譯本：

①六十華嚴：東晉「佛馱跋陀羅」譯，六十卷。又稱《舊華嚴》、《晉經》。收於大正藏第九冊。

②八十華嚴：唐代于闐（新疆）「實叉難陀」譯，八十卷。又稱《新華嚴》、《唐經》。收於大正藏第十冊。總成七處，九會，三十九品。這個譯本品目完備，文筆流暢，因此在中國受到歡迎。

③四十華嚴：唐代「般若」譯，四十卷。全稱《大方廣佛華嚴經入不思議解脫境界普賢行願品》，略稱《普賢行願品》，為該經《入法界品》的全譯本。因為是在貞元十二年譯出，故又稱《貞元經》。收於大正藏第十冊。

四祖道信所提到的《大方廣佛華嚴經》，是東晉「佛馱跋陀羅」所翻譯的「六十華嚴」漢譯本。四祖道信說：「花嚴經云。有一經卷。在微塵中。見三千大千世界事。」

《花嚴經》就是《華嚴經》，古字「花」同「華」，《華嚴經》的全名是《大方廣佛華嚴經》。四祖道信這一段話，出自於下面這段經文。

《大方廣佛華嚴經》卷第三十五

寶王如來性起品第三十二之三原文：

復次，佛子！如來智慧無處不至。何以故？無有眾生無眾生身、如來智慧不具足者。但眾生顛倒，不知如來智遠離顛倒，起一切智、無師智、無礙智。佛子！譬如有一經卷如一三千大千世界，大千世界一切所有無不記錄。若二千世界等，悉記二千世界中事。小千世界等，悉記小千世界中事。四天下等，悉記四天下事。須彌山王等，悉記須彌山王事。地天宮等，悉記地天宮殿中事。欲天宮等，悉記欲界天宮殿中事。色天宮等，悉記色界天宮殿中事。若無色天宮等，悉記無色界天宮殿中事。彼三千大千世界等經卷在一微塵內，一切微塵亦復如是。時，有一人出興於世，智慧聰達，具足成就清淨天眼，見此經卷在微塵內，作如是念：『云何如此廣大經卷在微塵內而不饒益眾生耶？我當勤作方便，破彼微塵，出此經卷，饒益眾生。』爾時，彼人即作方便，破壞微塵，出此經卷，饒益眾生。佛子！如來智慧無相，智慧無礙，智慧具足，在於眾生身中，但愚癡眾生顛倒想覆，不知、不見、不生信心。爾時，如來以無障礙清淨天眼觀察一切眾生。觀已，作如是言：『奇哉！奇哉！云何如來具足智慧在於身中而不知見？我當教彼眾生覺悟聖道，悉令永離妄想顛倒垢縛，具見如來智慧在其身內，與佛無異。』如來即時教彼眾生修八聖道，捨離虛妄顛倒；離顛倒已，具如來智，與如來等，饒益眾生。佛子！是為菩薩摩訶薩第十勝行，知、見如來、應供、等正覺心。

這段經文是說：

就如同有「三千大千世界」一樣多的「經卷」，濃縮在一顆「微塵」內，有一位「智者（指釋迦牟尼佛）」見到此事，就破壞「微塵」，使「經卷」顯現，以利益眾生；同時，如來的智慧具足於眾生身之中，如來知悉此事，於是教眾生修八正道等，叫他們離開虛妄顛倒，具見其本有的「如來智慧」。

這是比喻「如來智慧（自性）」藏在一切「眾生」的身體內，「經卷」比喻是「如來智慧（自性）」，「微塵」比喻是一切「眾生」。意思是，一切眾生都有「如來智慧（自性）」，「如來智慧（自性）」遍入一切「眾生」的身中，一切「眾生」原本就具足「如來智慧（自性）」。

這一段經文，被看作是「如來藏學說」，被後代的「如來藏」學者一再引述。根據「如來藏學說」，一切「眾生」原來都具有「如來智慧（自性）」，只是這個「如來智慧（自性）」現時被「煩惱執著」所覆蓋，沒被覺察；當眾生聽聞佛法修行，去除「煩惱執著」，顯現「如來智慧（自性）」，便是成佛。

第三段：四祖道信的三問三答

原文：略舉安心。不可具盡。其中善巧。出自方寸。略為後生疑者。假為一問。如來法身若此者。何故復有相好之身。現世說法。信曰。正如來法性之身。清淨圓滿。一切類悉於中現。而法性身。無心起作。如頗梨鏡懸在高堂。一切像悉於中現。鏡亦無心。能現種種。經云。如來現世說法者。眾生妄想故。今行者若修心盡淨。則知如來常不說法。是乃為具足多聞。聞者一無相也。是以經云。眾生根有無量故。所以說法無量。說法無量。說法無量故。義亦名無量義。無量義者。從一法生。其一法者。則無相也。無相不相。名為實相。則泯然清淨是也。斯之誠言。則為證也 坐時當覺。識心初動。運運流注。隨其來去。皆令知之。以金剛惠徵責。猶如草木無所別知之無知。乃名一切智。此是菩薩一相法門。

問。何者是禪師。信曰。不為靜亂所惱者。即是好禪用心人。常住於止心則沈沒。久住於觀心則散亂。法華經云。佛自住大乘。如其所得法。定惠力莊嚴。以此度眾生。云何能得悟解法相。心得明淨。信曰。亦不念佛。亦不捉心。亦不看心。亦不計心。亦不思惟。亦不觀行。亦不散亂。直任運。亦不令去。亦不令住。獨一清淨。究竟處心自明淨。或可諦看。心即得明淨。心如明鏡。或可一年。心更明淨。或可三五年。心更明淨。或可因人為說。即悟解。或可永不須說得解。經道。眾生心性。譬如寶珠沒水。水濁珠隱。水清珠顯。為謗三寶。破和合僧。諸見煩惱所污。貪嗔顛倒所染。眾生不悟心性本來常清淨。故為學者。取悟不同。有如此差別。今略出根緣不同。為人師者。善須識別。華嚴經云。普賢身相。猶如虛空。依如如。不於佛國。解時佛國皆亦即如國皆不依。涅槃經云。有無邊。身菩薩。身量如虛空。人之有善光故。猶如夏日。又云。身無邊故。名大涅槃。又云。大般涅槃。其性廣博故。知學者有四種人。有行有解有證。上上人。無行有解有證。中上人。有行有解無證。中下人。有行無解無證。下下人也。

問。臨時作若為觀行。信曰。真須任運。又曰。用向西方不。信曰。若知心本來不生不滅。究竟清淨。即是淨佛國土。更不須向西方。華嚴經云。無量劫一念。無量劫。須知一方無量方。無量方一方。佛為鈍根眾生。今向西方。不為利根人說也。深行菩薩。入生死化度眾生。而無愛見。若見眾生有生死。我是能度。眾生是所疲不名菩薩。疲眾生如疲空。度空何曾有來去。金剛經云。滅度無量眾生。實無有眾生得滅度者。所初地菩薩。初證一切空。後證得得一切不空。即是無分別智。亦是色。色即是空。非色滅空。色性是空。所菩薩修學空為證。新學之人。直見空者。此是見空。非真空也。修道得真空者。不見空與不空。無有諸見也。善須解色空義。學用心者。要須心路明淨。悟解法相。了了分明。然後乃當為人師耳。復須內外相稱。理行不相為。決須斷絕文字語言。有為聖道。獨一淨處。自證道果

也　或復有人。未了究竟法為相。名聞利養教導眾生。不識根緣利鈍。似如有異。即皆印可。極為苦哉。苦哉大禍。或見心路。似如明淨。即便印可。此人大壞佛法。自誑誑他。用心人。有如此同異。並是相貌耳。未為德心。真德心者。自識分明。久後法眼自開。善別虛之與偽。或有人計身空無。心姓亦滅。此是斷見人。與外道同。非佛弟子。或有人。計心是有不滅。此是常見人。亦與外道同。今明佛弟子。亦不計心性是滅。常度眾生。不起愛見。常學智慧。愚智平等。常作禪定。靜亂不二。常見眾生。未增是有。究竟不生不滅。處處現形。無有見聞。了知一切未曾取捨。未曾分身。而身通於法界。

經文翻譯：

這裡只是簡略的提出「安心（指由於修道的體驗或對教法的理解，而將心安住於一處，並達到安定不動的境界。）」的方法，不能詳細解釋說盡。其中的巧妙，都出自於「方寸（自性真心）」。

簡略的透過假設性的提問，為將來有疑惑的修行人開示。

假設問題一：「如來法身」假如只是以上所描述這樣，為何還有好相貌的佛身，出現在世間說法呢？

四祖道信回答：

分析「如來法身」，是清淨圓滿，所以一切萬相全部都在這「如來法身」中顯現，而「法性」本身，並無心在運作。就好像「頗梨（狀如水晶的寶石）」鏡子懸掛在高大的廳堂，一切形像都顯現在鏡中。鏡子沒有心，所以能顯現種種形相。佛經經文有說：「如來顯現在世間說法，是因為眾生的妄想。」。

現在的修行人，假如能把「心識」完全修到清淨的狀態，就能夠知道為什麼「如來」會說，永遠不說法的原因，這就是「具足多聞」。「聞」的意思，就是完全無相狀，所以佛經經文上說「因為眾生有無量種根性，所以說法無量。因為說法無量的緣故，所以也叫無量義。」」。

不同「根性」眾生的「性欲」無量的緣故，「演說佛法」也跟著無量。「演說佛法」一定要符合眾生的根機，對什麼樣的人，說什麼樣的法，對象不同，內容也不一樣。

因為，要適應眾生無量的根機，必須演說無量的「佛法」來對治，所以說「演說佛法」是無量的。因為「演說佛法」無量，意義也無量。所謂「無量義」的意思，是從「一法（清淨的本性）」生出來，所謂「一法」，就是「無相」，這個「無相」，能取各種緣起，而生「萬相」，但是又不執著於「萬相」的「法相（外表）」，對所有的「法相（外表）」不取、不捨、也不染著，而安住於「實相」，所以是「不相（不執著萬相）」。但是「不相（不執著萬相）」的本質是「無相（沒有形象）」，所以稱為「實相」。「實相」就是沒有形跡而且清淨，這句真誠的經文，可以作為佐證。

禪坐的時候，應該要覺醒。當「心識」剛開始運行時，就隨順這個「心識」緩緩流注，來去自如，完全感知到「心識」在哪裡。然後以金剛智慧輕微的要求它，這個「心識」就像草木一樣，並沒有分別的感知，好像什麼都不知道，這就叫做「一切智」，這就是菩薩的「一相法門」。

假設問題二：如果有人提問：「怎樣的人，才稱得上是禪師呢？」

四祖道信回答：

不被「安靜」和「紛亂」的境所煩惱的人，就稱得上是好禪師。用功禪修的人，假如經常停留在「止念」上，「心識」就會被埋沒；假如長久停留在「觀想」上，「心識」就會散亂。

《法華經》上說：「佛自己住在大乘法中，就如同佛所證得的法，佛以定、慧的力量，來莊嚴自己,以這種力量來度化眾生,幫助眾生自己證得無上的大道。」

如果有人提問:「如何能夠開悟,了解『法相(指真如、實相)』,『心識』可以明朗而乾淨呢?」。

四祖道信回答:

修行人也不念佛號、也不捉住心;也不看心、也不盤算心;也不思量、也不觀心的行法(觀心修行)、也不讓心散亂。直行任心運用,也不讓心離開,也不讓心停留。獨自讓心完全的清淨,到達究竟處,心自然明淨。

或者可以認真觀察,心就得到明朗而乾淨,心如同清明的鏡子一般;或者可以歷經一年,心更明朗而乾淨;或者可以歷經三、五年。心更明朗而乾淨;或者可以聽人解說,就開悟了解;或者可以永遠不需要聽人解說,就開悟了解。

經文上說:「眾生的心性,就好像寶珠沉入水中,水渾濁就看不見寶珠;水清澈寶珠就顯現。」

這水被「毀謗三寶」、「破壞僧人團結」、以及「各種煩惱」和「貪瞋顛倒」所污染,眾生不能領悟,「心性」本來是恆久清淨。所以,每位參學者所污染的諸緣不同,每位參學者開悟的方式也不同,有這樣的差別。

今天只是粗略的列舉,不同根緣參學者的開悟方法。身為禪師的人,必須要擅長於識別不同根緣的參學者,對機破迷。

《華嚴經》上說:「普賢菩薩的身相,就好像虛空一般。這個身相依托於「如如(即『真如』,指遍布於宇宙中真實的本體,為一切萬有的根源。)」,不依托於佛國。」。

假如能夠理解這段經文，那麼「佛國」也是同樣的道理，都依托於「如如」，不依托於「佛國」。

《涅槃經》上說：「有無邊身菩薩，身量如虛空。因為有善光的緣故，所以菩薩的身相，就像夏天的太陽一般。」

《涅槃經》上又說：「因為身無邊，所以稱為『大涅槃』。」

《涅槃經》上又說：「大般涅槃，它的性質廣大淵博的緣故。」

要知道，修習禪學者有四種人：

(1)有修行、有正解、有證果，這是上上人。

(2)無修行、有正解、有證果，這是中上人。

(3)有修行、有正解、無證果，這是中下人。

(4)有修行、無正解、無證果，這是下下人。

假設問題三：如果有人提問：「如果弟子問：『將死亡時，如何做『觀行（觀心的行法，即觀心修行，鑒照自心以明了本性。）』的功夫？」

四祖道信回答：「就該直接『任運（謂聽憑命運的安排，指非用造作以成就事業，亦即隨順諸法的自然而運作，不假借人的造作。）』心性。」。

如果又有人提問：「念佛要面向西方嗎？」

四祖道信回答：「要知道，心本來不生不滅，完全的清淨，心就是清淨佛國，所以念佛不必朝向西方。」

《華嚴經》上說：「量劫在一念之間，包含了無量劫。」應該要知道一個區域包含了無量個區域，佛向根機遲鈍的眾生，說要面向西方，這並不是在對速疾理解佛法的人說的。深入修持的菩薩，自願進入生死，來教化救度眾生，卻沒有「愛見（『愛』與『見』的並稱，即對事、對理所起的煩惱。『愛』是屬於情意上的煩惱，由於執著事物，故易障道；『見』是指執著於錯誤的理論導致謬見，並妨礙悟道，為理知上的煩惱。）」。假如看見眾生還有生死，覺得自己是救度者，眾生是被救度者，有這種念頭，就不能夠稱為菩薩。救度眾生，如同救度虛空，救度虛空不曾有過「來去」。

《金剛經》上說：「滅度無量眾生，實際上並沒有眾生被滅度。」所以，「初地菩薩」剛剛證悟時，明白一切都是空。之後，進一步證悟，明白一切都是不空的，這就是「無分別智」。

「無分別智」是指捨離主觀、客觀的相，而達到平等的真實智慧。即菩薩於「初地」入見道時，攀緣一切法的真如，斷離「能取」與「所取」的差別，境智冥合，平等而無分別的智。亦即遠離名想、概念等虛妄分別的世俗認識，唯對真如的認識能如實而無分別。

「無分別智」是說，一切物質的現象都是空幻，沒有實體，並不是「心識」把一切物質的現象滅去，看成是「空」。一切物質的現象，它的本質沒有實體，原本就是「空」。所以，菩薩修行學習，以「空性」為憑據。

剛剛修行學習的人，直接觀「空」，這是「見空」，不是真正的「見空」。修道人證得真正的「空性」，並不是見到「空」與「不空」，而是不存在任何分別的見解，善於解釋「色」和「空」的意義。

學習用心的修行人，必須要心路明淨，明白了解「法相（諸法所具本質的相狀）」，明白清楚，然後才能當他人的導師（禪師）。

還有，必須做到言行一致，表裡如一，行為和道理不要相違背。絕對必須斷絕用文字和語言來說佛法，要把佛道實行出來，獨自在清淨地方，自證道果。

還有一種人，他還沒有完全明白佛法，但是為了「名聲遠聞」和「以利養身」，便去教導眾生。他無法識別對方的根性和機緣，是「利根」或是「鈍根」，他看對方好像開悟了，但是實際上還沒有開悟，他就這樣隨便印證而認可參學者，這會造成這位參學者極大的苦果，這個苦果會造成大災禍，斷了「慧命（指法身以智慧為生命）」。

還有一種人，他感覺參學者的「心路（指心；人的心是修往佛地的道路）」好像已經明淨了，於是就印證而認可參學者的開悟。這個人大肆破壞佛法，自欺欺人。

如果運用「心識」的人，有類似上述的表現，那都還只是停留在相狀上，還未證得真心。得到真心的人，對自己的意識了了分明。用功久後，這個人的法眼自然開啟，能善於區別錯誤和虛假。

還有一種人，推測身體是空無的，所以「心性」也應該是消失滅去，這種人的看法稱為「斷見」，和外道一樣，不是佛弟子。

還有一種人，推測「心識」是永遠存在不滅的，這種人的看法稱為「常見」，也和外道一樣。（只有第八識「阿賴耶識」會永遠存在不滅，其餘七個「心識」，在死亡之前，就陸續消失。）

現在明白佛法的弟子，也不會去推測「心性」是消滅的，還是不消滅的。他時常度化眾生，不會生起「愛見」的心；「愛見」是「愛」與「見」的並稱，即對「事」、對「理」所起的煩惱。「愛」是對「事」，屬於情意上的煩惱，由於執著事物，所以容易障礙佛道；「見」是對「理」，指執著於錯誤的理論導致謬見，並且妨礙悟道，為「理知（也稱作『理智』；指清醒、冷靜、合乎實際的思維）」上的煩惱。

他時常學習智慧，以平等的心對待愚人和智者；他時常在禪定中，無論環境是安靜或紛擾，都能夠禪定不變；他時常接見眾生，卻不認為有接見過眾生，完全處在不生不滅的境界中，只是處處在顯現形象。他沒有見聞什麼，卻知道一切，但對一切未曾取捨什麼。他未曾分身，身體卻充滿法界。

重點提示：

(1)四祖道信引用佛經：「經云。如來現世說法者。眾生妄想故。」這一段經文出自於《楞伽阿跋多羅寶經》，如下：

《楞伽阿跋多羅寶經》卷第四【一切佛語心品之四】原文：

大慧。一切言說墮於文字義則不墮。離性非性故。無受生。亦無身。大慧。如來不說墮文字法。文字有無不可得故。除不墮文字。大慧。若有說言。如來說墮文字法者。此則妄說。法離文字故。是故大慧。我等諸佛及諸菩薩。不說一字。不答一字。所以者何。法離文字故。非不饒益義說。言說者。眾生妄想故。

《楞伽阿跋多羅寶經》卷第四〈一切佛語心品之四〉翻譯：

大慧！一切言語都局限於文字，而真實不妄的義理卻不會被局限於文字，是自由無礙的。這是因為真實不妄的義理，是離開「自性（「性」是指「自性」）」，就不是「自性」的緣故，真實不妄的義理沒有六道輪迴投胎的妄心，也沒有自身可得。

大慧！「如來」說法，不會局限於文字的範圍裡，因為不管有沒有文字，文字只是描述事件的一種代號，實際上是不可以得到的緣故。因此，唯有去除文字，不局限於文字，才能夠知道「自性」是什麼。

大慧！如果有人說，如來有說文字的佛法，這是荒誕不合事實的說法。因為真正的佛法，是離開文字相的。

所以，大慧！我與諸佛及諸菩薩，不說一個字，不回答一個字。為什麼這樣呢？這是因為一切諸法的性相，離開文字相的緣故。並不是不充分的解說真實不妄的義理，只是因為用語言來演說佛法，眾生就妄想執著佛法在文字上的緣故。

(2)四祖道信引用佛經：「是以經云。眾生根有無量故。」這一段經文出自於《無量義經》，如下：

《無量義經》說法品第二原文：

菩薩如是觀察四相始末。悉遍知已。次復諦觀一切諸法。念念不住新新生滅。復觀即時生住異滅。如是觀已。而入眾生諸根性欲。性欲無量故。說法無量。說法無量義亦無量。無量義者。從一法生。其一法者。即無相也。如是無相。無相不相。不相無相。名為實相。

《無量義經》說法品第二翻譯：

菩薩只要如此的觀察「四相（指顯示諸法生滅變遷的生、住、異、滅等四相）」的前因後果，就能夠完全理解所有的道理。更深入的仔細審視「萬法（一切現象）」，只要心念一轉，事物也就隨著變遷生滅，心念才剛生出來，隨即又滅掉，一切法沒有一個能夠永遠常住。再度反覆觀察諸法，剎那間於生、住、異、滅中變遷。

如此不斷的觀察諸法真相之後，就有辦法了解眾生眼、耳、鼻、舌、身等五根的「性欲（「性」指過去的習性，『欲』指現在的樂欲。即謂依個人的素質、傾向、目的等，所生起的行動意志）」。

因為，眾生的「性欲」無量的緣故，「演說佛法」也跟著無量。「演說佛法」一定要符合眾生的根機，對什麼樣的人，說什麼樣的法，對象不同，內容也不一樣。

因為，要適應眾生無量的根機，必須演說無量的「佛法」來對治，所以說「演說佛法」是無量的。

因為「演說佛法」無量，意義也無量。

所謂「無量義」的意思，是從「一法（清淨的本性）」生出來，「空中妙有，妙有真空」。所謂「一法」，就是「無相」，這個「無相」，能取各種緣起，而生「萬相」，但是又不執著於「萬相」的「法相（外表）」，對所有的「法相（外表）」不取、不捨、也不染著，而安住於「實相」，所以是「不相（不執著萬相）」。但是「不相（不執著萬相）」的本質是「無相（沒有形象）」，所以稱為「實相」。

「一切智」是指了知內外一切法相的智慧。即如實了知一切世界、眾生界、有為、無為事、因果界趣的差別，以及過去、現在、未來三世者。

「一相法門」是指謂諸法入於一相，不作種種分別，不可盡，無所思，不可得，離相對，不執著的法門。

(3)四祖道信引用佛經：「法華經云。佛自住大乘。如其所得法。定惠力莊嚴。以此度眾生。」這一段經文出自於《無量義經》，如下：

《妙法蓮華經》方便品第二原文：

佛自住大乘，如其所得法。定慧力莊嚴，以此度眾生。

《妙法蓮華經》方便品第二翻譯：

佛自己住在大乘法中，就如同佛所證得的法，佛以「定、慧」的力量，來莊嚴自己，以這種力量來度化眾生，幫助眾生自己證得無上的大道。

(4)四祖道信引用佛經：「經道。眾生心性。譬如寶珠沒水。水濁珠隱。水清珠顯。」這一段經文找不到出處，有可能四祖道信是參考下面這段經文說的。

《大方廣佛華嚴經》卷第三十六入不思議解脫境界普賢行願品原文：

善男子！如有珠寶，名曰水清，若以此珠置濁水中，以珠威力水即澄清；菩薩摩訶薩菩提心珠亦復如是，能清一切煩惱垢濁。

《大方廣佛華嚴經》卷第三十六入不思議解脫境界普賢行願品翻譯：

善男子！例如有一種珠寶，叫做『水清』，假如把這種珠寶放入濁水中，以珠寶的威力，可以讓濁水變成清澈；大菩薩的『菩提心珠』也是如此，能澄清一切的煩惱、污垢、汙濁。

(5)四祖道信引用佛經：「華嚴經云。普賢身相。猶如虛空。依如如。不於佛國。」這一段經文出自於《大方廣佛華嚴經》，如下：

《大方廣佛華嚴經》卷第三盧舍那佛品第二之二原文：

普賢身相，猶如虛空。依於如如，不依佛國。

《大方廣佛華嚴經》卷第三盧舍那佛品第二之二翻譯：

「普賢菩薩」的身相，就好像虛空一般。這個身相依托於「如如（即『真如』，指遍布於宇宙中真實的本體，為一切萬有的根源。）」，不依托於佛國。

(6)四祖道信引用佛經：「涅槃經云。有無邊。身菩薩。身量如虛空。人之有善光故。猶如夏日。又云。身無邊故。名大涅槃。」這二段經文出自於《大般涅槃經》，如下：

《大般涅槃經》卷第一壽命品第一原文：

無邊身菩薩身大無邊、量同虛空。

《大般涅槃經》卷第一壽命品第一翻譯：

「無邊身菩薩」身體廣大沒有邊際，能夠容納虛空。

《大般涅槃經》卷第九如來性品第四之六原文：

是故此經名為無量功德所成，亦名菩提不可窮盡，以不盡故，故得稱為大般涅槃；有善光故，猶如夏日，身無邊故，名大涅槃。

《大般涅槃經》卷第九如來性品第四之六翻譯：

所以這本經命名為「無量」，是因為功德所成就，也命名為「菩提不可窮盡」，因為無窮盡的緣故，所以得以稱為「大般涅槃」；因為有善光的緣故，就好像夏天的太陽一樣，身體沒有邊際的緣故，命名為「大涅槃」。

(7)四祖道信引用佛經：「又云。大般涅槃。其性廣博故。」這一段經文出自於《大般涅槃經》，如下：

《大般涅槃經》卷第五如來性品第四之二原文：

所言大者，其性廣博。猶如有人壽命無量，名大丈夫。是人若能安住正法，名人中勝。

《大般涅槃經》卷第五如來性品第四之二翻譯：

所謂「大」的意思，它的性質廣大淵博。就好像有人的壽命無量一樣，命名為「大丈夫」。這個人如果能夠安定常住在正法，就命名為「人中勝」。

(8)四祖道信引用佛經：「華嚴經云。無量劫一念。」這一段經文出自於《大般涅槃經》，如下：

《大方廣佛華嚴經》卷第十三光明覺品第九原文：

一念普觀無量劫，無去無來亦無住，如是了知三世事，超諸方便成十力。

《大方廣佛華嚴經》卷第十三光明覺品第九翻譯：

當下一念，已經瞬間觀看完「無量劫（計數不盡的時間，天地從生成到毀滅為一劫。）」，完全通達明瞭宇宙的現象。當下沒有「去、來、住」的念頭，這樣就可以了解知道過去、現在、未來三世所發生的事情，超越所有的「方便法門（為誘引眾生入於真實法而權設的法門）」成就「十力」。

「十力」是指佛的十種智力，佛證得實相的智力，了達一切。「十力」即：

①處非處智力：「處」是道理，知道一切眾生的因緣果報。

②業異熟智力：「業」是造作、造業，「異熟」是果報，知道一切眾生過去、現在、未來的造業和果報。

③靜慮解脫等持等至智力：知道一切禪定三昧，知道八萬四千種修定的法門。

④根上下智力：知道一切眾生的根性（上根、中根、下根），和得到果報的大小。

⑤種種勝解智力：知道一切眾生的愛好是什麼。

⑥種種界智力：「界」是指眾生居住的地方，知道一切眾生的種種界分不同。

⑦遍趣行智力：如實普遍知道六道的「有漏行（以有漏心所修之行法）」及涅槃的「無漏行（以無

漏心所修之行法）」等一切因果的智力。「漏」是漏泄，指煩惱。有煩惱而輪迴生死，稱為「有漏」；無煩惱而能出離生死，稱為「無漏」。

⑧宿住隨念智力：知道一切眾生生生世世，姓名飲食、苦樂壽命的智力。

⑨死生智力：藉天眼如實了知，眾生死生的時與未來生的善惡趣，乃至美醜貧富等善惡業緣。

⑩漏盡智力：如來知道自己煩惱斷盡，也就是執著、分別、妄想，確確實實都斷盡，自己清清楚楚、明明瞭瞭。

(9)四祖道信引用佛經：「金剛經云。滅度無量眾生。實無有眾生得滅度者。」這一段經文出自於《金剛般若波羅蜜經》，如下：

《金剛般若波羅蜜經》原文：

如是滅度無量無數無邊眾生，實無眾生得滅度者。何以故？須菩提！若菩薩有我相、人相、眾生相、壽者相，即非菩薩。

《金剛般若波羅蜜經》翻譯：

菩薩如此發大願力，要度盡無量無數無邊的一切眾生，使他們滅煩惱、度苦海。實際上，心裡並沒有認為有某一個眾生是我度的。為什麼呢？須菩提！假如菩薩有「我相」、「人相」、「眾生相」和「壽者相」的念頭，那他就不能稱為菩薩。

①「我相」：指「我」的相狀，即由妄想所變現相似「我」的相。凡夫誤認為是「實我」而執著它，這是因「我執」而起。

②「人相」：指一切眾生外現的形象狀態。

③「眾生相」：指世間各種人的表現和面貌。

④「壽者相」：亦即抱存「具有生命的個體（靈魂）」的想法。一般認為，個體即「靈魂」，可是在佛教立場，尤其以「般若思想」的觀點而言，則反對執著於此類個體、性命、靈魂等實存的觀念。

(10)「斷見」和「常見」：

諸法的因果，各不相同，也各自相繼前後連接，不是「常見」，也不是「斷見」。

「斷見」是偏執「世間」和「自我」，終歸斷滅的邪見。執著「斷見」的人，認為沒有因果相繼前後連接的道理，「世間」和「自我」僅限於這一世，死後就歸於斷滅，什麼都不存在。

「常見」是主張「世界」是常住不變，人類的「自我」也是不滅。人類死後，「自我」不會消滅，而且能夠再生，再以現狀相繼前後連接。

第四段：「智敏禪師」和「傅大師」的名言

原文：又古時智敏禪師訓曰。學道之法。必須解行相扶。先知心之根原。及諸體用。見現分明無惑。然後功業可成。一解千從。一迷萬惑。失之毫釐差之千里。此非虛言。無量壽經云。諸佛法身。入一切眾生心想。是心作佛。當知佛即是心。心外更無別佛也。略而言之。凡有五種。一者。知心體。體性清淨。體與佛同。二者。知心用。用生法寶。起作恒寂。萬惑皆如。三者。常覺不停。覺心在前。覺法無相。四者。常觀身空寂。內外通同。入身於法界之中。未曾有礙。五者。守一不移。動靜常住。能令學者。明見佛性。早入定門。諸經觀法備有多種。傅大師所說。獨舉守一不移。先修身審觀。以身為本。又此身是四大五蔭之所合。終歸無常。不得自在。雖未壞滅。畢竟是空。維摩經云。是身如浮雲。須臾變滅。又常觀自身。空淨如影。可見不得。智從影中生。畢竟無處所。不動而應物。變化無窮空中生六根。六根亦空寂。所對六塵境。了知是夢幻。如眼見物時。眼中無有物。如鏡照面像。了極分明。空中現形影。鏡中無一物。當知人面不來入鏡中。鏡亦不往入人面。如此委曲。知鏡之與面。從本已來。不出不入。不來不去。即是如來之義。如此細分判。眼中與鏡中。本本常空寂。鏡照眼照同。是故將為比。鼻舌諸根等。其義亦復然。知眼本來空。凡所見色者。須知是他色。耳聞聲時。知是他聲。鼻聞香時。知是他香。舌別味時。知是他味。意對法時。知是他法。身受觸時。知是他觸。如此觀察知。是為觀空寂。見色知是不受色。不受色即是空。空即無相。無相即無作。此見解脫門。學者得解脫。諸根例如此。復重言說。常念六根空寂。爾無聞見。遺教經云。是時中夜。寂然無聲。當知如來說法以空寂為本。常念六根空寂。恒如中夜時。晝日所見聞。皆是身外事。身中常空淨　守一不移者。以此淨眼。眼住意看一物。無問晝夜時。專精常不動。其心欲馳散。急手還攝來。以繩繫鳥足。欲飛還掣取。終日看不已。泯然心自定。維摩經云。攝心是道場。此是攝心法。法華經云。從無數劫來。除睡常攝心。以此功德。能生諸禪定。遺教經云。五根者。心為其主。制立處。無事不辨。此是也。前所說五事。並是大乘正理。皆依經文所陳。非是理外妄說。此是無漏業。亦是究竟義。超過聲聞地。真趣菩薩道。聞者宜修行。不須致疑惑。如人學射。初大准。次中小准。次中大約。次中小的。次中一毛。次破一毛作百分。次中百毛之一分。次後前射前。筈筈相柱。不令箭落。喻人習道。念念注心。心心相續。無暫間念。正念不斷。正念現前。又經云。以知惠箭。射三解脫門。筈筈筈於柱勿令落地。又如鑽火。未熱而息。雖欲得火。火難可得。又如家有如意珠。所求無不得。忽然而遺失。憶念無忘時。又如毒箭入肉。竽鏃猶在。如此受苦痛。亦無暫忘時。念念在心。其狀當如此。法祕要。不得傳非其人。非是惜法不傳。但恐前人不信。㳿其謗法之罪。必須擇人。不得操次輒說。慎之慎之。

經文翻譯：

還有，古時候的「智敏禪師」告誡說：「學道的方法，必須『解行（智解與修行；理論和行為）』互相支撐扶持。先要知道心的根源，以及『諸體用（『諸法』的『體性』與『作用』）』。」「諸法」是指一切現象界的萬法，現代話稱為「存在、一切現象」等；「體」是體性，不變的真理實相，沒有分別；「用」是作用，差別現象的具體表現。

見真理之法，了了分明，沒有困惑，然後可以成就功勞與道業。一個點解開，千個點跟隨著解開；一個點迷失，便衍生出萬個困惑。差距雖然極細微，但導致的錯誤卻極大，這不是假話。

《觀無量壽經》上說：「諸佛的法身，進入一切眾生的心想。這心就是佛，這心作佛。」要知道佛就是心，心外不再有別個佛。

簡略說明五種開悟的方法：

(1)知道「心體（指『心識』，這裡指第八識『阿賴耶識』）」，「心體（第八識『阿賴耶識』）」的本性清淨，「心體（第八識『阿賴耶識』）」與佛相同。

(2)知道「心體（第八識『阿賴耶識』）」的運用，運用「心體（第八識『阿賴耶識』）」生起法寶，「心體（第八識『阿賴耶識』）」的運行，恆久在寂靜中，一切困惑全都明白。

(3)時常覺悟，不停息。心覺悟後，就明白一切都是「無相（一切諸法無自性，本性為空，無形相可得）」。

(4)時常觀察身體是空寂的，身體內外通透都一樣。心性進入身體，存在於法界中，未曾有障礙。

(5)「守一不移」，專注於一個物體，意念不移動。無論在動態，還是靜態中，時常保持專注。這樣能令參學者，明心見佛性，早入「禪宗」的門派。

各種經文的觀想方法，雖然有多種。但是「傅大師」所說的，卻獨獨提倡「守一不移」，專注於一個物體，意念不移動。先「修身（涵養德性，以淑善其身。）」，再仔細觀察，然後以身體做為修行的根本。

另外，這個身體是由「四大（地、水、火、風等四大要素）」和「五陰（五蘊；即色、受、想、行、識等）」所構成的，終究要歸於「無常（一切有為法生滅遷流而不常住，一切有為法皆由因緣而生，依生、住、異、滅四相，於剎那間生滅，而為本無今有、今有後無，故總稱『無常』。）」得不到「自在（即自由自在，隨心所欲，做任何事均無障礙，此為諸佛及上位菩薩所具之功德。）」雖然現在還未遭到毀壞滅失，但終究它是空的。

《維摩經》上說：「這個身體如同浮雲，片刻就變化滅去。」

另外，時常觀察自己的身體，它是虛空清淨的，如同影子一般，可以見到，不可以得到。而智慧是從影子中產生的，終究沒有它的歸屬處。「自性」不動，但又隨著環境而示現。「自性」的變化沒有窮盡，「六根（『根』為認識器官，指六種感覺器官，即眼根、耳根、鼻根、舌根、身根、意根。）」從虛空中生出，「六根」也是了無自性，本無生滅的。

「六根」分別接觸到的「六塵（色塵、聲塵、香塵、味塵、觸塵、法塵等六境。）」境相，要知道都是夢幻。如同眼睛看見東西時，眼睛裡卻沒東西；如同鏡子裡映照出人臉的形象，非常清楚，但是形像在空中裡，鏡子裡並沒東西。人臉不會進到鏡子裡面去，鏡子也不會進到人臉裡面去。如此推敲這事情的原委，就知道鏡子和人臉，本來就不進出，也不進入，不來也不去，這就是「如來」的意思。

這般細緻的剖析，就知道眼睛看見的，鏡子映出來的，本來就恆久空虛寂靜。鏡子照映和眼睛照映都是相同的。所以，將這個道理，應用到到鼻、舌等各個感覺器官，道理也是一樣。

要知道，眼睛本來是空的，凡是所看見的形像，必須知道是身外物；耳朵聽見的聲音是身外物；鼻子聞到的氣味是身外物；舌頭嚐到的味道是身外物；意識感受到的境相是身外物；身體感受到的觸覺是身外物，這樣觀察知曉，就是「觀空寂」。

看見了形象，知道這個形象是不應該接受的。既然不應該接受形象，那麼對自己來說，這個形象就是空的。「空」就是「無相（無形相；一切諸法無自性，本性為空，無形相可得。）」，「無相」就是「無作」，無因緣的造作，就不會產生相應行為。這就是「解脫門」，修學的人就獲得解脫。身體的其它感覺器官也是這樣來看待。

再說一遍。要常想到，自己身體的「六根」是空的，什麼也沒聽見、什麼也沒看見。

《遺教經》上說：「在中夜的時候，寂靜無聲。」要知道，如來說法以「空寂」為本。要常想到「六根」是「空寂」的，永遠如同中夜時候的寂靜。白天，眼睛所看見、耳朵所聽到的事物。都是身外事，自己的身體中時常是「空淨」的狀態。

重點提示：

(1)四祖道信所說的「智敏禪師」，是指「智顗（ㄧˇ）禪師」。

四祖道信說：「又古時智敏禪師訓曰。學道之法。必須解行相扶。先知心之根原。及諸體用。見現分明無惑。然後功業可成。一解千從。一迷萬惑。失之毫釐差之千里。此非虛言。」這一段話的內容，和五代宋「釋延壽」禪師的著作《宗鏡錄》的內容類似。

《宗鏡錄》卷第一百原文：

智者大師與陳宣帝書云。夫學道之法。必須先識根原。求道由心。又須識心之體性。分明無惑。功業可成。一了千明。一迷萬惑。心無形相。內外不居。境起心生。境亡心滅。色大心廣。色小心微。乃至知心空寂。即入空寂法門。知心無縛。即入解脫法門。知心無相。即入無相法門。

這一段話是「智者大師」所說的，「智者大師」就是「天台宗」的「智顗（一ㄧˇ）禪師」。「釋智顗（一ㄧˇ）」，俗姓陳，字德安，法名「智顗」，法號「智者」。曾居於天台山國清寺，人稱「天台大師」；為「天台宗」的實際創始人，後世尊崇他為「天台宗四祖」。

釋智顗的學說以《法華經》為主教依據，故「天台宗」亦稱為「法華宗」；釋智顗廣弘教法，創「五時八教」的判教，發明「一念三千，圓融三諦」的思想；釋智顗強調「止觀雙修」的原則，立「一心三觀」。釋智顗於陳、隋兩朝深受帝王禮遇，隋煬帝「楊廣」授予釋智顗「智者」的稱號，世稱「智者大師」，被譽為「東土釋迦」。

(2)四祖道信引用佛經：「無量壽經云。諸佛法身。入一切眾生心想。是心作佛。」這一段經文出自於《佛說觀無量壽佛經》，如下：

《佛說觀無量壽佛經》原文：

諸佛如來是法界身。遍入一切眾生心想中。是故汝等心想佛時。是心即是三十二相八十隨形好。是心作佛是心是佛。

《佛說觀無量壽佛經》翻譯：

諸佛如來是法界法身，存在於一切眾生的思想意念中。因此，你們的心觀想佛時，你們的心即是佛的三十二相和八十種隨形好。用心觀想佛，這個心便是佛。

(3)四祖道信所說的「傅大師」，是指「傅大士」。

四祖道信說：「諸經觀法備有多種。傅大師所說。獨舉守一不移。先修身審觀。以身為本。又此身是四大五蔭之所合。終歸無常。不得自在。雖未壞滅。畢竟是空。」。

「傅大師」即「傅翕（ㄒㄧˋ）」，南朝梁代禪宗著名的尊宿，義烏「雙林寺」始祖，中國「維摩禪」祖師，與「達摩」、「寶誌禪師」並稱「梁代三大士」。

傅大師是東陽烏傷（浙江義烏）人。字玄風，號善慧。又稱善慧大士、魚行大士、傅大士、雙林大士、東陽大士、烏傷居士。一生未曾出家，而以居士身份修行佛道。梁天監十一年，大士十六歲，娶「妙光」為妻，生二子。二十四歲得到天竺僧「達摩大師」的指引，發願精進修道。

(4)四祖道信引用佛經：「維摩經云。是身如浮雲。須臾變滅。」這一段經文出自於《佛說觀無量壽佛經》，如下：

《維摩詰所說經》原文：「是身如浮雲須臾變滅。」

《維摩詰所說經》翻譯：

《維摩經》上說：「這個身體如同浮雲，片刻就變化滅去。」

(5)四祖道信引用佛經：「遺教經云。是時中夜。寂然無聲。」這一段經文出自於《佛遺教經》，如下：

《佛遺教經》原文：

釋迦牟尼佛，初轉法輪，度阿若憍陳如；最後說法，度須跋陀羅。所應度者，皆已度訖。於娑羅雙樹間，將入涅槃。是時中夜，寂然無聲，為諸弟子略說法要。

《佛遺教經》翻譯：

當釋迦牟尼佛成佛之後，第一次說法轉法輪，就度了「阿若憍陳如」等五比丘；最後將入涅槃之前，又說法度了「須跋陀羅」證阿羅漢果。在他有生之年，所應被他度的都已經度完了。這時，他到了「娑羅雙樹」之間，準備進入涅槃。這是在中夜，夜深人靜之時，對著圍繞在旁的比丘弟子們，簡單的開示佛法的要點。

第五段：「守一不移」的禪定法門

原文：守一不移者。以此淨眼。眼住意看一物。無問晝夜時。專精常不動。其心欲馳散。急手還攝來。以繩繫鳥足。欲飛還掣取。終日看不已。泯然心自定。維摩經云。攝心是道場。此是攝心法。法華經云。從無數劫來。除睡常攝心。以此功德。能生諸禪定。遺教經云。五根者。心為其主。制立處。無事不辨。此是也。前所說五事。並是大乘正理。皆依經文所陳。非是理外妄說。此是無漏業。亦是究竟義。超過聲聞地。真趣菩薩道。聞者宜修行。不須致疑惑。如人學射。初大准。次中小准。次中大約。次中小的。次中一毛。次破一毛作百分。次中百毛之一分。次後前射前。筈筈相柱。不令箭落。喻人習道。念念注心。心心相續。無暫間念。正念不斷。正念現前。又經云。以知惠箭。射三解脫門。筈筈筈於柱勿令落地。又如鑽火。未熱而息。雖欲得火。火難可得。又如家有如意珠。所求無不得。忽然而遺失。憶念無忘時。又如毒箭入肉。竿鏃猶在。如此受苦痛。亦無暫忘時。念念在心。其狀當如此。法祕要。不得傳非其人。非是惜法不傳。但恐前人不信。洎其謗法之罪。必須擇人。不得操次輒說。慎之慎之。法海雖無量。行之在一言。得意即亡言。一言亦不用。如此了了知。是為得佛意。

經文翻譯：

所謂「守一不移」的意思，就是專注於一個物體，念頭不移動。就是以這個沒有雜念的「淨眼」，專注看一個物體，無論白天或晚上的時段，集中精神，專心一志，長久固定不動。如果感覺到「心識（念頭）」快要散亂出去，就立刻快速收回來。就如同用繩子捆綁著鳥的腳，鳥想飛走就拉回來。一整天這樣看不停止，如此雜念就消除，「心識（念頭）」自然就定下來。

《維摩經》上說：「收（控制）心，就是道場。」，這就是收（控制）心的方法。

《法華經》上說：「從無數劫以來，除了睡覺之外，常要收（控制）內心。以這樣的功德，能夠出生各種禪定。」

《遺教經》上說：「『五根（眼根、耳根、鼻根、舌根、身根）』，以『心』為主人。若能把『心』控制在一處，無事不成。」就是這個道理。

上述的五種方法，都是大乘佛教的道理，都是依據經文所述說，不是佛理之外的妄說，這是「無漏業」，也是完全的道理，超過「聲聞地」，直接走向「菩薩道」。聽聞的人，應當修行，不要有疑惑。

「漏」是漏泄，即指「煩惱」；無煩惱而能出離生死，稱為「無漏」；「業」意為由身、口、意的善惡業因，所必招感的苦樂果報。

在黑白等四業中，以招「欲界」惡果的「黑黑業」、招「色界」善果的「白白業」及招「欲界」善果的「黑白業」等三業為「有漏業」；「非黑非白業」斷盡前三業，是為「無漏業」。

如同人學習射箭，剛剛開始射箭的時候，只能大致瞄準。之後，逐漸開始精確瞄準。先射在大概範圍內，接著射在小範圍內，然後可以射中一根毛。之後可以把一根毛射分成一百份，最後可以射中毛髮的百分之一。再之後，後面的箭頭，可以射中前面的箭尾，前箭尾被射開，夾著後箭尾，不讓前箭落下來。這是比喻，教導人如何修道。要念念安住在心，心心相繼，前後連接，沒有片刻的間斷。正念不間斷，正念顯現在前。

又有經文上說：「以智慧箭，射中三解脫門，前箭尾被射開，夾著後箭尾，不讓前箭落下來。」又如同如鑽火，還未摩擦發熱就停下來了。雖然想得到火，火卻難以得到；又如同家裡有如意珠，想求什麼，就得到什麼。忽然如意珠丟失了，隨時都在思念，想找到它；又如被毒箭射入肉裡，箭竿雖然拔出來，但是箭頭還在身體裡。這般遭受苦痛，片刻也不會忘記。時常念念在心中，這種狀況就像這樣。

以上是修習禪學的祕密機要方法，這個修禪方法，不可以隨意傳授給不合適的人，要先判斷對方是否適合傳法。不是自己吝嗇佛法，不肯傳授給他人，而是擔心傳授給不合適的人，他不相信這個修禪方法，會讓他陷入毀謗佛法的罪名。所以必須選擇性的教導，不要輕易的傳授這個修禪方法，謹慎啊！謹慎啊！

「法海（佛法廣大，深遠遼闊猶如大海。）」雖然沒有限量，沒有止境，只要根據一法去修行就可以了。等到證悟之後，就可以忘記這句話的內容，甚至連這句話也不再需要，這樣就能夠脫離「知見（依照自己的思慮分別，而建立的見解。）」，明白領悟佛法，就能夠得到佛意。

重點提示：

(1)四祖道信引用佛經：「維摩經云。攝心是道場。」這一段經文出自於《維摩詰所說經》，如下：

《維摩詰所說經》原文：

禪定是菩薩淨土。菩薩成佛時攝心不亂眾生來生其國。……禪定是道場心調柔故。……伏心是道場正觀諸法故。

(2)四祖道信引用佛經：「法華經云。從無數劫來。除睡常攝心。以此功德。能生諸禪定。」這一段經文出自於《妙法蓮華經》，如下：

《妙法蓮華經》原文：

又於無數劫，住於空閒處，若坐若經行，除睡常攝心，以是因緣故，能生諸禪定。

(3)四祖道信引用佛經：「遺教經云。五根者。心為其主。制立處。無事不辨。」這一段經文出自於《佛遺教經》，如下：

《佛遺教經》原文：

此五根者。心為其主。是故汝等。當好制心。心之可畏。甚於毒蛇。惡獸。怨賊。大火越逸。未足喻也。譬如有人。手執蜜器。動轉輕躁。但觀其蜜。不見深坑。譬如狂象無鉤。猿猴得樹。騰躍踔躑。難可禁制。當急挫之。無令放逸。縱此心者，喪人善事。制之一處。無事不辦。

(4)無漏業：「無漏業」這個名相出自於《瑜伽師地論》。

《瑜伽師地論》卷九原文：

黑黑異熟業者。謂非福業。白白異熟業者。謂不動業。黑白黑白異熟業者。謂福業有不善業為惡對故。由約未斷非福業時所有福業而建立故。非黑非白無異熟業能盡諸業者。謂出世間諸無漏業。是前三業斷對治故。

所謂「黑白四業」，是指四種不同的業果報應。依「業」的「善」與「不善」來區分：

①「黑黑異熟業」：

又稱作「黑黑業」，此為「欲界」的不善業，以其因、果皆為黑穢，染污其性而招感苦果，即「黑業（惡業）」招感「黑異熟（不可意的異熟果）」，故稱「黑黑異熟業」。如墮阿鼻地獄、畜生、餓鬼等「黑業業果」，皆係由於「黑業業因」所致。

②「白白異熟業」：

又稱作「白白業」，「色界」的善業，稱為「白業」；其因果皆淨白不雜黑，因善業而感樂果，故稱「白白異熟業」，如「色」、「無色界」及「欲界」部分的人、天所招感之果。

③「黑白黑白異熟業」：

又稱作「黑白業」，是「欲界」的「善業」雜有「惡業」者，以其善惡交參，故感白黑間雜之果，如「人趣」、「天趣」等。

④「非黑非白無異熟業」：

又稱作「不黑不白無報業」，以其永斷前三業，性不染污，故稱「非黑」；亦不招白之異熟果，故稱「非白」。此為離黑白相的清淨「無漏業」，即為達到涅槃境界的修習。

以上四種不同的業果報應，前三業稱為「所對治」，後一業稱為「能對治」。

(5)四祖道信引用佛經：「又經云。以知惠箭。射三解脫門。筈筈筈於柱勿令落地。」這一段經文出自於《大智度論》，如下：

《大智度論》卷七十六釋學空不證品第六十原文：

又為明了故。說善射譬喻。如人善於射術。弓是菩薩禪定。箭是智慧。虛空是三解脫門。地是涅槃。是菩薩以智慧箭射三解脫門虛空。更以方便力故。以後箭射前箭。不令墮涅槃地。未具足十力等佛事故。終不取證。

(6)三解脫門：

指得解脫到涅槃的三種法門，即：

①空門：觀一切法皆無自性，由因緣和合而生；若能如此通達，則於諸法而得自在。

②無相門：既知一切法空，乃觀男女一異等相實不可得；若能如此通達諸法無相，即離差別相而得自在。

③無願門：若知一切法無相，則於三界無所願求；若無願求，則不造作生死之業；若無生死之業，則無果報之苦而得自在。

「三解脫門」是依「無漏」的「空、無相、無願」等三個「三昧」而入，此「三昧」猶如門戶之能入解脫，故稱「三解脫門」。

又《瑜伽師地論》卷七十四上說，三解脫門是依「三自性」而建立，即由「遍計」所執的自性而立「空解脫門」，由「依他起」的自性而立「無願解脫門」，由「圓成實」的自性而立「無相解脫門」。

《瑜伽師地論》卷第七十四攝決擇分中菩薩地之三原文：

復次三種解脫門亦由三自性而得建立。謂由遍計所執自性故。立空解脫門。由依他起自性故。立無願解脫門。由圓成實自性故。立無相解脫門。

(7)四祖道信引用佛經：「又如鑽火。未熱而息。雖欲得火。火難可得。」這一段經文出自於《佛遺教經》，如下：

《佛遺教經》原文：

汝等比丘。若勤精進。則事無難者。是故汝等當勤精進。譬如小水長流。則能穿石。若行者之心數數懈廢。譬如鑽火。未熱而息。雖欲得火。火難可得。是名精進。

(8)四祖道信引用佛經：「又如毒箭入肉。笴鏃猶在。如此受苦痛。亦無暫忘時。念念在心。其狀當如此。」這一段經文出自於《大智度論》，如下：

《大智度論》卷第十五釋初品中羼提波羅蜜法忍義第二十五原文：

譬如有人身被毒箭，親屬呼醫，欲為出箭塗藥，便言：「未可出箭，我先當知汝姓字、親里，父、母年歲；次欲知箭出在何山，何木、何羽，作箭鏃者為是何人，是何等鐵；復欲知弓何山木，何蟲角；復欲知藥是何處生，是何種名。如是等事，盡了了知之，然後聽汝出箭塗藥。」

佛問比丘：「此人可得知此眾事，然後出箭不？」

比丘言：「不可得知！若待盡知，此則已死。」

佛言：「汝亦如是！為邪見箭愛毒塗，已入汝心，欲拔此箭，作我弟子；而不欲出箭，方欲求盡世間常、無常，邊、無邊等，求之未得，則失慧命，與畜生同死，自投黑闇！」

第六段：四祖道信傳授禪定的方法

原文：若初學坐禪時。於一靜處。真觀身心。四大五蔭。眼耳鼻舌身意。及貪嗔癡。為善若惡。若怨若親。若凡若聖。及至一切諸狀。應當觀察。從本以來空寂。不生不滅。平等無二。從本以來無所有。究竟寂滅。從本以來。清淨解脫。不問晝夜。行住坐臥。常作此觀。即知自身猶如水中月。如鏡中像。如熱時炎。如空谷響。若言是有。處處求之不可見。若言是無。了了恒在眼前。諸佛法身。皆亦如是。即知自身從無量劫來。畢竟未曾生。從今已去。亦畢竟無人死。若能常作如此觀者。即是真實懺悔。千劫萬劫。極重業。即自消滅。唯除疑惑。不能生信。此人不能悟入。若生死信依此行者。無不得入無生正理。復次。若心緣異境。覺起時即觀起處。畢竟不起。此心緣生時。不從十方來。去亦無所至。常觀攀緣。覺觀妄識。思想雜念。亂心不起。即得麤住。若得住心。更無緣慮。即隨分寂定。亦得隨分息諸煩惱。畢故不造新名。為解脫看。心結煩熱。悶亂昏沈。亦即且自散適。徐徐安置。令其得便。心自安淨。唯須猛利。如救頭然。不得懈怠。努力努力 初學坐禪看心。獨坐一處。先端身正坐。寬衣解帶。放身縱體。自按摩七八翻。令心腹中嗌氣出盡。即滔然得性清虛恬淨。身心調適然。安心神則。窈窈冥冥。氣息清冷。徐徐斂心。神道清利。心地明淨。觀察不明。內外空淨。即心性寂滅。如其寂滅。則聖心顯矣。性雖無刑。志節恒在然。幽靈不竭。常存朗然。是名佛性。見佛性者。永離生死。名出世人。是故維摩經云。豁然還得本心。信其言也。悟佛性者。名菩薩人。亦名悟道人。亦名識理人。亦名得性人。是故經云。一句深神。歷劫不朽。初學者前方便也。故知彼道有方便。此聖心之所會。凡捨身之法。先定空空心。使心境寂淨。鑄想玄寂。令心不移。心性寂定。即斷攀緣。窈窈冥冥。凝淨心虛。則幾泊恬乎。泯然氣盡。住清淨法身。不受後有。若起心失念。不免受生也。此是前定心境。法應如是。此是作法。法本無法。無法之法。始名為法。法則無作。夫無作之法。真實法也。是以經云。空無作無願無相。則真解脫。以是義故。實法無作。捨身法者。即假想身橫看。心境明地。即用神明推策。

經文翻譯：

假如剛學習坐禪時，選擇一個安靜地方，「直觀（不經過理智推理過程，而由感覺或精神直接體驗的一種認識作用。）」身體和內心。

觀察「四大（物質是由地、水、火、風等四大要素所構成）」、「五陰（色、受、想、行、識等五陰之法）」、眼、耳、鼻、舌、身、意，以及貪、嗔、癡。無論善惡，無論對方和自己關係好壞，無論對方是聖人還是凡人，甚至一切所有狀態，應當這樣觀察。從天地最初以來，這些都是空虛寂靜的，不生不滅，平等獨一無二；從天地最初以來，就什麼都沒有，完全在寂滅中；從天地最初以來，就是清淨解脫的。

不論白天或晚上，在行、住、坐、臥時，時常作這樣的觀察。就會明白自己身體如同水中月，如同鏡中的形象，如同熱時的炎熱，如同空寂深谷的迴聲。假如說這個身體是存在的，到處追求都不可見；假如說身體是不存在的，分明就一直在眼前。諸佛的法身，也是同樣的道理。

於是就可以知道，自己的身體從「無量劫」以來，完全沒出生過；從今以後，也完全沒人會死。假如能夠常常這樣觀察，就是「真實懺悔」。千劫萬劫以來的極重大惡業，自然消滅。除非此人懷疑不相信，那就不能夠生出相信實相的妙理，這個人就不能夠領悟佛理。假如不論生死，都相信這些佛理，依教修行，那麼各個都能夠領悟「無生」的真理。

「無生」又稱作「無起」，意思是諸法的「實相」沒有生滅，所有存在的諸法沒有實體，是空，所以沒有生滅變化可言。可是，凡夫迷惑此「無生」的真理，生起生滅的煩惱，所以流轉生死；假俗能夠依照諸經論來觀察「無生」的真理，就可以破除生滅的煩惱。

另外，假如「心識」攀緣環境，感覺到自己起心動念，就觀察開始動念的那個點，它完全沒有起來過。這個「心識」攀緣環境動念時，念頭不從十方來，也無處可去。時常觀察心的「攀緣」，以感覺觀察「妄識、思想和雜念」。只要亂心不起，「心識」就能夠粗略的安住。假如能夠安住內心，更沒有攀緣思慮，就照樣保持「寂定（心不馳散，保持安靜不動的精神狀態。）」，也可以照樣停息各種煩惱，不再造作新的業力，這就叫做「解脫」。

假如「心識」糾結、煩惱、燥熱，氣悶煩亂又昏沉，就要通過自我調節，散除煩惱。緩緩的安放自己的心，使「心識」舒適。這樣，「心識」自然安靜清淨。參學者只要堅定修練，如同撲救著火的頭髮一樣，不要鬆懈。努力！努力！

剛開始學習坐禪的人，要先學習「觀心」。修行者獨自坐在某個地方，先正直身體而坐，脫去衣服，解開衣帶，身體放鬆。然後自我按摩七、八次，讓胃中氣體全部排出體外，完全恢復身體本來清虛寧靜，安適潔淨的樣子，把身心調整的很舒適。這樣狀態，能安下心神，使自己彷彿蕩漾在幽靜中，氣息感覺清新涼意。如此，緩緩收回「心識」。感覺自己的精神純淨清晰，心境明朗而乾淨。分明的觀察，身體內外都是空虛明淨，這就是「心性寂滅」。

守著這個「寂滅狀態」，那麼「心性」就顯現了。「心性」雖然無形，但是它的志氣節操永遠存在。靈魂不枯竭，長久不變的存在於光明之中，這就叫做「佛性」。見到佛性的人，永遠離開生死輪迴，就是超脫六道輪迴的人。

所以《維摩經》上說：「覺悟能夠恢復本心。」要相信這句話的真實性。覺悟到佛性的人，就稱為「菩薩人」，也稱為「悟道人」，也稱為「識理人」，也稱為「得性人」。所以經文上說：「一句話影深深的響靈魂，經歷長久的時間，永遠不磨滅。」

剛剛修習禪學的人，可以用這個方便法門來修行。所以要知道，這個「道」是有方便法門的，由此可以領悟「聖心（自性）」。

凡是「捨身（捨棄身命）」的法門，要先定在虛空狀態中，內心虛空，讓心境寂靜清淨。透過「瞑想」專注在某個事物上，讓「心識」不移動。「心性」能夠「寂定（心不馳散，保持安靜不動的精神狀態）」，就能夠斷掉「攀緣心」。

在禪定中，感覺渺茫恍惚，把注意力全部集中，讓「心識」處在虛無中，接近淡泊安靜，彷彿完全沒有氣息，安住在清淨法身中，不再承受後世的果報。假如起心動念，不免再度承受輪迴之苦。

這就是安定心境的方法，「佛法」也是同樣的道理。以上這個方法，是「作法（對出家修行者而言，日常的行、住、坐、臥，所必須遵守的禮法。）」「佛法」本身沒有什麼方法，沒有方法的方法，才叫做「佛法」。「佛法」是「無作（指無因緣的造作）」的，沒有造作的方法，才是真實的「佛法」。

所以經文上說：「『空』是無作、無願、無相，這才是真解脫。」由此可知，真實的「佛法」是「無作（指無因緣的造作）」。

捨身的方法，就是假想錯看身體，然後以「明地（極淨明的智力）」去觀察「心境（指意識與外物）」，這就是用意識去推敲。

重點提示：

(1)四祖道信引用佛經：「是故維摩經云。豁然還得本心。信其言也。悟佛性者。名菩薩人。亦名悟道人。亦名識理人。亦名得性人。」這一段經文出自於《維摩詰所說經》，如下：

《維摩詰所說經》原文：

時維摩詰即入三昧。令此比丘自識宿命。曾於五百佛所植眾德本。迴向阿耨多羅三藐三菩提。即時豁然還得本心。於是諸比丘稽首禮維摩詰足。

(2)四祖道信引用佛經：「是故經云。一句深神。歷劫不朽。」這一段經文查不到佛經出處。

(3)四祖道信引用佛經：「是以經云。空無作無願無相。則真解脫。」這一段經文出自於《大智度論》，如下：

《大智度論》卷第十九釋初品中三十七品義第三十一原文：

觀已，於三界中，智慧亦不著一切三界，轉為空、無相、無作解脫門。

第七段：四祖道信評論「老莊思想」

原文：大師云。莊子說。天地一指。萬物一焉。法句經云。一亦不為一。為欲破諸數。淺智之所聞。謂一以為一。故莊子猶滯一也。老子云。窈兮冥兮。其中有精。外雖亡相。內尚存心。華嚴經云。不著二法。以無一二故。維摩經云。心不在內不在外。不在中間即是證。故知老子滯於精識也。涅槃經云。一切眾生有佛性。容可說。牆壁凡石。而非佛性。云何能說法。

又天親論云。應化非真佛。亦非說法者。

經文翻譯：

大師說：「莊子說：『所有天地之間的萬物，都是一體的。所以，宇宙萬物不過是像一匹馬一樣，總合馬頭，馬腳，馬毛……等等，才叫做一匹馬。』」。

《法句經》上說：「一也不是一，為了想要破除『諸數（『數』是『法數』。有為的諸法，有種種差別的數，稱為『諸數』。）』下根淺智的人認為，見到一就以為是一。」

所以，「莊子」的思想，還執著一個「一」。

老子說：「恍惚之中有實物，在深遠幽暗之中，有一個精神存在。外在雖然沒有形相，內在還存在一個心。」。

《華嚴經》上說：「不執著不二法門（修行者唯一的入道途徑），因為真正的禪修，是沒有法門的緣故。」

《維摩經》上說：「心不在內，也不在外。」也不在中間，就是一個證明。

所以，可以知道老子執著在人的「精靈（神識）」和「心識」上。

《涅槃經》上說：「一切眾生都有佛性。」應當可以這麼說，牆壁和塵世間的石頭，就沒有佛性，如何能夠說法。

另外，「天親菩薩」造《金剛般若波羅蜜經論》上說：「佛隨應機緣化身，來說法度化眾生，使眾生入佛道，這種說法也不是真實的。」

因為所有眾生，都必須先了解佛法，再自度成佛。應化度人的佛，不是真正的佛，也沒有所謂的說法。

實際上，「化身佛的形象」和「佛說法」這二件事，都是虛幻不真實的，但是眾生卻執著「佛的形象」和「佛說法」這二件事。只有眾生自己實際去修行，去見性，才是真實的。

重點提示：

⑴這一段話，有二件事要澄清一下：

①「大師云」，有人說是指四祖道信自己，但是我認為「大師」這二個字，是古人對和尚的尊稱，四祖道信不可能尊稱自己為「大師」。所以，應該是四祖道信引用某位「大師」說的話。

②「莊子說。天地一指。萬物一焉。」最後一個「焉」字是錯誤的。在《莊子》齊物論裡，原文是「天地一指。萬物一馬。」「焉」字應該是「馬」才對。

四祖道信引用某位大師的話說：「大師云。莊子說。天地一指。萬物一焉。」

四祖道信引用《莊子》：「天地一指。萬物一焉。」，這一段經文出自於《莊子》，如下：

《莊子》齊物論原文：

以指喻指之非指，不若以非指喻指之非指也；以馬喻馬之非馬，不若以非馬喻馬之非馬也。天地一指也，萬物一馬也。

《莊子》齊物論翻譯：

不能用一根手指，來說明手指不是手指，因為它不能代表全部的指頭，不如用其他的事物來說明手指不是手指，這樣比較容易瞭解；同樣的道理，不能用一種顏色的馬去說明馬不是馬，因為單一種顏色的馬不能代表全部顏色的馬，不如用其他事物來說明馬不是馬，更容易瞭解。

由此可知，天地與手指是一樣的，萬物與馬是一樣的。所有天地之間的萬物，都是一體的。所以，宇宙萬物不過是像一匹馬一樣，總合馬頭，馬腳，馬毛……等等，才叫做一匹馬。離開了馬的任何一樣，就不是完整的馬。

這一段話是「莊子」引用戰國時代的名家「公孫龍」的「白馬非馬論」的思想，來說明「天地萬物」都是「道」所化育，萬物齊一的道理。

戰國名家學派「公孫龍」著有《指物論》和《白馬篇》，「莊子」是針對這二篇的內容而言。《指物論》說：「物莫非指，而指非指。」所謂「指」，即「組成事物的要素」。意思是說：「物」都是由「物的要素」來表現的，但是由「物的要素」所表現的「物」，並不等同於「物」的本身。也就是說：不能用一根手指，來說明手指不是手指，因為「單一根的手指」不能代表全部的指頭。例如：不能用「大姆指」來說明手指，因為「大姆指」不是手指的全部，手指還有食指、中指、無名指、小指等。

《白馬論》說：「白馬非馬」為什麼呢？「公孫龍」解釋說：「馬者，所以命形也；白者所以命色也。命色者非命形也。故曰『白馬非馬』。」意思是說：「馬」是對物體的「形狀」來命名，「白馬」則是對「馬」的「顏色」來命名，對「顏色」的命名與對「形狀」的命名不同。概念不同，命名就不同，所以說「白馬不是馬」。

所以，莊子否定公孫龍的「邏輯論辯」，不認同用嚴格的命名，來認識外物的方法。他認為拿一個指頭，告訴你這個不是指頭，這個比喻不好。這叫做「引喻失義」，就是用了比喻，反而喪失真正的意義。

莊子認為更好的方法是否定「名」，以「天地一指也，萬物一馬也」的概念來做比喻，表達「心物一元」的觀點，說明萬事萬物，是一體的，不能以偏概全，引申人不可以執著，固執己見，隨便批判別人。「心物一元」就是指「心」具有不可思議的力量，具足一切法。

根據「唯識學」，一切事物都是由「心識」種子所變現。因為「物質世界」的本質是「空」的，形相是在遷變的。「器世間」有「成、住、壞、空」，「有情世間」有「生、老、病、死」，「一切事物」有「生、住、異、滅」。

外境的一切歸結為「空」，從「空」中依「心識」顯現「萬有現象」，因此「物」和「心」可以統一於「心」。「心」能了知「物」，「心」是「能知」，「物」是「所知」，「能、所」相關，處於「一元（純一）」，不可強分為二元或多元。

(2)四祖道信引用《佛說法句經》：「法句經云。一亦不為一。為欲破諸數。淺智之所聞。謂一以為一。」這一段經文出自於《佛說法句經》，如下：

《佛說法句經》普光問如來慈偈答品第十一原文：

云何一法中。如生種種見。一亦不為一。為欲破諸數。淺智之所聞。見一以為一。若有聞此法。常修寂滅行。知行亦寂滅。是則菩提道。

(3)四祖道信引用《老子道德經》：「老子云。窈兮冥兮。其中有精。外雖亡相。內尚存心。」這一段經文出自於《老子道德經》，如下：

《老子道德經》原文：

道之為物，惟恍惟惚。惚兮恍兮，其中有象；恍兮惚兮，其中有物。窈兮冥兮，其中有精；其精甚真，其中有信。

《老子道德經》翻譯：

「道」作為存在物，完全是恍恍惚惚的。恍惚之中有形象，恍惚之中有實物。在深遠幽暗之中，有一個精神存在。這個精神至真至切，充滿了信實。

(4)四祖道信引用《大方廣佛華嚴經》：「華嚴經云。不著二法。以無一二故。」這一段經文出自於《大方廣佛華嚴經》，如下：

《大方廣佛華嚴經》卷第三十三普賢菩薩行品第三十一原文：

不著不二法，知無一二故。

(5)四祖道信引用《維摩詰所說經》：「維摩經云。心不在內不在外。」這一段經文出自於《維摩詰所說經》，如下：

《維摩所說經》原文：「心不住內亦不在外。」

(6)四祖道信引用《大般涅槃經》：「涅槃經云。一切眾生有佛性。」這一段經文出自於《大般涅槃經》，如下：

《大般涅槃經》卷第二十七師子吼菩薩品第十一之一原文：「若一切眾生有佛性者，何故不見一切眾生所有佛性？」

(7)四祖道信引用《金剛般若波羅蜜經論》：「又天親論云。應化非真佛。亦非說法者。」這一段經文出自於《金剛般若波羅蜜經論》，如下：

「天親菩薩」造《金剛般若波羅蜜經論》卷上原文：應化非真佛，亦非說法者。

(8)「莊子」講「一」，四祖道信批評「滯於一」；「老子」講「精」，四祖道信又批評「滯於精識」。其實，道家的宗旨和佛教是不同的，這樣的批評是沒有意義的。

第十八單元

五祖弘忍傳授《最上乘論》

一、《最上乘論》簡介

《最上乘論》全一卷，是禪宗「五祖弘忍」唯一的著述，論述守護「本心（自性）」為修道的要門，是「心地法門」的精要。

《最上乘論》的內容，借十四條問答的方式，論述自己的「真心（自性）」本來清淨不生不滅、眾生與佛同源一體、守護「本心（自性）」為涅槃的根本，入道的要門，十二部經之宗，三世諸佛之祖，以及無記心、我所心滅、真心等的意義，最後說明攝屬果、行二門的情形。

五祖弘忍對於如何守護「本心（自性）」，在《最上乘論》裡，有詳細的開示。這是直徹心源的妙法，人人都有平等光明、圓滿的佛性，只是被五陰的烏雲所遮住。若是能夠返回「本心（自性）」，不失正念，安守「本心（自性）」，就能消融妄想，妄想滅盡，「本心（自性）」自然顯現。

五祖弘忍在《最上乘論》裡，所引用的經典有《十地經》、《維摩經》、《金剛經》、《心王經》、《涅槃經》、《法華經》、《觀無量壽經》等。

二、《最上乘論》可分為十五段來解說

因為《最上乘論》的原文篇幅冗長，所以省略全文，把全文分段來翻譯解說。《最上乘論》的內容，總共可分為十五段來解說。

第一段：想要修持佛道的人，首先必須要認識「自性」。

第二段：怎麼知道自己的「自性」，本來是清淨的呢？

第三段：怎麼知道自己的「自性」，本來就沒有生，也沒有滅呢？

第四段：怎麼說自己的「自性」，就是自己本來的老師呢？

第五段：怎麼說認識自己的「自性」，就能夠勝過念誦十方諸佛的名號呢？

第六段：既然眾生的「自性」與佛相同，為什麼諸佛能夠不生不滅，而凡夫眾生卻墮落在生死苦海中呢？

第七段：「真如」與「法性」是同一個，為什麼佛能夠有覺悟的法性，眾生卻是愚昧迷惑的呢？

第八段：為什麼說守護本來的「自性」，是「涅槃（解脫）」的根本呢？

第九段：如何知道，守護我的「自性」，就是入道的重要之門呢？

第十段：如何知道，守護自己的「自性」，就是十二部經典的宗旨呢？

第十一段：如何知道，守護自己的「自性」，是過去、現在、未來三世諸佛的祖師呢？

第十二段：什麼是「無記心」呢？

第十三段：什麼是「我所心（指為我所有的觀念）」滅呢？

第十四段：如何修行「真心（自性）」，才能夠超凡入聖，得到「無餘涅槃」呢？

第十五段：這部《最上乘論》是屬於「果門」或是「行門」呢？

三、《最上乘論》的翻譯和重點提示

第一段：想要修持佛道的人，首先必須要認識「自性」。

原文：凡趣聖道悟解真宗。修心要論若其不護淨者。一切行無由取見。願善知識如有寫者。用心無令脫錯。恐誤後人。夫修道之本體須識。當身心本來清淨不生不滅無有分別。自性圓滿清淨之心。此是本師。乃勝念十方諸佛。

經文翻譯：

凡是想要歸向佛道，領悟懂得佛法的真正宗旨，以及修持「心性（心的本性；又稱為『自性』）」的重點學說的人，假如他不懂得如何保護他的「心性」，讓「心性」清淨，那一切所有的修行方法，都沒有辦法見到「自性」。所以，希望如果有善知識要著書立說，一定要用心思量如何解說「見性」的方法，千萬不要有錯誤，恐怕誤導後人。

想要修持佛道的人，首先必須要認識自身的「本體（諸法的根本自體，一切諸法都因『緣起』而存在，這裡是指『自性』。）」當「身心（『身』指身體；『心』指心靈。即肉體與精神，是一體不可分別的關係。）」本來是清淨的狀態時，沒有生起，也沒有毀滅，沒有分別心。「自性」本來是一顆圓滿清淨的心，這是修行人最根本的師父。假如能夠認識這顆清淨的心，就勝過念誦十方諸佛的名號。」。

重點提示：

五祖弘忍一開始就強調，想要修持佛道的人，首先必須要認識「自性」。假如他不懂得他的「自性」是什麼，讓「自性」清淨，那一切所有的修行方法，都沒有辦法見到「自性」。

「自性」原本是「不生不滅、不垢不淨、不增不減」的清淨狀態，一般人找不到「自性」，是因為有自己第六識「意識」的分析判斷功能，會產生「分別心」，就會有「生、滅」、「垢、淨」、「增、減」的「分別對待」觀念。這些分析判斷後的「分別對待」結果，傳遞給第七識「末那識」做決定，「妄想執著」從此產生，「自性」就被蒙蔽。

所以，五祖弘忍才會說，修道人不懂得他的「自性」是什麼，那學習一切所有的修行方法，都是沒有用的，都沒有辦法見到「自性」。假如，他能夠認識「自性」，就勝過念誦十方諸佛的名號。

第二段：怎麼知道自己的「自性」，本來是清淨的呢？

原文：問曰。何知自心本來清淨。答曰。十地經云。眾生身中有金剛佛性。猶如日輪體明圓滿廣大無邊。只為五陰黑雲之所覆。如瓶內燈光不能照輝。譬如世間雲霧八方俱起天下陰闇。日豈爛。也何故無光。光元不壞。只為雲霧所覆。一切眾生清淨之心亦復如是。只為攀緣妄念煩惱諸見黑雲所覆。但能凝然守心。妄念不生。涅槃法自然顯現。故知自心本來清淨。

經文翻譯：

有人提問：「怎麼知道自己的心（自性），本來是清淨的呢？」

五祖弘忍回答說：「《十地經》中說，眾生的身體中都有『金剛佛性（自性）』，就好像太陽一般，心體光明圓滿，廣大沒有邊際。只因為『五陰（色、受、想、行、識）』黑雲覆蓋了『金剛佛性（自性）』，就如同瓶子內的燈光，不能夠照射出光輝。

譬如世間天上的烏雲和大霧，從四面八方升起來，這時候天下就變成陰暗，太陽難道沒有燦爛的光明嗎？那為什麼沒有光明呢？太陽的光明原本就沒有損壞，只因為被烏雲和大霧所覆蓋的緣故。一切眾生清淨的心，也是如同這樣，只是因為攀緣『妄念』、『煩惱』和『錯誤的知見』，清淨光明的『自性』，就被這些『黑雲』所覆蓋。只要能夠把注意力集中在一處，守護自己的『心（自性）』，讓『妄念』不生起，『涅槃的法』自然會顯現出。所以，就可以知道自己的『心（自性）』，本來是清淨的。」

重點提示：

(1)五祖弘忍引用佛經：「十地經云。眾生身中有金剛佛性。猶如日輪體明圓滿廣大無邊。只為五陰黑雲之所覆。」這一段經文出自於《佛說大方廣菩薩十地經》和「天親菩薩」所著的《十地經論》，如下：

《佛說大方廣菩薩十地經》原文：

當知第五心起譬如天帝釋大會拘毘陀羅樹。彼因禪那波羅蜜。猶如日輪無量光曜。

《十地經論》離垢地第二卷之四原文：

是諸眾生深著我相，於五陰巢窟不能自出，行四顛倒、依六入空聚，常為四大毒蛇之所侵惱，為五陰怨賊之所殺害，受此一切無量苦惱。

(2)五祖弘忍一開始，就已經說出禪定的方法：「但能凝然守心。妄念不生。涅槃法自然顯現。」

只要能夠把注意力集中在一處，守護自己的「心（自性）」，讓「妄念」不生起，「涅槃的法」自然會顯現出；只要能夠把注意力集中在一處，停止自己第六識「意識」的分析判斷功能，讓第七識「末那識」停止作用，「自性」自然顯現。

第三段：怎麼知道自己的「自性」，本來就沒有生，也沒有滅呢？

原文：問曰。何知自心本來不生不滅。答曰。維摩經云。如無有生如無有滅。如者真如佛性自性清淨。清淨者心之原也。真如本有不從緣生。又云。一切眾生皆如也。眾賢聖亦如也。一切眾生者。即我等是也。眾賢聖者。即諸佛是也。名相雖別身中真如法性並同。不生不滅故言皆如也。故知自心本來不生不滅。

經文翻譯：

有人提問：「怎麼知道自己的心（自性），本來就沒有生，也沒有滅呢？」

五祖弘忍回答說：「《維摩詰所說經》上說：『如無有生。如無有滅。』，『如』的意思是『真如佛性』，『自性』本來就清淨，『清淨』就是『心（自性）』的根源。『真如佛性』本來就有，不是從『因緣和合』而生起。

又說：『一切眾生皆如也。眾賢聖亦如也。』『一切眾生』就是我們這些凡夫眾生；『眾賢聖』就是諸佛聖者。『名相（就是『專有名詞』，耳可聞者是『名』，眼可見者是『相』。）』雖然有所區別，但是體內的『真如法性』都是相同的。都是沒有生，也沒有滅，所以都一樣是『真如』。所以，就可以知道自己的『心（自性）』，本來就沒有生，也沒有滅。」

重點提示：

五祖弘忍引用佛經：「維摩經云。如無有生如無有滅。」，以及「又云。一切眾生皆如也。眾賢聖亦如也。」，這二段經文出自於《維摩詰所說經》，如下：

《維摩詰所說經》原文：

若以如生得受記者如無有生。若以如滅得受記者如無有滅。一切眾生皆如也。一切法亦如也。眾聖賢亦如也。至於彌勒亦如也。若彌勒得受記者。一切眾生亦應受記。所以者何。夫如者不二不異。

第四段：怎麼說自己的「自性」，就是自己本來的老師呢？

原文：問曰。何名自心為本師。答曰。此真心者。自然而有不從外來。不□束修於三世中。所有至親莫過自守於心。若識心者。守之則到彼岸。迷心者。棄之則墮三塗。故知三世諸佛以自心為本師。故論云。了然守心則妄念不起。則是無生。故知心是本師。

經文翻譯：

有人提問：「怎麼說自己的『心（自性）』，就是自己本來的老師呢？」

五祖弘忍回答說：「這個『真心』，是自然而然就有，不是從外面的因緣而來，也不是從修行而來。在過去世、現在世和未來世中，所有最親密的親人當中，沒有能夠超過自己守護自己的『心（自性）』。如果能夠認識自己的『心（自性）』的人，持之以恆的守護，就能夠到達超脫生死的彼岸。不認識自己的『心（自性）』的人，捨棄守護自己的『心（自性）』，就會墮落『三塗（地獄、餓鬼、畜生三惡道）』之中。

所以，就可以知道過去世、現在世和未來世，三世的諸佛都以自己的『心（自性）』做為最根本的老師。所以，經論上說，如果能夠明白、清楚的安守自己的『心（自性）』，那麼『妄念』自然不會生起，這就是『無生』。所以，就可以知道，『心（自性）』就是最根本的老師。」

重點提示：

⑴五祖弘忍引用佛經：「故論云。了然守心則妄念不起。則是無生。」，這一段經文出自於《大智度論》，如下：

《大智度論》卷第八十一原文：

問曰：禪智波羅蜜亦是心清淨法，何以但說忍辱？答曰：禪智力大故不說，持戒時心未能清淨，須忍辱守心故。

⑵「無生」是諸法，的實相無生滅，所有存在的諸法沒有實體，是空，所以沒有生滅變化可言。可是凡夫不知道此「無生」的道理，起生滅的煩惱，所以流轉生死。

第五段：怎麼說認識自己的「自性」，就能夠勝過念誦十方諸佛的名號呢？

原文：問曰。何名自心勝念彼佛。答曰。常念彼佛不免生死。守我本心則到彼岸。金剛經云。若以色見我。以音聲求我。是人行邪道不能見如來。故云。守本真心勝念他佛。又云。勝者只是約行勸人之語。其實究竟果體平等無二。

經文翻譯：

有人提問：「怎麼說認識自己的『心（自性）』，就能夠勝過念誦十方諸佛的名號呢？

五祖弘忍回答說：「時常念誦十方諸佛的名號，不能避免生死輪迴。安守我的本來『真心（自性）』就能到達離開生死的彼岸。

《金剛經》上說：「如果有人執著見我的色身，或者執著我的聲音，那麼這種人是在從事邪道，不能見到如來的真正面目。」

所以說，守護自己本來的『真心（自性）』，勝過念誦十方諸佛的名號。

又說：「『勝過』的意思，只是簡要提出勸人學習守護自己『真心（自性）』的方便言語。其實窮盡證得的聖果之體，是平等無二，沒有區別的。」

重點提示：

五祖弘忍引用佛經：「金剛經云。若以色見我。以音聲求我。是人行邪道不能見如來。」這一段經文出自於《金剛般若波羅蜜經》，如下：

《金剛般若波羅蜜經》原文：

若以色見我。以音聲求我。是人行邪道。不能見如來。

第六段：既然眾生的「自性」與佛相同，為什麼諸佛能夠不生不滅，而凡夫眾生卻墮落在生死苦海中呢？

原文：問曰。眾生與佛真體既同。何故諸佛不生不滅。受無量快樂自在無礙。我等眾生墮生死中受種種苦耶。答曰。十方諸佛悟達法性。皆自然照燎於心源。妄想不生正念不失。我所心滅故得不受生死。不生死故即畢竟寂滅。故知萬樂自歸。一切眾生迷於真性。不識心本。種種妄緣不修正念故即憎愛心起。以憎愛故則心器破漏。心器破漏故即有生死。有生死故則諸苦自現。心王經云。真如佛性沒在知見六識海中。沈淪生死不得解脫。努力會是。守本真心妄念不生。我所心滅自然與佛平等無二。

經文翻譯：

有人提問：「眾生的『心（自性）』與佛的真實本體既然相同，為什麼諸佛能夠不生不滅，可以享受無量的快樂，自在沒有罣礙。而我們凡夫眾生，卻墮落在生死苦海中，承受種種痛苦呢？」

五祖弘忍回答說：「十方諸佛已經了悟通達『法性（真如、自性；諸法的真實體性，亦即宇宙一切現象所具有的真實不變的本性，為一切萬有的根源。）』，都能夠自然明察自己『心（自性）』起心動念的來源，『妄想』不生起，『正念』不失去，『我所心（指為我所有的觀念）』滅除。所以，能夠得到不受生死的善果，沒有生死的緣故，就是『畢竟寂滅（究竟寂滅無為）』。所以，就可以知道無量的快樂，自然歸於自身。

一切眾生迷惑於『真如之性（自性）』，不能認識自己的『本心（自性）』，種種『妄想』攀緣，不修持『正念』的緣故，所以就會生起『憎恨』和『喜愛』的分別心。因為，『憎恨』和『喜愛』的緣故，那麼『心器（心識）』就會破壞和漏失。『心器（心識）』一旦遭到破壞和漏失的緣故，就會有生死。有生死的緣故，那麼種種痛苦自然顯現。

《心王經》上說：「『真如佛性（自性）』沉沒在錯誤的見解，以及『六識（眼識、耳識、鼻識、舌識、身識、意識）』的大海中。因為這個緣故，沉淪在生死苦海，不能夠得到解脫。」只要努力的體會修習，守護本來的『真心（自性）』，妄念自然不再生起，『我所心（指為我所有的觀念）』滅除，那麼自然就會與諸佛平等無二，沒有分別了。」

重點提示：

(1)「我所」是指「為我所有」的觀念，即以自身為我，認為自身以外的物都是我所有。在佛教中，「我」與「我所」，被認為是一切世俗分別的基本分別，所以為破除的對象。

(2)「畢竟」是終歸，「寂滅」是指度脫生死，遠離迷惑世界，進入寂靜無為的境地。「畢竟寂滅」是自性本來寂滅，徹底的寂滅。

(3)「心器」是指有情的「心識」，「心識」總攝眾生的一切精神現象，能緣慮、容受、積集諸法，它的「自性」原本是清淨的，佛經中多稱它為「如來藏、真如」，「法相宗」稱它為「阿賴耶識」。以它能攝受萬法，就好像器皿能容受物品，因此以「器」來比喻它。

(4)五祖弘忍引用佛經：「心王經云。真如佛性沒在知見六識海中。沈淪生死不得解脫。」，這一段經文出自於《佛為心王菩薩說頭陀經》，如下：

《佛為心王菩薩說頭陀經》原文：

真如實相，沒在知見六識海中，沉淪生死，不能得出。

第七段：『真如』與『法性』是同一個，為什麼佛能夠有覺悟的法性，眾生卻是愚昧迷惑的呢？

原文：問曰。真如法性同一無二。迷應俱迷。悟應俱悟。何故佛覺性。眾生昏迷因何故然。答曰。自此已上入不思識分。非凡所及。識心故悟。失性故迷。緣合即合說不可定。但信真諦守自本心。故維摩經云。無自性無他性。法本無生今即無滅。此悟即離二邊入無分別智。若解此義但於行知法要。守心第一。此守心者。乃是涅槃之根本入道之要門。十二部經之宗三世諸佛之祖。

經文翻譯：

有人提問：「『真如』與『法性』是同一個，沒有第二個，『迷惑』的時候應該都『迷惑』，『開悟』的時候應該都『開悟』，為什麼佛能夠有覺悟的法性，眾生卻是愚昧迷惑的呢，為什麼會這樣呢？」

五祖弘忍回答說：「諸佛已經覺悟，進入不可思議的境界，不是凡夫所能夠想像的。諸佛能認識本來的『心（自性）』，所以能夠覺悟；凡夫偏離『自性』，所以迷失。在修行的時候，一旦時機成熟，因緣和合，就能契合『自性』，這不是言語所能議定的。修道只要相信『真諦（真實不妄的義理，世間法是『俗諦』，出世間法為『真諦』。）』，守護自我的『本心（自性）』。

所以，《維摩經》上說：『沒有『自性』，也沒有『他性』。諸法本來就沒有生，現在當然沒有滅。』這個『覺悟』就會離開『二邊（指離中道的兩極端，例如：『有、無』、『常、無常』、『常、斷』、『生、滅』等。）』，進入無分別的智慧。假如能夠明白這個法義，只要能夠實踐所知道的這個法要，守護『本心（自性）』是第一重要的事情。這個守護『本心（自性）』的妙法，是『涅槃（解脫）』的根本，是進入『佛道』的精要法門，是『十二部經』經文的宗旨，是三世諸佛的祖師。」。

重點提示：

(1)五祖弘忍引用佛經：「故維摩經云。無自性無他性。法本無生今即無滅。」，這一段經文出自於《維摩詰所說經》，如下：

《維摩詰所說經》原文：

知諸法如幻相無自性無他性。本自不然今則無滅。

(2)「十二部經」是佛陀所說法，依其敘述形式與內容分成的十二個種類。即：

①契經（音譯「修多羅」）：又稱作「長行」，以散文直接記載佛陀的教說，即一般所說的佛經。

②應頌：即以偈頌重覆闡釋「契經」所說的教法。

③記別：又稱作「授記」，本來是教義的解說，後來特指佛陀對眾弟子的未來所作的證言。

④諷頌：又稱作「孤起」，全部皆以「偈頌」來記載佛陀的教說。與「應頌」不同者，「應頌」是重述「契經」文中的要義；「諷頌」則是以「頌文」頌出教義，故稱「孤起」。

⑤自說：是佛陀未等待他人問法，而自行開示教說。

⑥因緣：是記載佛說法教化的因緣，如諸經的「序品」。

⑦譬喻：以譬喻宣說法義。

⑧本事：是記載本生以外的佛陀與弟子前生的行誼，或開卷語有「佛如是說」的經，也是屬於「本事」。

⑨本生：是記載佛陀前生修行的種種大悲行。

⑩方廣：是宣說廣大深奧的教義。

⑪希法：又稱作「未曾有法」，是記載佛陀及諸弟子希有的事情。

⑫論議：是記載佛論議抉擇諸法體性，分別明了其義。

第八段：為什麼說守護本來的「自性」，是「涅槃（解脫）」的根本呢？

原文：問曰。何知守本真心是涅槃之根本。答曰。涅槃者體是寂滅無為安樂。我心既是真心。妄想則斷。妄想斷故則具正念。正念具故寂照智生。寂照智生故窮達法性。窮達法性故則得涅槃。故知守本真心是涅槃之根本。

經文翻譯：

有人提問：「為什麼說守護本來的『真心（自性）』，是『涅槃（解脫）』的根本呢？」。

五祖弘忍回答說：「『涅槃（無生、解脫）』的『體（為一、絕對、無限、真常的法性；本質不變而為差別現象之所依者）』是寂滅、無為和安樂。我的『心（自性）』就是『真心』，『妄想』就會斷滅，『妄想』斷滅的緣故，就能夠具足『正念』。『正念』具足的緣故，『寂照（『寂』是寂靜，『照』是照鑑。『般若智慧』的本體是空寂，有觀照的作用。）』的『般若智慧』就會生起；『寂照』的『般若智慧』生起的緣故，就能精通明白諸法之性；精通明白諸法之性的緣故，就能得到『涅槃（無生、解脫）』。所以，就可以知道，守護本來『真心（自性）』，就是『涅槃（無生、解脫）』的根本。」

重點提示：

五祖弘忍解說『涅槃（無生、解脫）』的『體』是寂滅、無為和安樂，只要我的『心（自性）』變回『真心』，『妄想』就會斷滅，就能夠具足『正念』，『寂照』的『般若智慧』就會生起，就能精通明白諸法之性，就能得到『涅槃（無生、解脫）』。

所以，守護本來『真心（自性）』，就是『涅槃（無生、解脫）』的根本。

第九段：如何知道，守護我的「自性」，就是入道的重要之門呢？

原文：問曰。何知守本真心是入道之要門。答曰。乃至舉一手爪畫佛形像。或造恒沙功德者。只是佛。為教導無智慧眾生作當來勝報之業及見佛之因。若願自早成佛者會是守本真心。三世諸佛無量無邊。若有一人不守真心得成佛者。無有是處。故經云。制心一處無事不辦。故知守本真心是入道之要門也。

經文翻譯：

有人提問：「如何知道，守護我本來的『真心（自性）』，就是入道的重要之門呢？」

五祖弘忍回答說：「甚至舉起手指繪畫佛的形像，或者做了像恒河沙數，這樣多功德的人，這些都只是釋迦牟尼佛為了教導沒有智慧的眾生，作為將來殊勝果報的善業，以及將來見到『自性佛』的因緣。

如果願意自己早點成就佛果的人，就必定是守護自己本來的『真心（自性）』。過去世、未來世、現在世的三世諸佛無量無邊，如果有一個人，不是守護自己本來的『真心（自性）』而能成佛的人，是沒有這種道理的。

所以，佛經上說：『守護自己本來的『真心（自性）』在某一處，沒有事情不能成功的。』所以就可以知道，守護自己本來的『真心（自性）』，就是入道的重要之門。」

重點提示：

五祖弘忍引用佛經：「故經云。制心一處無事不辦。」這一段經文出自於《佛遺教經》，如下：

《佛遺教經》原文：

縱此心者，喪人善事；制之一處，無事不辦。是故比丘，當勤精進，折伏汝心。

第十段：如何知道，守護自己的「自性」，就是十二部經典的宗旨呢？

原文：問曰。何知守本真心是十二部經之宗。答曰。如來於一切經中。說一切罪福一切因緣果報。成引一切山河大地草木等種種雜物起無量無邊譬喻。或現無量神通種種變化者只是佛。為教導無智慧眾生有種種欲心心行萬差。是故如來隨其心門引入一乘。我既體知眾生佛性本來清淨如雲底日。但了然守本真心。妄念雲盡慧日即現。何須更多學知見所生死苦一切義理及三世之事。譬如磨鏡塵盡明自然現。則今於無明心中。學得者終是不堪。若能了然不失正念。無為心中學得者此是真學。雖言真學竟無所學。何以故。我及涅槃二皆空故。更無二無一。故無所學。法性雖空要須了然守本真心。妄念不生。我所心滅故。涅槃經云。知佛不說法者。是名具足多聞。故知守本真心。是十二部經之宗也。

經文翻譯：

有人提問：「如何知道，守護自己本來的『真心（自性）』，就是十二部經典的宗旨呢？」

五祖弘忍回答說：「如來在一切的經典中，說一切的『罪業』和『福報』，以及一切的『因緣果報』，甚至引用一切山川、河流、大地、草木等種種雜物，而發起無量無邊的比喻，或者顯現無量的神通，種種的變化。這些都只是釋迦牟尼佛為了教導沒有智慧的眾生，他們有種種的貪欲心，他們的『心識』會生起萬種差別的分別、妄想和計較的作用。

所以，『如來』隨順眾生的心門，而引導進入『一乘』佛法。『一乘』即指『佛乘』，『乘』是載運的意思。佛說『一乘』法，為讓眾生依此修行，出離生死苦海，運至涅槃彼岸。

我既然體察了解眾生的『佛性』本來清淨，就如同被烏雲遮蔽的太陽一般。太陽本來光明圓滿沒有增減，只是暫時被烏雲遮蔽了光明。只要了解明白這個道理，守護自己本來的『真心（自性）』，一旦妄念的烏雲消除，智慧的太陽就會立即顯現，又何必需要更多的學習知識。如果不能夠明白守護自己本來『真心（自性）』的重要性，依然會被生死的苦惱所束縛。一切世間的道理，和過去、現在、未來三世的事情，都是這樣的。

譬如磨治銅鏡，塵埃消除，光明自然顯現。那麼如今在無明的妄心中，即使學到了佛理，終究是不能用來解脫生死。如果能明白我所說的道理，不失去正念，以無為的『真心（自性）』學到佛理，這樣才是『真學』。雖然我說『真學』，實際上沒有所謂的『真學』。（因為，如果你認為有『真學』，那就是一種執著。）

這是為什麼呢？因為，『自我』及『涅槃（無生、解脫）』二者都是『空無（一切存在的事物中，都沒有實體，都是『因緣合和』而成）』的緣故，更沒有二個，也沒有一個，所以說『無所學』。『法性（指諸法的真實體性。亦即宇宙一切現象所具有的真實不變的本性。）』雖然是空相，必須要明白守護自己本來的『真心（自性）』。如此，『妄念』不再生起，『我所心（指為我所有的觀念）』就可以滅除。

《涅槃經》上說：『知道佛陀沒有說法的人，是真正具足了多聞。』所以就可以知道，守護自己本來的『真心（自性）』，是十二部經典的宗旨。」。

重點提示：

五祖弘忍引用佛經：「涅槃經云。知佛不說法者。是名具足多聞。」，這一段經文出自於《大般涅槃經》，如下：

《大般涅槃經》卷第二十六光明遍照高貴德王菩薩品第十之六原文：

若知如來常不說法，亦名菩薩具足多聞。何以故？法無性故。如來雖說一切諸法，常無所說。是名菩薩修大涅槃，成就第五具足多聞。

第十一段：如何知道，守護自己的「自性」，是過去、現在、未來三世諸佛的祖師呢？

原文：問曰。何知守本真心是三世諸佛之祖。答曰。三世諸佛皆從心性中生。先守真心妄念不生。我所心滅後得成佛。故知守本真心是三世諸佛之祖也。上來四種問答。若欲廣說何窮。吾今望。得汝自識本心是佛。是故慇懃勸汝。千經萬論莫過守本真心。是要也。吾今努力。按法華經示汝。大車寶藏明珠妙藥等物汝自不取不服。窮苦奈何會是。妄念不生。我所心滅一切功德自然圓滿。不假外求歸生死苦。於一切處正念察心。莫愛現在樂種未來苦。自誑誑他。不脫生死。努力努力。今雖無常共作當來成佛之因。莫使三世虛度狂喪功夫。經云。常處地獄如遊園觀。在餘惡道如己舍宅。我等眾生今現如此。不覺不知驚怖殺人了無出心。奇哉苦哉。若有初心學坐禪者。依觀無量壽經端坐正念。閉目合口。心前平視隨意近遠。作一日想守真心。念念莫住。即善調氣息。莫使乍麁乍細。則令人成病苦。夜坐禪時或見一切善惡境界。或入青黃赤白等諸三昧。或見身出大光明。或見如來身相。或見種種變化。但知攝心莫著並皆是空。妄想而見也。經云。十方國土皆如虛空。三界虛幻唯是一心作。若不得定不見一切境界者亦不須怪。但於行住坐臥中常了然守本真心。會是妄念不生。我所心滅一切萬法不出自心。所以諸佛廣說。如許多言教譬喻者。只為眾生行行不同。遂使教門差別。其實八萬四千法門。三乘八道位體七十二賢行宗。莫過自心是本也。若能自識本心。念念磨鍊莫住者即自見佛性也。於念念中常供養十方恒沙諸佛。十二部經念念常轉。若了此心源者一切心義自現。一切願具足一切行滿一切皆辦不受後有。會是妄念不生。我所心滅。捨此身已定得無生不可思議。努力莫造大。如此真實不妄語難可得聞。聞而能行者恒沙眾中莫過有一。行而能到者億叉劫中希有一人。好好自安自靜。善調諸根。就視心源。恒令照燎清淨。勿令無記心生。

經文翻譯：

有人提問：「如何知道，守護自己的「自性」，是過去、現在、未來三世諸佛的祖師呢？」。

五祖弘忍回答說：「過去、現在、未來三世諸佛，都是從心性中生出，先守護自己的『真心（自性）』，『妄念』不再生起。『我所心（指為我所有的觀念）』滅除後，得以成就佛果。所以，就可以知道守護自己的『真心（自性）』，是過去、現在、未來三世諸佛的祖師。

上述的四種問答，如果想要詳細的說明，其中的道理是講不完的。我現在的願望，希望你們能夠自己認識本來的『真心（自性）』就是佛，所以我辛勤的鼓勵你們，一千本經典、一萬本論述的佛理，不超過守護自己本來的『真心（自性）』，就是如此的重要啊！

我現在努力，按照《妙法蓮華經》的佛理教導你們，給你們大車、寶藏、明珠、妙藥等物。你們自己卻不取用這些大車、寶藏、明珠，也不服用妙藥，自甘貧窮困苦，我也無可奈何。

只要領會『妄念不生起』的原理，『我所心（指為我所有的觀念）』滅除，一切的功德自然圓滿，不需要向外追求，就不會返回生死的苦惱。在任何地方，都要以『正念』觀察自己的起心動念，不可貪愛現在世俗的欲樂，而種下未來的痛苦，自欺欺人，不能解脫生死，你們要努力努力啊！

現在雖然世間無常迅速，只要能努力修行，就能共同作為將來成佛的因緣。不要無所事事，讓過去、現在、未來的時間空過，急速的喪失修行的時間。

佛經上說：「眾生在六道輪迴中，常常墮落在地獄，如同遊覽觀賞花園一樣。墮落在其他惡道中，如同居住在自己的房屋內一樣。我們現在就是這樣，不能覺悟六道輪迴的苦，不知道修學佛法，即使像自己殺了人之後，驚慌害怕到了極致，也毫無超出脫離六道輪迴的心，真是奇怪啊，真是痛苦啊！

如果有初發心想要學習坐禪的人，可以依照《無量壽經》所說的方法，擺正身體坐直，保持『正念（如實憶念諸法的性相是空，而不忘失。）』，然後閉上眼睛，合上嘴巴，在心前兩眼平視向前看著，看遠或看近，隨順自己的心意。在心裡想像有一個太陽，這個太陽就是自己的『心（自性）』，將『心（自性）』安住在太陽上，不動不搖。念念之中不要執著於任何『六塵境界』，當下要擅長調整自己呼吸的氣息，呼吸的速度，不要忽然粗重、忽然微細，要平穩、不快不慢，細、深、勻、長，不這樣做，那麼就會讓人產生疾病的苦惱。

夜晚坐禪的時候，或者會見到一切善的境界；或者惡的境界；或者進入青色、黃色、紅色、白色等種種光明的『三昧（正定，即將心定於一處的一種安定狀態。）』之中；或者見到身上出現大光明；或者見到如來的法身相；或者見到種種境界的變化。只要知道收持自己的『心（自性）』，不要執著在境界之中，這些都是幻象，都是空相，都是妄想的幻境，而暫時見到而已。

佛經上說：「十方的佛淨土都如同虛空，三界虛幻都是這一個『真心（自性）』所造作的。」如果不能得到禪定，沒有見到一切境界的人，也不需要奇怪和疑惑。只要在行、住、坐、臥中，常常清楚的守護自己本來的『真心（自性）』，領會這個妄念不生起，『我所心（指為我所有的觀念）』滅除，一切萬法都不離開自己本來的『真心（自性）』。

所以，諸佛都如此說，如許多言語的教法和譬喻等，只因為眾生的種種根性和因緣不同，所以使得佛陀教導的法門有所不同。其實八萬四千種法門，『三乘（聲聞乘、緣覺乘、菩薩乘）』的『八正道（正見、正思維、正語、正業、正命、正精進、正念、正定）』本體，和沙彌七十二威儀的美善的德行，都沒有超過自己本來的『心（自性）』，『心（自性）』是根本。

如果能夠自己認識本來的『真心（自性）』，在每一個起心動念中，磨練自己不執著一切的人，就能夠自己見到佛性，就能夠在念念之中，時常供養十方恒河沙數的諸佛，「十二部經」在每一念中，都是在用心實行經典。

如果能夠明白這個『心（自性）』的源頭的人，一切『心（自性）』的義理自然顯現，就能明白佛法就是『心地法門（在『禪宗』，『初祖達摩』所傳的『菩提』即稱『心地』。）』的真諦，一切大願具足，一切修行圓滿，一切都能完成，不再受『後有（未來世的果報，輪迴投胎後世的身體。）』的果報。

領悟這『妄念』不生起，『我所心（指為我所有的觀念）』滅除，捨離這個身體之後，定然會證得不可思議的『無生法忍（指觀諸法『無生無滅』的道理，而仔細辨認諸法，安住『心（自性）』而且不動『心（自性）』）』。

要努力精進修行，不要造作惡行，如此真實不『妄語（隨便亂說或指荒唐無稽的話。）』的妙法，實在很難可以聽聞到的。能夠聽聞妙法後，而且能夠去實行妙法的人，在恒河沙數一般多的眾生之中，沒有超出一個人。實行妙法而能能夠到達圓滿妙法境界的人，在億萬劫中只，只有稀有的一個人。

好好的自我安定，自我靜心，好好的調整好你的『六根（眼、耳、鼻、舌、身、意）』，只看著自己起心動念的來源（自性），持久的明察，直至徹底清淨為止，不要讓『無記心（一切法可分為『善』、『不善』、『無記』等三性，『無記』即非善，非不善者，不能記為善或惡。）』產生。」

重點提示：

(1)五祖弘忍引用佛經：「經云。常處地獄如遊園觀。在餘惡道如己舍宅。」，這一段經文出自於《妙法蓮華經》，如下：

《妙法蓮華經》譬喻品第三原文：

常處地獄。如遊園觀。在餘惡道。如己舍宅。

(2)五祖弘忍引用佛經：「依觀無量壽經」，這一段經文出自於《佛說觀無量壽佛經》，如下：

《佛說觀無量壽佛經》原文：

如來今者。教韋提希及未來世一切眾生觀於西方極樂世界。時韋提希白佛言。世尊。如我今者以佛力故見彼國土。若佛滅後諸眾生等。濁惡不善五苦所逼。云何當見阿彌陀佛極樂世界。佛告韋提希。汝及眾生。應當專心。繫念一處。想於西方。云何作想。

「韋提希」請教釋迦牟尼佛，想要去見阿彌陀佛「極樂世界」，要「云何作想」，意思是：要如何觀想？釋迦牟尼佛就提出「十六觀」，十六種觀想的方法。

五祖弘忍說「依觀無量壽經」，就是說要依照《觀無量壽佛經》裡，「十六觀」的方法。

《觀無量壽佛經》的主要內容是「十六觀」，如下：

①日觀：專心諦觀「西方落日」如懸鼓。

②水觀：澄心觀想「西方水」結成冰，清淨光潔，猶如琉璃。
③地觀：一心諦觀「極樂國土」琉璃寶地，內外明徹，清淨莊嚴。
④樹觀：一心觀想「七重行樹」，眾寶合成，枝葉花果八寶交織。
⑤八功德水觀：專心諦觀「八功德水」如如意珠流出摩尼水，注入華間。
⑥總觀：一心觀想「極樂國土」，眾寶所成，亭台樓閣，諸天雲集，作天伎樂，常念三寶。
⑦華座觀：一心諦觀「七寶池」上，百寶華台，妙真珠網，嚴飾「金剛寶座」，隨心變現，作大佛事。
⑧像觀：一心觀想「阿彌陀佛」坐寶華台，「觀音」、「大勢至」二大菩薩侍立左右，放大光明遍照十方。水鳥樹木，皆說妙法。
⑨佛身觀：觀一切相。一心諦觀「無量壽佛」身相光明，白毫宛轉五須彌，紺目澄清四大海。於身相中，遍見十方無量諸佛。
⑩觀音觀：一心諦觀，「觀音菩薩」肉髻圓光，紫金色身，相好莊嚴，五百化佛、諸大菩薩，變化自在，遍滿法界。
⑪大勢至觀：一心諦觀「大勢至菩薩」紫金色身，圓光普照，於一毛孔光明之中，遍見十方無量諸佛。菩薩行時，十方世界，大地震動。
⑫普觀：一心觀想「極樂國土」，主伴莊嚴，身坐蓮華，常聞妙法，精進行道。
⑬雜想觀：一心觀想「阿彌陀佛」，神通自在。於十方國土，隨類化現。三聖齊彰，大小無礙，坐寶蓮華。

⑭上輩生觀：一心諦觀「上輩往生眾生」，發三種心：至誠心、深心、迴向發願心。一日一夜，蓮華開敷，七日之中，即得見佛。
⑮中輩生觀：一心諦觀「中輩往生眾生」，具足威儀，求願往生。自見其身，坐寶蓮台，聞四諦法，得阿羅漢道。聞法藏比丘二十四願，屈伸臂頃，生「極樂國」。
⑯下輩生觀：一心諦觀「下輩往生眾生」，罪業深重，誠心懺悔，專心觀佛，消除罪障。臨命終時，坐大蓮華，生「極樂國」。滿十二大劫，蓮華方開，聞實相法，發菩提心。
(3)五祖弘忍引用佛經：「經云。十方國土皆如虛空。三界虛幻唯是一心作。」這一段經文出自於《大方廣佛華嚴經》，如下：
《大方廣佛華嚴經》卷第三十七十地品第二十六之四原文：
雖知一切國土猶如虛空，而能以清淨妙行莊嚴佛土。
《大方廣佛華嚴經》卷第三十七十地品第二十六之四原文：
三界所有，唯是一心。
《大方廣佛華嚴經》卷第五十四離世間品第三十八之二原文：
菩薩摩訶薩知三界唯心、三世唯心，而了知其心無量無邊。
(4)《沙彌十戒法并威儀》中說：「沙彌七十二威儀。」

第十二段：什麼是「無記心」呢？

原文：問曰。何名無記心。答曰。諸攝心人為緣外境麁心小息。內鍊真心心未清淨時。於行住坐臥中恒懲意看心。猶未能了了清淨獨照心源。是名無記心也。亦是漏心猶不免生死大病。況復總不守真心者。是人沈沒生死苦海。何日得出。可憐。努力努力。經云。眾生若情誠不內發者。於三世縱值恒沙諸佛無所能為。經云。眾生識心自度。不能度眾生。若佛能度眾生者。過去諸佛恒沙無量。何故我等不成佛也。只是情誠不自內發。是故沈沒苦海。努力努力。勤求本心勿令妄漏。過去不知。已過亦不及。今身現在有遇得聞妙法。分明相勸決解此語。了知守心。是第一道。不肯發至誠心求願成佛受無量自在快樂。乃始轟轟隨俗貪求名利。當來墮大地獄中。受種種苦惱。將何所及。奈何奈何。努力努力。但能著破衣飧麁食。了然守本真心。佯癡不解語。最省氣力而能有功。是大精進人也。世間迷人不解此理。於無明心中。多涉艱辛廣修相善。望得解脫。乃歸生死。若了然不失正念而度眾生者。是有力菩薩。分明語汝等守心第一。若不勤守者甚癡人也。不肯現在一生忍苦。欲得當來萬劫受殃。聽汝更不知何囑。八風吹不動者真是珍寶山也。若知果體者但對於萬境。起恒沙作用巧辯若流。應病與藥。而能妄念不生。我所心滅者真是出世丈夫。如來在日歎何可盡。吾說此言者至心勸汝。不生妄念。我所心滅則是出世之士。

經文翻譯：

有人提問：「什麼是『無記心』呢？」。

五祖弘忍回答說：「眾多修習收心的人，在練習守護『自心（自性）』的時候，逐漸對六塵外緣的境象，以及『心識』粗重的妄想，得到短暫的停止。內在不斷的磨煉『真心（自性）』，『真心（自性）』還沒有清淨的時候，在行、住、坐、臥中，經常警戒自己的意念，來看守自己的『真心（自性）』。但是，還不能夠明白清淨，獨特的認識自己起心動念的來源，只是什麼都不想，這就是『無記心』。

什麼都不想，這也是『有漏（『漏』是流失、漏泄；為『煩惱』的異名。）』的心，仍舊不能免除生死的大病。何況那些不能守護『真心（自性）』的人。這樣的人沉沒在生死輪迴的苦海中，又有哪一天能夠脫離呢？真是可憐啊，要努力努力的精進守護『真心（自性）』。

佛經上說：「眾生如果真情真誠的修道心，不從內心發起的人，在過去、現在、未來三世中，縱然遇到恒河沙數一般多的諸佛，也沒有能力度化。」

佛經上說：「眾生能夠認識自己本來的『真心（自性）』，就能夠自度，但是不能夠度眾生。如果諸佛能夠代替眾生修行，去度化眾生的話，那過去如恒河沙數一般多的無量諸佛，度化我們這些眾生，為什麼我們這些眾生沒有成佛呢？」

只是真情真誠的修道心，不從內心發起，所以沉沒於六道輪迴的苦海。要努力努力啊！勤奮的求取自己本來的『真心（自性）』，不要讓寶貴的人身，虛度錯過時間。

過去不知道努力修學佛法，已經過去了，後悔也沒有用。現在這個身體有機會可以聽聞佛理的妙法。我現在清楚明白的勸告大家，要能夠明白這一句話，領悟守護自己的『心（自性）』，就是佛法中，最重要、居第一位的上乘佛法。

不肯發出『至誠心』，來祈求但願成就佛果，享受無量的自在快樂。卻熱衷於隨順世俗，貪求名聲和利益，將來命終後，就會墮落在大地獄之中，承受種種痛苦和煩惱，又能夠有什麼方法，可以解脫這種痛苦呢？沒有辦法，真的沒有辦法。

所以，要努力努力的精進修行，只要有能夠遮蔽身體的粗破衣，能夠飽腹的粗茶淡飯，清楚的守護自己的『真心（自性）』，假裝愚癡而不在字句上追求解悟的文字語言。這樣做，是最省力氣，而能有修行的功夫，這才是大精進的人。

世間迷惑的人，不了解這個道理，在『無明（泛指無智、愚昧，特指不了解佛教道理的世俗認識）』的『妄心（虛妄分別的心，能夠生起善惡業的妄識）』中，經歷很多的艱辛，修持很多外在的善業，希望能夠得到解脫生死，結果卻還是歸到六道的生死輪迴中。如果能夠清楚明白我說的佛法，不失去正念而去救度眾生的人，是有力量的菩薩。

清楚的告訴你們，守護自己的『心（自性）』是第一法門。如果不能勤奮守護自己的『心（自性）』的人，是最愚癡的人。不肯現在只用一生來忍受修行的辛苦，卻願意將來承受萬劫的苦難。到那時候，任憑你們如何求助，也不知要找誰幫忙。

『八風（利、衰、毀、譽、稱、譏、苦、樂等八風）』吹不動『真心（自性）』的人，真正是個珍寶山。如果知道『真心（自性）』本體的人，就能對於萬種外境，生起恒河沙數一般多的妙用。巧妙的辯論，如同河流一樣滔滔不絕，為眾生解答各種疑惑，能夠根據眾生不同的心病，而給予對應的法藥，而且能夠妄念不生起。『我所心（指為我所有的觀念）』滅除的人，真是出世間的大丈夫。就如同『如來』在從前說法度眾時，感歎『見性』的自在快樂，不是言語可以說完的。

我說這句話，就是誠心的勸告你們，不生起妄念，『我所心（指為我所有的觀念）』滅除，就是出世間的人士。」

重點提示：

(1)五祖弘忍引用佛經：「經云。眾生若情誠不內發者。於三世縱值恒沙諸佛無所能為。」這一段經文查不到出處。

(2)五祖弘忍引用佛經：「經云。眾生識心自度。不能度眾生。若佛能度眾生者。過去諸佛恒沙無量。何故我等不成佛也。」這一段經文查不到出處。

第十三段：什麼是「我所心（指為我所有的觀念）」滅呢？

原文：問曰。云何是我所心滅。答曰。為有小許勝他之心。自念我能如此者。是我所心涅槃中病故。涅槃經曰。譬如虛空能容萬物。而此虛空不自念言我能含容如是。此喻我所心滅趣金剛三昧。

經文翻譯：

有人提問：「什麼是『我所心（指為我所有的觀念）』滅呢？」

五祖弘忍回答說：「就是有一點想要勝過他人的心念，在自己的心念裡，有『我能這樣』的念頭，這就是『我所心』，就是《涅槃經》中，所說的病狀。

《涅槃經》上說：『譬如『虛空』能夠容納萬物，而這個『虛空』，從來不會在自己的心裡說：『我能夠包含容納這些萬物。』這個比喻就是『我所心（指為我所有的觀念）』滅除，而達到『金剛三昧。』

『金剛三昧』是能通達一切諸法的『三昧（即『定』）』。因為『三昧（即『定』）』堅固能斷破一切的煩惱，猶如『金剛』堅固，能夠摧破他物，所以稱為『金剛三昧』。」

重點提示：

(1)「五祖弘忍」引用佛經：「涅槃經曰。譬如虛空能容萬物。」，這一段經文出自於《大般涅槃經》，如下：

《大般涅槃經》卷第十五梵行品之二原文：

譬如虛空廣大無對，悉能容受一切諸法。

(2)「金剛」：是一種礦石，在金屬中最剛硬，是由純炭質而形成，為八面或十二面體的結晶。硬度最高，最好的「金剛」無色透明，折光力極強，可以製成飾物及切割玻璃、岩石等材料。經論中常以「金剛」比喻武器及寶石，較常用於比喻武器。以「金剛」比喻武器，是因為它堅固、銳利，而能摧毀一切，而且不是萬物所能破壞。

第十四段：如何修行「真心（自性）」，才能夠超凡入聖，得到「無餘涅槃」呢？

原文：問曰。諸行人求真常寂者。只樂世間無常麁善。不樂第一義諦。真常妙善其理未見。只欲發心緣義遂思。覺心起則是漏心。只欲亡心則是無明昏住。又不當理。只欲不止心不緣義即惡取空。雖受人身行畜生行。爾時無有定慧方便。而不能解了明見佛性。只是行人沈沒之處。若為超得到無餘涅槃。願示真心。

答曰。會是信心具足志願成就緩緩靜心。更重教汝。好自閑靜身心。一切無所攀緣。端坐正念善調氣息。懲其心不在內不在外不在中間。好好如如穩看看熟則了見此心識流動。猶如水流陽焰曄曄不住。既見此識時唯是不內不外。緩緩如如穩看看熟則返覆銷融虛凝湛住。其此流動之識颯然自滅。滅此識者乃是滅十地菩薩眾中障惑。此識滅已其心即虛凝寂淡泊皎潔泰然。吾更不能說其形狀。汝若欲得者。取涅槃經第三卷中金剛身品及維摩經第三卷見阿閦佛品。緩緩尋思細心搜撿熟看。若此經熟實得能於行住坐臥及對五欲八風不失此心者。是人梵行已立所作已辦。究竟不受生死之身。五欲者色聲香味觸。八風者利衰毀譽稱譏苦樂。此是行人磨鍊佛性處。甚莫怪今身不得自在。經曰。世間無佛住處菩薩不得現用。要脫此報身。眾生過去根有利鈍不可判。上者一念間。下者無量劫。若有力時隨眾生性起菩薩善根。自利利他莊嚴佛土。要須了四依乃窮實相。若依文執則失真宗。諸比丘等汝學他出家修道。此是出家出生死枷。是名出家。正念具足修道得成。乃至解身支節。臨命終時不失正念。即得成佛。弟子上來集此論者。直以信心依文取義作如是說。實非了了證知。若乖聖理者。願懺悔除滅。若當聖道者。迴施眾生。願皆識本心。一時成佛。聞者努力當來成佛。願在前度我門徒。

經文翻譯：

有人提問：「眾多求取『真常寂』的修行人，只喜歡世間『無常（時常變動，指剎那生起，生已即滅，生生滅滅轉變不已。）』粗糙的善行，不喜歡上乘佛法的『第一義諦（深妙無上的真理，為諸法中的第一。）』美妙的『真常（真空常寂）』法理不能見到，只想立下心願攀緣經文的義理，但是依文解義，從中生起思慮的覺知心，是屬於『有漏心（煩惱心）』。

只想要滅除『真心（自性）』，就是無明昏暗住在其中，又不合法理。只想要不去制止『真心（自性）』，也不攀緣經文的義理，也是一種錯誤的見解，陷入執取『斷滅空（指斷見，即主張眾生死後完全斷滅）』裡。

雖然得到人身，卻做畜生的行為，那個時候沒有禪定、智慧的方便法門，而不能清楚了解『第一義諦』，明白的見到『佛性』，這就是修行人沉沒的地方。如果為了超凡入聖，得到『無餘涅槃』，希望您能夠為我們指示，如何找到『真心』的方法。」。

五祖弘忍回答說：「領會我所說的道理，讓信心具足，發願成就佛道，慢慢的靜心。我再一次教導你們，好好的讓自己的身心清閒安靜下來，一切人事物都不攀緣。擺正身體，正身而坐，保持正念，擅長調整呼吸氣息，警戒自己的『真心（自性）』不在身體之外，也不在身體之內，也不在身體的中間，認真仔細的穩穩的看守『真如（自性）』。

當看守的功夫純熟了，就能夠清楚的見到這個『心識』的流動狀況，就如同河水的水流不斷的流動不停。既然見到這個『心識』時，肯定是不在身體之內，也不在身體之外，慢慢的、不間斷的、穩穩的看守『真心（自性）』。當看守的功夫純熟了，就能夠返本歸源，消溶除去妄念，進入清虛無慮，寂然不動的境界。

這遷流變動的『心識』，突然自己滅除。滅除這個『心識』的人，就是滅除『十地菩薩』眾中的障礙疑惑。這個『心識』滅除後，他的心就會進入常住真空、寂靜不動、淡泊清淨、明亮潔白、閒適自若的狀態。

我不再說這個心的形狀，你們如果想知道這個心的形狀，你們就去閱讀《涅槃經》第三卷中的『金剛身品』以及《維摩經》第三卷『見阿閦佛品』。慢慢的反覆思索，細心的找尋挑選，直到滾瓜亂熟為止。

如果這部經典讀的熟悉，真實的能在行、住、坐、臥中，以及面對『五欲（指染著色、聲、香、味、觸等五境，所引起的五種情欲。）』和『八風（利、衰、毀、譽、稱、譏、苦、樂等八風）』，能夠不失去這顆心的人，這個人清淨的『梵行（即道俗二眾所修的清淨行為，以梵天斷淫欲、離淫欲者，故稱『梵行』。）』已經完成，『所作（指身、口、意三業的發動造作。身、口、意三業為『能作』的主體，為身、口、意三業所造作者，即稱為『所作』。）』的修行都已圓滿完成，完全不再有來世生死的身體。

『五欲』就是『色欲、聲欲、香欲、味欲、觸欲』，『八風』就是『利、衰、毀、譽、稱、譏、苦、樂』，這些就是修行人磨煉佛性的地方，不要埋怨現在的身體不得自在。

佛經上說：『世間的一切皆有生滅，皆屬無常，皆是虛妄。而諸佛的法身非相，諸相非佛。所以世間沒有諸佛的固定住處，因為諸佛無所不在。』

凡是執著於色見聲聞，以及種種的思維意識，起心造作者，都屬於後天的『現用』而不是先天無為的本覺。覺悟自性的菩薩，身在一切處而心性不迷失，不會『現用』。

要解脫這個報身，眾生過去的根性，有銳利和遲鈍的區別，不能分辨。上根的人，在一念之間，可以覺悟；下根性的人，需要無量劫的時間，才能夠覺悟。如果在有力量的時候，隨著眾生的因緣而生起菩薩的善根，從而利益自己，也利益他人，莊嚴佛國淨土。需要明白『四依法（即依法不依人、依義不依語、依智不依識、依了義經不依不了義經）』，才能夠真正詳細探究諸法的實相。如果依據文字執著經義，就會失去真正的佛法真諦。

比丘們，你們學習他人剃髮出家修道，所謂『出家』，是『出離生死的枷鎖』，這是『出家』真正的意義。能夠具足正念，修行佛道就能夠有成就。甚至被人肢解身體的四肢骨節的時候，在臨死之前，仍然不失去正念，當下能夠成就佛道。

弟子『弘忍』敘說以上的佛法，來輯錄這部《最上乘論》，但是如果有人任意依據文字，執取其中的意義，作這樣的言說，實在不是因為清楚的實證，而知道我所說的佛法。如果違背佛理的人，希望你們能夠懺悔，以滅除業障。

如果明白佛道的人，希望你能夠法布施給眾生，但願一切眾生，都能夠認識自己的本來『真心（自性）』，同時成佛。聽聞的人，應當努力按照我所說的佛法，精進修行，將來成就佛果，但願能夠度化我的弟子。」。

重點提示：

(1)「真常寂」：「真常」是指「如來」的「真如本性」，是處於真空常寂的涅槃境界，「常」是指無生滅變化，「寂」是指無煩惱擾亂。

(2)「第一義諦」：即最殊勝的第一真理。又稱勝義諦、真諦、聖諦、涅槃、真如、實相、中道、法界。總括其名，即指深妙無上之真理，為諸法中之第一，故稱第一義諦。

(3)「無餘涅槃」：指斷煩惱障，滅異熟苦果五蘊所成的身體，而完全無所「依處（身體）」的涅槃。

(4)五祖弘忍引用佛經：「取涅槃經第三卷中金剛身品及維摩經第三卷見阿閦佛品。」，這一段經文出自於《大般涅槃經》和《維摩詰所說經》，如下：

《大般涅槃經》卷第三金剛身品第二原文：

善男子！汝今當知，如來之身，無量億劫堅牢難壞，非人天身、非恐怖身、非雜食身。如來之身非身，是身不生不滅、不習不修、無量無邊、無有足跡、無知無形、畢竟清淨，無有動搖、無受無行、不住不作、無味無雜，非是有為、非業、非果、非行、非滅、非心、非數，不可思議、常不可思議，無識離心、亦不離心，其心平等，無有亦有，無有去來而亦去來，不破、不壞、不斷、不絕、不出、不滅、非主亦主，非有非無、非覺非觀、非字非不字、非定非不定，不可見了了見，無處亦處，無宅亦宅，無闇無明，無有寂靜而亦寂靜，是無所有，不受不施、清淨無垢、無諍斷諍、住無住處、不取不墮、非法非非法、非福田非不福田、無盡不盡離一切盡，是空離空，雖不常住非念念滅，無有垢濁、無字離字、非聲非說、亦非修習、非稱非量、非一非異、非像非相、諸相莊嚴，非勇非畏、無寂不寂、無熱不熱、不可覩見、無有相貌。如來度脫一切眾生，無度脫故，能解眾生。無有解故，覺了眾生。無覺了故，如實說法。無有二故，不可量無等等。平如虛空，無有形貌，同無生性，不斷不常。常行一乘，眾生見三。不退不轉，斷一切結。不戰不觸，非性住性、非合非散、非長非短、非圓非方、非陰入界亦陰入界、非增非損、非勝非負。如來之身成就如是無量功德，無有知者，無不知者；無有見者，無不見者；非有為非無為、非世非不世、非作非不作、非依非不依、非四大非不四大、非因非不因、非眾生非不眾生、非沙門非婆羅門，是師子大師子，非身非不身，不可宣說。除一法相，不可算數，般涅槃時不般涅槃，如來法身皆悉成就如是無量微妙功德。

《維摩詰所說經》卷第三見阿閦佛品第十二原文：

爾時世尊問維摩詰：「汝欲見如來，為以何等觀如來乎？」維摩詰言：「如自觀身實相，觀佛亦然。我觀如來前際不來，後際不去，今則不住。不觀色，不觀色如，不觀色性。不觀受、想、行、識，不觀識如，不觀識性，非四大起，同於虛空。六入無積，眼、耳、鼻、舌、身、心已過；不在三界，三垢已離。順三脫門，具足三明，與無明等。不一相、不異相，不自相、不他相，非無相、非取相。不此岸，不彼岸，不中流，而化眾生。觀於寂滅，亦不永滅。不此不彼；不以此，不以彼。不可以智知，不可以識識。無晦無明，無名無相，無強無弱，非淨非穢。不在方，不離方；非有為，非無為。無示無說。不施不慳，不戒不犯，不忍不恚，不進不怠，不定不亂，不智不愚，不誠不欺，不來不去，不出不入，一切言語道斷。非福田，非不福田；非應供養，非不應供養；非取非捨。非有相，非無相。同真際，等法性。不可稱，不可量，過諸稱量。非大非小，非見非聞，非覺非知，離眾結縛。等諸智，同眾生，於諸法無分別。一切無失，無濁無惱，無作無起，無生無滅。無畏無憂，無喜無厭無著。無已有，無當有，無今有。不可以一切言說分別顯示。世尊！如來身為若此，作如是觀。以斯觀者，名為正觀；若他觀者，名為邪觀。」

(5)五祖弘忍引用佛經：「經曰。世間無佛住處菩薩不得現用。」這一段經文，查無出處。

(6)「四依」：指四種依止的項目。「依」是依止、依憑。諸經論中，大約分為五類，即「法四依、行四依、人四依、說四依、身土四依」。

「法四依」在《大智度論》卷九和《瑜伽師地論》卷四十五，都有提到，所以推測五祖弘忍所說的「四依」，應該是指「法四依」。

「法四依」是修道者所依止的四種正法，包含「四依」與「四不依」，即：

①依法不依人：又稱作隨法不隨人、歸於法而不取人。謂修道者當以教法為依，不可以人為依。若其人雖為凡夫，或外道，而所說的理契合於正法，亦可信受奉行；反之，若其人雖現相好具足的佛身，而所說者不契合於正法，則自當捨離而不可做為為依止。

②依了義經不依不了義經：又稱作隨了義經不隨不了義經、歸於要經不迷惑。謂三藏中有了義經、不了義經，修道者當以明示中道實相義的決定了義經為依，不可以不了義經為依。

③依義不依語：又稱作隨義不隨字、取義不取語。謂修道者當以中道第一義為依，不可以文字、語

言的表現為依。

④依智不依識：又稱作隨智不隨識、歸慧不取所識。謂修道者當以真智慧為依，不可以人間情識為依。

第十五段：這部《最上乘論》是屬於『果門』或是『行門』呢？

原文：問曰。此論從首至末。皆顯自心是道。未知果行二門是何門攝。答曰。此論顯一乘為宗。然其至意道迷趣。解自免生死。乃能度人直言自利不說利他。約行門攝。若有人依文行者即在前成佛。若我誑汝當來墮十八地獄。指天地為誓。若不信我世世被虎狼所食。

經文翻譯：

有人提問：「這部《最上乘論》從開始到結尾，都顯示自己的『真心（自性）』就是『道』，不知道以『果門』和『行門』這二門來說，這部論是屬於哪一門呢？」。

五祖弘忍回答說：「這部論只為顯示『一乘』為宗，然而其中至深的意理，就是要引導愚迷的人明白自己的『真心（自性）』，破迷開悟，自然能夠免除生死苦惱。這部論是能夠度化他人的，直率的說利益自己，不說利益他人的時候，大約是屬於『行門』。如果有人依據本文修行，就能夠當下成就佛果。如果我欺騙你們，將來會墮落十八層地獄，我可以指著天地來發誓，如果我說的話沒有信用，我生生世世將被老虎和豺狼所吃。」

重點提示：

(1)「果門」：「門」是對治的方法，「果」是對「因」而言，一切有為法的前後相續，故對於「前因」，而有「後果」。有「前因」，必有「後果」，滅了「前因」，就沒有「後果」。因為「前因」是由「心識」所生，「心識」若不生「前因」，就沒有「後果」。所以，就可以知道「心識」是一切萬法的源頭，假如斷滅萬法的源頭，那麼「心識」就夠清淨。所以，由已經覺悟的心，發出決斷力，勤修守護自己的『真心（自性）』，讓『真心（自性）』得以清淨，然後才能證悟，這種能夠達成究竟證悟的方法，稱為「果門」。

(2)「行門」：「門」是對治的方法，「行」是因為妄想所生出身、口、意的造作行為。修行身、口、意的戒行方法，稱為「行門」。

(3)「一乘」：即指「佛乘」，「乘」是載運的意思。佛說「一乘」之法，為令眾生依此修行，出離生死苦海，運至涅槃彼岸。

第十九單元
六祖惠能傳授《金剛經》流傳《六祖壇經》

一、六祖惠能與《金剛經》

《金剛經》是大乘佛教的著名經典，是六百卷《大般若經》的精華，全名稱為《金剛般若波羅蜜經》。《金剛經》最先由「鳩摩羅什」翻譯成漢文，然後開始在中國流行，後來由於「六祖惠能」的因緣，在中國乃至全世界廣泛流傳。

中國禪宗的初祖「菩提達摩」，西來中國弘揚「禪宗」，在傳授修持方法的同時，推薦給禪修者的佛典是《楞伽經》。但是，因為《楞伽經》的「名相（專有名詞）」太多，學理又太深奧，翻譯的經文又太生澀，對於初學「頓悟法門」的禪修者來說，要去研討《楞伽經》是一大難題。

《金剛經》講「性空」之理，非常簡化。自從「三祖僧璨」傳法給「四祖道信」之後，為了更容易證入禪宗的法門，原本禪宗授法的教科書《楞伽經》，就逐漸被《金剛經》取代了。到了五祖弘忍和「六祖惠能」之後，更是盛行於禪宗。

「六祖惠能」學道的因緣，就是因為聽到有人讀誦《金剛經》，當下有所領悟，而決定出家求道，前往湖北黃梅見到五祖弘忍學習禪法。半年之後，在一個機緣裡，聽五祖弘忍單獨為他講解《金剛經》，當講解到「應無所住，而生其心。」這個句子時，六祖惠能就豁然大悟，原來「一切萬法，不離自性。」。五祖弘忍拿《金剛經》給「六祖惠能」印心，知道六祖惠能所領悟的境界，與經典相符合，於是五祖弘忍才傳衣缽給六祖惠能。

綜觀六祖惠能的一生，都與《金剛經》結緣。他從發心求法到得法，到後來的弘法，都沒有離開過《金剛經》。《金剛經》可以說是，六祖惠能最推薦，用來修習禪法的的教科書。

二、六祖惠能與《六祖壇經》

《六祖壇經》又稱為《六祖大師法寶壇經》，簡稱《壇經》，是禪宗「六祖惠能」演說，他的弟子「法海」集錄，是中國第一部白話文學作品，是禪宗的重要經典之一。

《六祖壇經》主要是記載六祖惠能一生得法傳法的事蹟，以及啟導門徒的言教，內容豐富，文字通俗，是研究禪宗思想的重要依據。

六祖惠能的主要思想是「菩提自性，本自清淨，但用此心，直了成佛。」，他闡釋「自性本自清淨，本不生滅，本自具足，本無動搖，能生萬法。」，宣揚「明心見性，見性成佛」的基本思想。六祖惠能闡述「自性」本有的思想，與《涅槃經》「一切眾生悉有佛性」的說法是一脈相承。

《六祖壇經》的思想，對禪宗的發展，起了非常重要的作用。在中國佛教界裡，歷代大師的作品，能夠被尊稱為「經」的著作，僅此一部。

三、《金剛經》到底在說什麼？

《金剛般若波羅蜜經》簡稱《金剛經》和《心經》同樣出自《大般若經》，《大般若經》是解說「諸法皆空」意義的經典，此經主要在闡明萬事萬物都源自於「因緣和合」的現象，所以萬事萬物的「自性本空」。

我把《金剛經》的經文內容，整理出十九個重點。看懂之後，你再去網路上搜尋，看《金剛經》經文的解說，你就會看懂《金剛經》到底在說什麼了。

（一）云何降伏其心？

因為一切的煩惱和痛苦，都是由心所生起。釋迦牟尼佛的大弟子「須菩提」尊者，人稱「解空第一」，代替眾生向迦牟尼佛請教一個關於修道的大問題：「世尊！善男子、善女人，發阿耨多羅三藐三菩提心，應云何住？云何降伏其心？」意思是說：「修道人要如何調整與掌控這顆『妄念心』呢？」

釋迦牟尼佛回答說：「諸菩薩摩訶薩應如是降伏其心！」意思是說：「所有的菩薩，都應該如我以下所說的方法，去調整與掌控這顆『妄念心』。」

釋迦牟尼佛繼續說：「所有一切眾生……，我皆令入無餘涅槃而滅度之。如是滅度無量無數無邊眾生，實無眾生得滅度者。何以故？須菩提！若菩薩有我相、人相、眾生相、壽者相，即非菩薩。」

意思是說：我要替所有的眾生，滅除他們的業障，度化他們超脫六道輪迴，讓他們進入「無餘涅槃（斷煩惱障，滅異熟苦果和五蘊所成之身，而完全無所依處的涅槃。）」

我雖然這樣滅度無量無數無邊的眾生，但是實際上，一切眾生沒有得到我的滅度。這是為什麼呢？

須菩提！假如菩薩有「得到我滅度」的這種念頭，就是還執著「我相、人相、眾生相、壽者相」，就不是菩薩。

先說明一下「四相」是什麼？「四相」的「相」，是「形相」，指執著某「形相」必定有具體的實體，認為是實有。共有四種「相」如下：

⑴我相：凡夫認為「我這個身體」是具體的實體，是實有。卻不知道「我這個身體」是「自己前世的中陰身（靈魂）」，再加上與今世有緣父母的「父精」和「母血」，三者和合而成。等自己壽命該終了，「我這個身體」又消失不見，所以不是實有。

⑵人相：就是以「分別心」看待別人的好、壞，包括我生於「人道」為人，不同生於其他「五道（天道、阿修羅道、餓鬼道、畜生道、地獄道）」的眾生。

⑶眾生相：統稱一切有情的「六道眾生（天道、阿修羅道、人道、餓鬼道、畜生道、地獄道）」。

⑷壽者相：眾生的妄想，認為眾人都有一期（從生到死）的壽命，長短不一，因人而異。

其實，《金剛經》到底在說什麼？經文到這裡，就已經說完了。我把經文的重點濃縮起來如下：須菩提請教釋迦牟尼佛說：「修道時，要如何降伏自己的『妄念心』？」

釋迦牟尼佛回答說：「我會度化所有一切的眾生，讓他們脫離六道輪迴，進入『無餘涅槃（斷煩惱障）』的境界。但是實際上，一切眾生沒有得到我的度化。這是為什麼呢？因為，所有一切的眾生都有『自性』，我只是教導眾生滅除他們的妄心，而找回自己本有的『自性』。眾生必須『自性自度』，並不是我所度化。

假如『菩薩』度化眾生時，還有『眾生是我所度化』的這種念頭，就是還執著『我相、人相、眾生相、壽者相』，就是還存在有『妄想執著』，他就不是『菩薩』。」

「凡夫眾生」與「大乘修行者」最大的差別，在於「凡夫眾生」執著於「四相（我相、人相、眾生相、壽者相）」而輪迴不斷；而「大乘修行者」能於佛法修行中，證悟「般若智慧」，捨離「四相」的執著，直到修成佛道。

我把經文的重點，總結如下：

問：「修道時，要如何降伏自己的『妄念心』？」

答：「必須要沒有『我相、人相、眾生相、壽者相』的『妄想執著』。」。

問題是，要「如何降伏『妄念心』」的「方法」，《金剛經》並沒有明講，《金剛經》只有講「不可以有『我相、人相、眾生相、壽者相』的『妄想執著心』」，整部《金剛經》都在講「正確的觀念」，但是並沒有講「降伏妄念心」的「方法」，導致大部分學佛的人「有看沒有懂」。

那要如何降伏「妄念心」呢？「方法」是什麼呢？你必須要學習「唯識學」，知道自己內在八個「心識」的精神作用，你才知道如何降伏「妄念心」。

簡單的說，「唯識學」告訴我們：只要停止自己第六識「意識」的分析判斷功能，讓第七識「末那識」停止作用，那「我相、人相、眾生相、壽者相」的「妄想執著心」就跟著停止作用，這就是降伏「妄念心」的「方法」。

只要讓第七識「末那識」停止作用，第八識「阿賴耶識」的「業識種子」就不會再增加，然後「轉識成智」，滅除「業識種子」，把第八識「阿賴耶識」轉變為「清淨智」，稱為「大圓鏡智」，此時「自性」自然顯現。

接下來，我們再來往下繼續探討《金剛經》裡，釋迦牟尼佛所說，要降伏「妄念心」的「正確的觀念」。

（二）菩薩於法，應無所住，不住於相。

「須菩提！菩薩於法，應無所住，行於布施，所謂不住色布施，不住聲香味觸法布施。須菩提！菩薩應如是布施，不住於相。」

菩薩對於「諸法（萬法，世間一切的現象。）」，應該要沒有「住（執著心）」。要做到沒有「住（執著心）」的境界，必須要停止自己第六識「意識」的分析判斷功能，否則幾乎不可能做到。因為，當你告訴自己要做到沒有「住（執著心）」，這個「想法」本身就是一個「妄想執著」，就是一個「住（執著心）」的狀態。

（三）凡所有相，皆是虛妄。若見諸相非相，即見如來。

「佛告須菩提：凡所有相，皆是虛妄。若見諸相非相，即見如來。」

釋迦牟尼佛告訴須菩提說：「凡是世間所有的形相，都是虛無不實的。若是了解所有的形相，都是虛無不實的道理，就可以見到如來的法相了。」。

注意！要能夠「見諸相非相」，必須要停止自己第六識「意識」的分析判斷功能，讓第七識「末那識」停止作用。

「即見如來」的意思是，看見你自己的「自性如來」，也就是你自己的「自性佛」，不是他佛。

（四）汝等比丘，知我說法，如筏喻者，法尚應捨，何況非法。

「須菩提白佛言：世尊！頗有眾生，得聞如是言說章句，生實信不？佛告須菩提：莫作是說。如來滅後，後五百歲，有持戒修福者，於此章句能生信心，以此為實，當知是人不於一佛二佛三四五佛而種善根，已於無量千萬佛所種諸善根，聞是章句，乃至一念生淨信者。須菩提！如來悉知悉見，是諸眾生得如是無量福德。何以故？是諸眾生無復我相、人相、眾生相、壽者相。無法相，亦無非法相。何以故？是諸眾生若心取相，則為著我人眾生壽者。若取法相，即著我人眾生壽者。何以故？若取非法相，即著我人眾生壽者，是故不應取法，不應取非法。以是義故，如來常說：汝等比丘，知我說法，如筏喻者，法尚應捨，何況非法。」

須菩提問釋迦牟尼佛說：「世尊！您所說的『菩薩於法，應無所住，不住於相。』，以及『凡所有相，皆是虛妄。若見諸相非相，即見如來。』這種『無相真空』的妙理，一般的眾生聽了，會瞭解相信嗎？」

釋迦牟尼佛告訴須菩提說：「你不要這這麼說，如來我滅後，後五百歲……」先暫停翻譯，解釋一下什麼是「後五百歲」？

《大方等大集經》卷第五十五月藏分第十二分布閻浮提品第十七原文：

「於我滅後五百年中，諸比丘等猶於我法解脫堅固；次五百年，我之正法禪定三昧得住堅固；次五百年，讀誦多聞得住堅固；次五百年，於我法中多造塔寺得住堅固；次五百年，於我法中鬥諍言訟白法隱沒損減堅固。」

根據《大方等大集經》卷五十五，釋迦牟尼佛針對「佛法的法運」，提出「五五百年」的說法。即將釋迦牟尼佛入滅後的二千五百年間，區分為五個五百年。依次為「解脫堅固、禪定堅固、多聞堅固、造寺堅固、鬥諍堅固」等五個時期。五個時期以後，雖然有剃除鬚髮，身著袈裟者，可是卻會逐漸毀破禁戒，導致佛法漸漸衰微。

釋迦牟尼佛滅後的第一個五百年，是「解脫堅固時期」，「堅固」就是不動搖的意思，即是堅定得到解脫。在這個時期，凡是釋迦牟尼佛的弟子，都能了生脫死，得到解脫。

第二個五百年，是「禪定堅固時期」，凡是佛弟子都能修到佛的大定，而得到解脫。

第三個五百年，是「多聞堅固時期」，釋迦牟尼佛的後代弟子們，出了很多大師，這些大師都能講經說法。這個時期，要是依照歷史上來講，佛法已經進入中國，當時中國出了許多大師，建立了八大宗派。

第四個五百年，是「塔寺堅固時期」，在這個時期，佛弟子少求智慧的善根。為了多求福報，所以修塔修寺，越修越多，越修越大。

到了第五個五百年，也就是「末法時期」，這是「鬥諍堅固時期」，佛弟子鬥諍到底，堅固不動。在這個時期，佛的弟子不再去研究佛法，也不發心修塔修寺，他們大多只會互相嫉妒、造口業。

所以，「後五百歲」是指釋迦牟尼佛滅後的第五個五百年，也就是二千五百年後的今天，是「鬥諍堅固時期」，也是佛法的「末法時期」。

在這個「末法時期」，雖然佛弟子的鬥諍越來越厲害，但是還有佛法在，還有「金剛經」流通，有善根的眾生，他對「金剛經」還能生起真實的信心。

了解「後五百歲」的意思之後，我們繼續翻譯下去。

釋迦牟尼佛告訴須菩提說：『你不要這這麼說，我滅後，後五百歲，有持守戒律廣修福田的人，看到此經文中的章句，自然能夠信以為真。應該要知道這種人，不僅是在一佛、二佛、三佛、四佛和五佛所種下的善根，他已經在從前無量佛的時期，就已經種得深厚的善根。這種人看到此經中的章句，就心淨不亂，心信不疑，甚至就能夠一念生起清淨信心。

須菩提！我可以完全知道，這類『一念生淨信』的眾生們，會得到如此多的無量福德。為什麼呢？因為這類眾生們，已經悟得『菩薩於法，應無所住，不住於相。』的道理，在他們的『心識』裡，已經不執著『我相、人相、眾生相、壽者相』的相狀。並且沒有『法相（原指真如、自性，這裡是指佛所說的『佛法』。）』，也沒有『非法相（指沒有『佛法』）』。

這又是為什麼呢？如果這些眾生，假如心有執取相狀，那麼就執著了『我相、人相、眾生相、壽者相』的相狀。假如執取『法相（指真如、自性）』，那麼就執著了『我相、人相、眾生相、壽者相』的相狀。這又是為什麼呢？假如執取『非法相（指沒有『佛法』）』，也是屬於執著了『我相、人相、眾生相、壽者相』的相狀。所以，不應該執取『法相（指『佛法』）』，也不應執取『非法相（指沒有『佛法』）』。」

執取「法相（指『佛法』）」，是指相信人有「自性」，相信佛法的人；執取「非法相（指沒有『佛法』）」，是指不相信人有『自性』，不相信佛法的人。這種人相信人死後，身心都斷滅，歸於空無的一個錯誤斷見。

修道人要做到『不應取法，不應取非法。』的境界，假如你是用想的，保證你永遠做不到。因為，當你在想「不應取法，不應取非法。」的時候，你就是正在『妄想執著』中，你是用你的第六識『意識』的分析判斷功能在思考。

你只有在停止自己第六識『意識』的分析判斷功能，讓第七識『末那識』停止作用的時候，才能夠做到『不應取法，不應取非法。』的境界，才能夠真正對『法相』不執著『有』，也不執著『無』，才得以真正悟入『性空』。

就因為這個道理，所以我常說，你們這些比丘，要知道我所說的一切佛法，就如同用『竹筏』做比喻一樣。當你坐著『竹筏』過河，到達對岸的岸邊時，你是直接上岸，還是要帶著『竹筏』一起上岸呢？佛教導的『佛法』尚且要捨去，何況不是『佛法』的『世間法』，為什麼不捨取去呢？」

坐著「竹筏」划向對岸，就好像依照「佛法」修行一般。當你修成佛果時，你就不用再依賴「佛法」了，因為你已經「見性成佛」。假如還依戀著「佛法」，就是一種「妄想執著」。既然有「妄想執著」，就無法「見性成佛」。

所以，「佛法」是修道的「說明書」，當你知道修道的方法之後，就要懂得放下「佛法」，以後就按照「佛法」，在日常生活中去實際修行，不要再執著「佛法」。

（五）如來所說法，皆不可取、不可說、非法、非非法。

「須菩提！於意云何？如來得阿耨多羅三藐三菩提耶？如來有所說法耶？

須菩提言：如我解佛所說義，無有定法名阿耨多羅三藐三菩提，亦無有定法，如來可說。何以故？如來所說法，皆不可取、不可說、非法、非非法。所以者何？一切賢聖，皆以無為法而有差別。」

須菩提！你認為如何？如來我已經得到『無上正等正覺』了嗎？我有在演說佛法嗎？

須菩提回答說：「就我所了解，如來您所說的意思，沒有稱為『無上正等正覺』的固定法門。也沒有固定的法門，讓如來您可以演說。為什麼呢？因為如來您所說的佛法，都不可以執取，不可以言說，是『非法』，也是『非非法』。這是為什麼呢？這是因為，一切的賢人和聖人，都是用這個『無為法』

作為依據，而有所差別。」

釋迦牟尼佛有得到「阿耨多羅三藐三菩提」嗎？釋迦牟尼佛有演說佛法嗎？須菩提回答說：「都沒有！」為什麼呢？

因為，「無上正等正覺」是無上的法門，是「無為法」。「無為」是無造作的意思，是不能用「思考的心」去做的。「無為法」即非由因緣所造作，離「生滅變化」而絕對常住的法。

「無為法」只可以心悟，不可以色相執取；只可以意會，不可以言說；是「非法（不是佛法）」，又是「非非法（不是『不是佛法』，就是『佛法』）」。

要修習「無為法」，必須要透過修習「禪定」，停止自己第六識「意識」的分析判斷功能，讓第七識「末那識」停止作用，才能夠到「無造作」的境界，也就是「無為」的境界。

修習佛法，不可以執迷於佛法表相，也不可以執迷於沒有佛法的表相，也就是不要有任何的執迷。而只有停止自己第六識「意識」的分析判斷功能，才能夠真正做到「沒有任何的執迷」，這才能真正做到「應無所住而生其心」。因為，「執迷」的來源就是自己的第六識「意識」和第七識「末那識」。

一切的賢人和聖人，都是用這個「無為法」作為依據，而有所差別。賢人認為有佛法，這種想法是「有為法」；而聖人認為沒有佛法，這種想法是「無為法」。

（六）實無有法名阿羅漢

「須菩提言！於意云何？阿羅漢能作是念：我得阿羅漢道不？須菩提言：不也，世尊！何以故？實無有法名阿羅漢。世尊！若阿羅漢作是念：我得阿羅漢道，即為著我人眾生壽者。」

須菩提！你認為如何？修行「阿羅漢果」的修行者，能夠有「我得到阿羅漢道」的想法嗎？

須菩提回答說：「不能。世尊！為什麼呢？實際上沒有稱為『阿羅漢』的這個名稱。世尊！如果『阿羅漢』有『我得到阿羅漢道』這個念頭，就是有『我相、人相、眾生相、壽者相』的『妄想執著心』，就不能叫做『阿羅漢』了。」

假如無法停止自己第六識「意識」的分析判斷功能，讓第七識「末那識」停止作用，就不能「見性」，就不能稱為「阿羅漢」。

（七）如來在燃燈佛所，於法實無所得。

「佛告須菩提：於意云何？如來昔在燃燈佛所，於法有所得不？不也，世尊！如來在燃燈佛所，於法實無所得。」

釋迦牟尼佛告訴須菩提說：「須菩提！你認為如何？如來我以前在『燃燈佛』那裡，有得到正法嗎？」

須菩提回答說：「沒有！世尊！如來您在『燃燈佛』那裡，實際上並沒有得到正法。」

這是一段很有趣的師徒對話，也是大多數學佛的人，看不懂的地方。

大多數有興趣看佛經的人，都知道從前釋迦牟尼佛在他的師父「燃燈佛」那裡得到正法。但是，在《金剛經》裡，釋迦牟尼佛卻說「於法實無所得」。

釋迦牟尼佛明明有得到正法，卻又說沒有得到，這是為什麼呢？這是因為釋迦牟尼佛說法時，會看對象「因材施教」。而《金剛經》是說給「羅漢」和「菩薩」等級的弟子聽的，一般的凡夫眾生當然看不懂。

舉例來說，「善有善報」這個觀念對不對？一般的凡夫眾生會說「對！這個大家都知道。」。

但是，「善有善報」這個觀念，對「菩薩」等級的眾生來說，是「錯誤的！」。因為，「菩薩」是修習「無相法門」。「菩薩」布施給眾生，必須有「無相布施」的觀念，不可以存在「善有善報」這個「有相布施」觀念，否則就不能稱為「菩薩」。

再回到主題來說，釋迦牟尼佛明明有從「燃燈佛」那裡得到正法，為什麼在《金剛經》裡，卻說沒有。

這是因為，要得到正法，必須要停止自己第六識「意識」的分析判斷功能，才能夠得到正法。而第六識「意識」的分析判斷功能一停止，就沒有「得到」或者「沒有得到」的觀念，這就稱為「無相狀態」，這才能夠真正的「不執著諸法」。別忘了！「正法」也是「法」，也是「諸法」之一。

所以，釋迦牟尼佛沒有說錯，在一般凡夫眾生的觀念裡，釋迦牟尼佛確實有從「燃燈佛」那裡得到正法；但是在「羅漢」、「菩薩」和「佛」的觀念裡，根本沒有「得到正法」這件事情。

別忘了，所謂「得到正法」，是指自己透過修行，達到「見性成佛」的境界。而「見到自性」的「自性」，是你自己本來就具有，怎麼可以說「得到自性」呢？應該是「發現自己本來就有的『自性』」才對。

（八）應無所住而生其心

「須菩提，諸菩薩摩訶薩應如是生清淨心，不應住色生心，不應住聲香味觸法生心，應無所住而生其心。」

須菩提！所有的菩薩應該要像這樣做來生起清淨心，不可以執著在色、聲、香、味、觸、法上生出意念。菩薩的心，應該要沒有執著的心。

《金剛經》一開頭，就是「須菩提」向「釋迦牟尼佛」請教一個問題：「云何降伏其心？」，意思是「要如何調整與掌控這顆『妄念心』呢？」

而這個答案，就是「應無所住而生其心」，意思是「菩薩的心，應該要沒有執著的心。」。這樣就講完《金剛經》了，其它的經文都是在解釋如何「應無所住而生其心」？

那要如何做，才能夠做到「應無所住而生其心」呢？只有一個方法：就是停止自己第六識「意識」的分析判斷功能，讓第七識「末那識」停止作用，這樣就不會生起執著心，就可以做到「無所住」的境界。

（九）如來沒有說法

「須菩提！於意云何？如來有所說法不？須菩提白佛言：世尊！如來無所說。」

「須菩提！你認為如來我有演說佛法嗎？」

須菩提回答說：「世尊！如來您沒有演說佛法。」

這段經文「如來無所說」和前面所說的「如來在燃燈佛所，於法實無所得。」是同樣的意思。

這是一段奇怪的師徒對話，也是大多數學佛的人，看不懂的地方。

大家都知道「釋迦牟尼佛」在世時，講經說法四十九年，他的弟子們還把他所說過的教法，集結成「三藏十二部」。

「三藏十二部」中的「三藏」，是佛弟子們經過幾次的結集整理後，分為「經藏」、「律藏」和「論藏」，稱為「三藏」典籍；「十二部」是指佛陀所說法，依其敘述形式與內容分成的十二種類別。

既然釋迦牟尼佛演說浩如煙海的「三藏十二部」，那為何須菩提說：「如來沒有演說佛法呢？」

如同前面所說的原因，這是因為釋迦牟尼佛演說《金剛經》，是說給「羅漢」和「菩薩」等級的弟子聽的，不是給一般的凡夫眾生聽的，一般人當然看不懂。

釋迦牟尼佛告訴羅漢和菩薩等級的弟子，聽聞他的佛法，了解之後，就直接去實踐修行，並且要把他所說的「佛法」忘掉，為什麼呢？

這是因為，修習「大乘佛佛法」，目的是要「成佛」，要「成佛」就必須要「見性」，要「見性」就必須要去除「妄想執著」，要去除「妄想執著」，就必須要讓第七識「末那識」停止作用，要讓第七識「末那識」停止作用，就必須要停止自己第六識「意識」的分析判斷功能，要停止自己的第六識「意識」，就必須要修習「禪定波羅蜜」。

修習「禪定波羅蜜」有成果，就沒有「分別心」，就沒有「執著心」。所以，修習「大乘佛佛法」到一定的階段，就會認為根本沒有所謂的「佛法」。因為，認為有「佛法」，就會產生執著「佛法」的第六識「意識」的「執著心」。

再舉個例子：給你一張「藏寶圖（佛法）」，讓你去尋找「寶藏（自性）」。當你找到「寶藏（自性）」時，你還會要那張「藏寶圖（佛法）」嗎？

（十）菩薩應生無所住心

「菩薩應離一切相，發阿耨多羅三藐三菩提心，不應住色生心，不應住聲香味觸法生心，應生無所住心。若心有住，即為非住。」

菩薩的修行，應該要離一切相，才能夠發出「無上正等正覺」。不應該執著於色相，生出「妄想執著心」，不應該執著於聲、香、味、觸、法，生出「妄想執著心」，應該生出「無所住心（沒有執著的心）」。假如心中有執著心，就是「非住」於「自性」處，就沒有「見性」。

釋迦牟尼佛一再告誡菩薩的修行，應該要離一切相。但是，卻沒有明講什麼方法，應該要怎麼做？要離一切相的方法，就是透過禪定的修行，停止自己第六識「意識」的分析判斷功能，讓第七識「末那識」停止作用。既然沒有「分別心」，才能夠真正的「離一切相」。

（十一）如來所得法，此法無實無虛。

「須菩提！如來所得法，此法無實無虛。」

如來所得到的正法，這個正法不是實際存在的法，但也不是虛無的法。

一般人對世間任何事物的看法，都是「有實有虛」。因為，人都有第六識「意識」的分析判斷功能，都有「分別心」。所以，一般的學佛者看到「無實無虛」這四個字，都是「似懂非懂」。「似懂」是因為相信佛說「佛法」是「無實無虛」；「非懂」是因為不知道「無實無虛」是什麼狀況，無法理解。

要知道什麼是「無實無虛」的狀態，只有透過禪定的修行，停止自己第六識「意識」的分析判斷功能。沒有了「分別心」，就沒有所謂「實」和「虛」的分別觀念。

（十二）「須菩提」再問「云何應住？云何降伏其心？」

「爾時，須菩提白佛言：世尊！善男子、善女人，發阿耨多羅三藐三菩提心，云何應住？云何降伏其心？佛告須菩提：善男子、善女人，發阿耨多羅三藐三菩提心者，當生如是心，我應滅度一切眾生。滅度一切眾生已，而無有一眾生實滅度者。何以故？須菩提！若菩薩有我相、人相、眾生相、壽者相，則非菩薩。所以者何？須菩提！實無有法發阿耨多羅三藐三菩提者。」

這個問題，前面已經問答過一次。須菩提很慈悲，怕後世的眾生還是不懂，所以再一次問佛說：「善男子或善女人，已經發起『無上正等正覺』菩提心的人，如何能夠時常保持這顆菩提心呢？又如何能夠降伏『妄念心』呢？」

釋迦牟尼佛告訴須菩提說：「善男子或善女人，已經發起『無上正等正覺』菩提心的人，應當要生起這種心，就是我應該要滅除一切眾生的煩惱、妄想，度化一切眾生脫離六道輪迴。當完成滅度一切眾生之後，要覺得沒有任何一個眾生，實在是我滅度的。這是為什麼呢？

須菩提！假如菩薩有『我相、人相、眾生相、壽者相』的念頭，就不是菩薩。這是為什麼呢？

須菩提！這是因為『自性』本來就存在，實際上並沒有發起『無上正等正覺』菩提心的這個法門。」

也就是說，「自性」是在停止自己第六識「意識」的分析判斷功能，讓第七識「末那識」停止作用之後，才會顯現出來。發起「無上正等正覺」菩提心的這個法門，根本就不存在，因為沒有第六識「意識」的分析判斷功能，就沒有「發起」的這個念頭。

（十三）過去心不可得，現在心不可得，未來心不可得。

「過去心不可得，現在心不可得，未來心不可得。」

這是《金剛經》的名言之一，「自性」的真心是寂然不動的，是沒有「分別心」的。一般的眾生都有滯留「過去的心思」，執著「現在心思」和預期「未來的心思」。會有「過去、現在、未來」這三種心思，是因為第六識「意識」的分析判斷功能在作用。一旦停止了第六識「意識」，沒有了分析判斷的功能，就沒有「過去、現在、未來」這三種時間觀念。

有一個很有名的禪門公案，就是在探討這句「過去心不可得，現在心不可得，未來心不可得。」。在《五燈會元》卷第七裡，有一個有趣的「老婆婆賣點心」故事。故事的主角是「德山宣鑒」禪師和一位不知名的老婆婆。「德山宣鑒」禪師是「龍潭崇信」禪師的法嗣，也是「六祖惠能」座下的五大弟子之一的「青原行思」，他下傳的第四世傳人。

《五燈會元》卷第七原文：

鼎州德山宣鑒禪師

「簡州周氏子。丱歲出家。依年受具。精究律藏。於性相諸經。貫通旨趣。常講金剛般若。時謂之周金剛。甞謂同學曰。一毛呑海。海性無虧。纖芥投鋒。鋒利不動。學與無學。唯我知焉。後聞南方禪席頗盛。師氣不平。乃曰。出家兒千劫學佛威儀。萬劫學佛細行。不得成佛。南方魔子敢言直指人心。見性成佛。我當摟其窟穴。滅其種類。以報佛恩。遂擔青龍疏鈔出蜀。至澧陽路上。見一婆子賣餅。因息肩買餅點心。婆指擔曰。這箇是甚麼文字。師曰。青龍疏鈔。婆曰。講何經。師曰。金剛經。婆曰。我有一問。你若答得。施與點心。若答不得。且別處去。金剛經道。過去心不可得。現在心不可得。未來心不可得。未審上座點那箇心。師無語。遂往龍潭。」

故事的重點是這樣的：

唐朝有一位「德山禪師」，通達諸經，精研律藏，尤其最擅長講《金剛般若波羅蜜經》。因為俗姓「周」，所以有「周金剛」的美稱。

當時，禪宗在南方很盛行，德山禪師就很不以為然的說：「出家沙門，千劫學佛的威儀，萬劫學佛的細行，都不一定能學成佛道，南方這些禪宗的魔子魔孫，竟然敢誑說『直指人心，見性成佛。』，我一定要直搗他們的巢窟，滅掉這些孽種，來報答佛恩。」於是德山大師挑著自己所寫的《青龍疏鈔》，浩浩蕩蕩的出了四川，走向湖南的澧陽。

在途中，看到有一位老婆婆正在賣燒餅，德山禪師就放下裝著《青龍疏鈔》的扁擔，向老婆婆買個餅充飢。

老婆婆指著德山禪師挑著書本的扁擔，問說：「這是什麼書？」

德山禪師回答說：「是《青龍疏鈔》。」

老婆婆又問：「《青龍疏鈔》是講解什麼佛經？」

德山禪師回答說：「《金剛般若波羅蜜經》。」

老婆婆說：「我有一個問題想請教你，你若能答得出來，我就供養你點心；若是答不出來，就請你到其他地方去買點心。」

老婆婆繼續說：「在《金剛般若波羅蜜經》中說：『過去心不可得，現在心不可得，未來心不可得。』不知大師你是要點那一個心呢？」

德山禪師聽完，竟然答不出來，心中又慚愧又懊惱，只好挑起那一大擔的《青龍疏鈔》，悵悵然地離去。

其實，這個答案很簡單，只要不說話，雙手合十向老婆婆行個禮就好了。

「不說話」，是代表我的「自性」真心是寂然不動的，沒有第六識「意識」的分析判斷功能在作用，所以沒有「過去、現在、未來」這三種時間觀念。

「向老婆婆行個禮」，是代表能夠提出這個問題，可見這位「老婆婆」是一位高人，雙手合十行禮，表示敬意。

如此，德山禪師就可以免費吃到老婆婆送上來的免費點心啦！

（十四）如來有所說法，即為謗佛，不能解我所說故。

「須菩提！汝勿謂如來作是念：我當有所說法。莫作是念，何以故？若人言：如來有所說法，即為謗佛，不能解我所說故。須菩提！說法者，無法可說，是名說法。」

須菩提！你不要以為如來我，會有這樣的想法：「我應該有演說種種佛法」你不要有這種念頭。為什麼呢？如果有人說：「如來有演說佛法。」他就是在毀謗佛，因為他不能了解我所說的道理。須菩提！所謂「說法」的意思，佛的「自性真如」，是真空妙理，原本就沒有所謂的「法」。只不過是為了解除眾生的「妄心」，使眾生了悟「自性」而說的。所謂「說法」，只是假藉一個名稱，稱為「說法」而已，實際上如來我並沒有「說法」。

釋迦牟尼佛怕後世的眾生，不了解他的意思，而胡亂解釋經文，所以他說了這一段告誡的話：「若人言：如來有所說法，即為謗佛，不能解我所說故。」

在凡夫眾生的觀念裡，迦牟尼佛」確實有說法。所以，凡夫眾生說釋迦牟尼佛有說法，是沒事的。但是，「羅漢」和「菩薩」等級的修行者，說釋迦牟尼佛有說法，那事情就大條了，就是在「毀謗佛」，「毀謗佛」的罪行，是要下地獄受苦的，罪名是「誤導眾生，斷人智慧。」。

（十五）若以色見我，以音聲求我，是人行邪道，不能見如來。

「若以色見我，以音聲求我，是人行邪道，不能見如來。」

假如你們想要看見佛的形象，或是想要聽到佛的聲音，這是世人錯誤的想法，有這種想法，就不能見到如來真正的面目。

這句經文，也是《金剛經》的名言之一。凡夫眾生到廟裡求神拜佛，大多渴望見到神蹟，最好能見到佛菩薩的顯靈指示。然而，這都是凡夫眾生的「妄想執著」。

只有透過修習禪定，停止自己第六識「意識」的分析判斷功能，讓第七識「末那識」停止作用，滅除「妄想執著」，「自性」才會顯現。當你「見性成佛」之後，進入涅槃的佛世界，你才能夠與諸佛的頻率相同，才能夠在沒有「妄想執著」的情況下，與諸佛溝通。

(十六)如來者，無所從來，亦無所去，故名如來。

「如來者，無所從來，亦無所去，故名如來。」

「如來」的本性，是真性自如，充滿法界，無去無來，所以稱為「如來」。

其實，「如來」在佛學辭典的解釋是：如實而來(由真理而來)，而成正覺之義，故稱如來。

(十七)一合相者，則是不可說。

「一合相者，則是不可說，但凡夫之人貪著其事。」

「一合相」是不可以用言語來訴說的，但是凡夫卻貪愛「一合相」的幻境。

所謂「一合相」，是指由眾緣和合而成的一件事物。以佛教的觀點來說，世間的一切法，都是「一合相」。

(十八)一切有為法，如夢幻泡影，如露亦如電，應作如是觀。

「一切有為法，如夢幻泡影，如露亦如電，應作如是觀。」

一切世間的「有為法」，就如同是夢、是幻、是泡、是影、是露，也是如同電一般，凡是屬於「有為法」，終究是虛幻的，應該都要視為有這六種現象一般，都是生滅無常。

這是《金剛經》的名言之一，「有為法」是指有作為、有造作的一切因緣所生法。

（十九）「語言文字」不等於「真實的事物」

在《金剛經》裡，這個公式總共用了二十七次，可見釋迦牟尼佛是多麼重視這個觀念。公式如下：「如來說×××，即非×××，是名×××。」意思是說：「我（釋迦牟尼）說×××，就不是真實的×××，只是為了向眾生說明真相，而勉強取一個名詞叫做×××。」

《金剛經》中所說，用到這個公式的經文列舉如下：

(01)如來所說身相，即非身相。
(02)所謂佛法者，即非佛法。
(03)莊嚴佛土者，即非莊嚴，是名莊嚴。
(04)佛說非身，是名大身
(05)微塵，如來說非微塵，是名微塵。
(06)如來說：世界，非世界，是名世界。
(07)如來說：三十二相，即是非相，是名三十二相。
(08)佛說般若波羅蜜，即非般若波羅蜜，是名般若波羅蜜。
(09)如來說：第一波羅蜜，即非第一波羅蜜，是名第一波羅蜜。
(10)忍辱波羅蜜，如來說非忍辱波羅蜜，是名忍辱波羅蜜。
(11)如來說：一切諸相，即是非相。又說：一切眾生，即非眾生。

(12)所言一切法者，即非一切法，是故名一切法。
(13)如來說：人身長大，即為非大身，是名大身。
(14)如來說：莊嚴佛土者，即非莊嚴，是名莊嚴。
(15)如來說：諸心皆為非心，是名為心。
(16)如來說：具足色身，即非具足色身，是名具足色身。
(17)如來說：諸相具足，即非具足，是名諸相具足。
(18)須菩提！說法者，無法可說，是名說法。
(19)眾生眾生者，如來說非眾生，是名眾生。
(20)所言善法者，如來說即非善法，是名善法。
(21)凡夫者，如來說即非凡夫，是名凡夫。
(22)微塵眾，即非微塵眾，是名微塵眾。
(23)如來說：世界，非世界，是名世界。
(24)如來所說三千大千世界，則非世界，是名世界。
(25)如來說：一合相，即非一合相，是名一合相。」
(26)我見、人見、眾生見、壽者見，即非我見、人見、眾生見、壽者見，是名我見、人見、眾生見、壽者見。
(27)所言法相者，如來說即非法相，是名法相。

在《金剛經》中，釋迦牟尼佛苦口婆心的在強調一個觀念，重複的講了許多次這個公式。

釋迦牟尼佛的意思是說，「語言文字」不等於「真實的事物」。例如：我們說出「火」的讀音，或者是在紙張上寫下「火」的文字，但是這二者都不是「真實」的「火」。所以，就可以知「語言文字」不等於「真實的事物」，「語言文字」只是代表「真實的事物」。

「語言文字」不等於「真實的事物」，這個觀念，釋迦牟尼佛在經典中，常以「指月」來比喻。

《大佛頂首楞嚴經》卷二原文：

「佛告阿難。汝等尚以緣心聽法，此法亦緣，非得法性。如人以手，指月示人。彼人因指，當應看月。若復觀指以為月體，此人豈唯亡失月輪，亦亡其指。何以故。以所標指為明月故。豈唯亡指。亦復不識明之與暗。何以故。即以指體，為月明性。明暗二性，無所了故。汝亦如是，若以分別我說法音，為汝心者。此心自應離分別音有分別性。」

《楞伽阿跋多羅寶經》卷第四之下：

「如實觀察者。諸事悉無事。如愚見指月。觀指不觀月。計著名字者。不見我真實。」

明代的「瞿汝稷」著有《指月錄》三十二卷，清代的「聶先」著有《續指月錄》二十卷，都是關於歷代禪門高僧事蹟的輯錄，都是以「指月」做為書名。

「語言文字」不等於「真實的事物」，這個觀念，在《六祖壇經》中也有這樣的記載：

《六祖大師法寶壇經》參請機緣第六原文：

「有儒士劉志略禮遇甚厚。志略有姑為尼名無盡藏常誦大涅槃經。師暫聽即知妙義遂為解說。尼乃執卷問字。師曰字即不識義即請問。尼曰字尚不識曷能會義。師曰諸佛妙理非關文字。尼驚異之。遍告里中耆德云此是有道之士・宜請供養。」

《六祖大師法寶壇經》參請機緣第六重點翻譯：

「無盡藏尼」研讀《大涅槃經》多年，卻仍然有許多不解之處，就向六祖惠能請益。六祖惠能一聽到她說出的經文，立刻知道經文的意思，就替她解說佛法的妙義。

無盡藏尼拿著《大涅槃經》給六祖惠能看，六祖惠能對她說：「我不認識字，但是我可以解說經文的意思。」

無盡藏尼驚訝地問道：「你連字都不認識，為什麼可以解釋經文呢？」

六祖惠能對她說：「諸佛的妙理，和文字沒有關係。」

「語言文字」不等於「真實的事物」，而「諸佛妙理，非關文字。」，就是告訴我們，「語言文字」不等於「諸佛妙理」。

「諸佛妙理」就好像是天上的「明月」，而「語言文字」只是指向「明月」的「手指」。「手指」可以指出「明月」在哪裡，但是「手指」並不等同於「明月」，看「明月」也不一定要透過「手指」。

「語言文字」所記載的「佛經」，都只是指「明月」的「手指」，只有「佛性（自性）」才是「明月」的所在。

「語言文字」不等於「真實的事物」，這個道理，也同樣發生在道家「老子」的《道德經》中。

《道德經》第一章原文：「道可道，非常道。」

《道德經》第一章翻譯：

可以使用語言文字敘述說明的「道」，不是恆常不變的「常道」。

「老子」在《道德經》第二十五章中，把「語言文字」不等於「真實的事物」的這個觀念，又講了一次。

《道德經》第二十五章原文：「有物混成，先天地生。寂兮寥兮，獨立而不改，周行而不殆，可以天下母。吾不知其名，字之曰道。」

《道德經》第二十五章翻譯：

有一個東西混然而成，在天地形成之前，就已經存在。它寂靜無聲；它空虛無形；它不依靠任何外力，而獨立長存永不停息；它循環運行而永不衰竭；它可以作為天下萬物的本源母體，我不知道它的名字，所以勉強把它叫做「道」。

也就是說，「老子」觀察宇宙萬物時發現宇宙間有一股強大的「能量」，它雖然無形，卻是宇宙萬物的本源母體。「老子」不知道它是什麼，所以勉強替它取個名字，叫做「道」。用「語言文字」所稱呼的「道」，不等於「真實的道」。

四、《六祖壇經》的精華重點

《六祖法寶壇經》一共分為十品，我把《六祖壇經》的經文內容種裡出二十二個重點，看懂之後，你在網路上找一個《六祖壇經》白話翻譯的網頁，從頭再看一次，你就會懂了。

《六祖大師法寶壇經》的二十二個重點：

（一）菩提自性，本自清淨，但用此心，直了成佛。

「大師告眾曰：善知識！菩提自性，本自清淨，但用此心，直了成佛。」

《六祖大師法寶壇經》一開頭，「六祖惠能」就把修道的重點講完了。六祖惠能告訴眾人，人人都有「菩提自性」，而且本來清淨，只要用這個「菩提自性」，就可以直接成佛。「道」沒有別的，真正的「道」就是「菩提自性」。

「菩提」是梵語bodhi的音譯，意譯為「覺、智、知、道。」廣義來說，「菩提」是斷絕世間煩惱而成就涅槃的智慧。即佛、緣覺、聲聞各於其果所得的覺智，此三種「菩提」中，以「佛的菩提」為無上究竟，所以稱為「阿耨多羅三藐三菩提」，譯作「無上正等正覺、無上正遍智、無上正真道、無上菩提」。

「自性」是指自體的本性，即諸法各自具有真實不變、清純無雜的個性。在人類來講，「自性」是自己存在的本質。死後成「中陰身」去六道輪迴，「自性」就藏在「中陰身」內，一起去輪迴；修道有成，「見性成佛」，就是去除覆蓋在「自性」外面的「妄想執著」，見到自己原本清淨的「自性」。

要想見到自己原本清淨的「自性」，只有一個方法，就是透過「禪定」，停止自己第六識「意識」的分析判斷功能，讓第七識「末那識」停止作用，自性就自然顯現。

（二）思量即不中用。

「思量即不中用」

「思量即不中用」這句話是修道的重點，修道用「思慮考量」是沒有用的。因為有「思慮考量」，就表示自己第六識「意識」的分析判斷功能在作用。而修道要「見性」，就必須停止自己第六識「意識」的分析判斷功能，讓第七識「末那識」停止作用，「自性」才能顯現。

（三）「神秀」的詩偈

「神秀偈曰：身是菩提樹，心如明鏡臺，時時勤拂拭，勿使惹塵埃。」

「身體」好像「菩提樹」一樣，「念心」好像鏡臺上的一面「鏡子」一樣。鏡子有了灰塵，要時常把灰塵擦掉，隨時保持鏡子不沾染灰塵。

「神秀」這首詩偈的意思是說：我們要經常檢討、反省、觀照自己的「念心」，使這個「念心」不打妄想，不起「貪、瞋、癡」三毒，不患得患失、不貪名貪利、不說他人是非。否則，就會像鏡子一樣，沾滿灰塵。

「菩提樹」又稱為「覺樹、道樹、道場樹、思惟樹、佛樹」，是「釋迦牟尼佛」於中印度「摩揭陀國」伽耶城南方的「菩提樹」下證得無上正等正覺。神秀比喻我們的「身體」就像「菩提樹」一樣，修行必須要「調身」和「調心」。

「調身」就好像種「菩提樹」一般，若不拔草、澆水、施肥（意思就是要持戒清淨、修善斷惡），「菩提樹」就長不好。

「調心」的方法在於這「念心」要時時要檢討、反省，不起貪、瞋、痴。有了這些「灰塵」，要立刻懺悔、檢討、反省，把它擦掉，這是一個「漸次修證」的方法，依據這個方法修行用功，也能夠逐漸悟道，稱為「漸悟」。

(四) 五祖弘忍對弟子們評論「神秀」的詩偈有大利益

「依此偈修。免墮惡道。依此偈修。有大利益。令門人炷香禮敬。盡誦此偈。即得見性。」

五祖弘忍告訴對弟子們，如果能夠依照「神秀」的詩偈修行，可以避免墮入「三惡道（「畜生道」、「餓鬼道」和「地獄道」）」。能夠依照這首偈頌修行，有很大的利益。於是告訴弟子們應當對這首偈焚香恭敬禮拜，大家都誦持這首偈頌，就可以見到自性。

五祖弘忍告訴對弟子們，如果持誦這首偈，讀誦到因緣成熟時，也能夠「見性」。這是屬於「漸修法門」。修行「漸修法門」，必須要「時時勤拂拭，勿使惹塵埃」，使身、口、意三業在任何時刻都清淨。心清淨，沒有妄想執著，自然會成就開悟的因緣，「即得見性」，就可以見自己的「自性」。

（五）五祖弘忍對「神秀」當面評論「神秀」的詩偈未見本性

「祖曰：汝作此偈，未見本性，只到門外，未入門內。如此見解，覓無上菩提，了不可得；無上菩提，須得言下識自本心，凡自本性，不生不滅。於一切時中，念念自凡，萬法無滯，一真一切真，萬境自如如。如如之心，即是其實，若如是見，即是無上菩提之自性也。」。

五祖弘忍對「神秀」說：「你作的這首偈子還沒有見到『自性』，只到了門外，還沒有登堂入室，尚未契悟心法。這樣的見解，要尋求『無上菩提』，完全不可能得到。所謂『無上菩提』，必須是在起心動念當下那一念，去認識自己的本心。凡是自己的『本性』，不生不滅。在任何時間、在每一念當中，『本性』都存在。『本性』對世界上所有的一切事物都能了解通達，沒有障礙。

當下這『念心』達到不生不滅，見到『自性』時，『一真法界』就現前了。『一真法界』的『一』是無二；『真』是不妄；『法界』是指意識所緣對象的所有事物。『一真法界』是指諸佛平等的『自性法身』，從無始以來，就是不生不滅，非空非有，離名離相，無內無外，唯一真實，不可思議。

只要『一真法界』現前，一切的時空都是真。因此，所有的境界都是同一『如如（指真如之理）』，了了分明，如如不動，常住一相，量等虛空，不遷不變，無滅無生。『如如之心（『真如』的心）』，就是真實之心，如果有這種見解，就是『無上菩提』，就是見到『自性』。」

（六）「六祖惠能」的詩偈

「惠能偈曰：『菩提本無樹，明鏡亦非臺，本來無一物，何處惹塵埃。』」

「菩提」就是我們的「覺心、覺性」，本來就沒有「樹（指身體）」，「樹（身體）」是「因緣合和」下的產物，不是真實的。

神秀說「心如明鏡臺」，形容這個「念心」好像是一面「明鏡」，「明鏡臺」是一種形相的執著。

六祖惠能說「明鏡亦非臺」，解釋這個「念心」是「空性、是真空」，當中沒有任何事物，但是這個「念心」有智慧、有神通妙用。

六祖惠能說「本來無一物，何處惹塵埃？」這個「念心」是空性，「煩惱」不可得，「菩提」也不可得，本就沒有任何事物可得，從哪裡去沾染「塵埃（妄想執著）」呢？

我們把「神秀」和「六祖惠能」兩人所作的詩偈，作一個分析比較，就可以得知：

①「神秀」的詩偈，屬於「漸修法門」；「六祖惠能」的詩偈，屬於「頓悟法門」。

②「神秀」的詩偈，屬於「有為法」，必須經過修證的次第，適合一般人的修行；「六祖惠能」的詩偈，屬於「無為法」，是直接從「自性」的角度來講，明白的說明「菩提自性」是什麼樣的心境，適合上根智慧人的修行。

（七）五祖弘忍為「六祖惠能」說《金剛經》

「次日，祖潛至碓坊，見能腰石舂米，語曰：求道之人。為法忘軀。當如是乎。乃問曰：米熟也未？惠能曰：米熟久矣，猶欠篩在。祖以杖擊碓三下而去。惠能即會祖意，三鼓入室；祖以袈裟遮圍，不令人見，為說金剛經。至應無所住而生其心，惠能言下大悟，一切萬法，不離自性。遂啟祖言：何期自性，本自清淨；何期自性，本不生滅；何期自性，本自具足；何期自性，本無動搖；何期自性，能生萬法。」

第二天，五祖弘忍悄悄地來到「舂米作坊」，看見六祖惠能腰上綁著石磨正在舂米，說：「求道的人為了正法而忘記身體，正是應當要這樣！」於是問「六祖惠能」說：「米熟了沒有？」，這個意思是問六祖惠能開悟了沒有？

六祖惠能回答說：「早就熟了！只是欠人篩過（用篩子過濾東西。）」這個意思是說：「我早就有所領悟了，只是還沒有人為我印證而已。」

五祖弘忍用錫杖在「碓（舂米的用具）」上敲了三下後離開，六祖惠能立即領會五祖弘忍的意思。「敲三下」就是要六祖惠能在三鼓時分，也就是三更，到「方丈室」來。

於是六祖惠能在入夜三更時分，進入五祖弘忍的「方丈室」。五祖弘忍用袈裟遮圍，不讓別人看到，然後為六祖惠能講解《金剛經》。講到「應無所住而生其心」時，六祖惠能聽完大悟「一切萬法不離自性」的真理。於是告訴五祖弘忍說：「原來自性本來就是如此清淨的呀！原來自性本來就是沒有生滅的呀！原來自性本來就是圓滿具足！原來自性本來就是沒有動搖！原來自性本來就能生出萬法！」

在《六祖壇經》裡，最有意思的一段經文就是「惠能即會祖意，三鼓入室；祖以袈裟遮圍，不令人見，為說金剛經。」

試想，在三更半夜裡，夜深人靜，眾弟子們都入睡了，五祖弘忍用袈裟遮圍，不讓別人看到，然後為「六祖惠能」講解《金剛經》。五祖弘忍是怕被誰看到或聽到他講解《金剛經》呢？就算被人看到或聽到，上根的人就開悟了，不是很好嗎？下根的人還是有聽沒有懂，不也是無所謂嗎？五祖弘忍在怕什麼？這是個謎案，六祖惠能並沒有說明。

在這一段經文裡，有另一個重點。

六祖惠能聽五祖弘忍講解《金剛經》，講到「應無所住而生其心」時，六祖惠能聽完大悟「一切萬法不離自性」的真理。於是告訴五祖弘忍說：「原來自性本來就是如此清淨的呀！原來自性本來就是沒有生滅的呀！原來自性本來就是圓滿具足！原來自性本來就是沒有動搖！原來自性本來就能生出萬法！」。

在這裡，六祖惠能描述他對「自性」的領悟：

①「一切萬法，不離自性。」

「萬法」包括「有為法」和「無為法」，都是由這個「念心」生出來的，都不離開這個「念心」，「宇宙萬法」都是從這個「念心」生出來的。

六祖惠能領悟了什麼是「自性」，「自性」是「無住（沒有執著）」的境界，不執著「空、有」，不執著兩邊，沒有「分別心」。悟到「自性」的境界，就知道一切萬法不離「自性」。

②「自性本自清淨」

我們的「自性」本來就是「清淨」的狀態，不需要去滅除「妄想」，不需要去斷除「煩惱」，一切都是本自「清淨」。但是，卻被「妄想執著」所覆蓋。我們這個「念心」雖然有「無明、煩惱」，但是「念心」裡面仍然是「清淨心」，所以才說「菩提（自性）」是「煩惱」，「煩惱」是「菩提（自性）」。只要我們停止自己第六識「意識」的分析判斷功能，讓第七識「末那識」停止作用，當下這個「念心」就轉化成清淨的「自性」。

③「自性本不生滅」

「自性」不曾生滅，但是眾生的「念心」則有生有滅。眾生從早上到晚上，就是不斷重複這種生滅的心。所以人有「生老病死」，眾生有「六道輪迴」，這個「念心」都是不斷的在生滅。究其原因，因為跳脫不出時間、空間、人我、是非，並且在這當中生起「分別心」和「執著心」。

④「自性本自具足」

眾生的「自性」原本就具足，眾生的「自性」就是來自於大宇宙的「真如」，在大宇宙形成之前，「真如」與「自性」就同在。

「自性」就像一粒樹的種子，雖然很小，卻可以長大成高大的巨樹，有錯綜複雜的大小樹枝葉子，也有盤根錯節的粗細樹根，它們都來自於很小的樹種子，「樹種籽」本自具足樹枝葉子和樹根。

「自性」就和「樹種子」，本自具足「有為法」和「無為法」。所以說，眾生的「自性」原本就具足一切萬法。

⑤「自性本無動搖」

「自性」就像一面靜止的「鏡子」，「鏡子」本身無動搖，而「鏡面中」的世界，卻動搖的熱鬧無比；「自性」就像一台靜止的「電視機」，「電視機」本身無動搖，而「電視機螢幕中」的世界，卻動搖的精彩無比。

所以，只要能夠透過「禪定」的修行，停止自己第六識「意識」的分析判斷功能，讓第七識「末那識」停止作用，不再動搖。第八識「阿賴耶識」的「業識種子」就不會再增生。然後「轉識成智」，滅除「業識種子」，把第八識「阿賴耶識」轉變為「清淨智」，稱為「大圓鏡智」，此時原本的「自性」

就自然顯現。

⑥「自性能生萬法」

「自性」本是「無心」的狀態，清淨虛無的境界。不知道為什麼，突然間這個「無心」一動，變成「有心」，科學家稱為「宇宙大爆炸」，道家稱為「無極」生「太極」，「唯識家」稱為第八識「阿賴耶識」。

第八識「阿賴耶識」隨著我們的「中陰生」去六道輪迴，假如投胎到「人道」，這個第八識「阿賴耶識」和「父精」、「母血」相結合之後，就陸續生出「眼識、耳識、鼻識、舌識、身識、意識、末那識」等七個「心識」，這七個「心識」就互相運作，產生「分別心」，藉由分析判斷生出萬法，累積了無數的「業識種子」，再儲存到第八識「阿賴耶識」。所以說，「自性」能生萬法。

（八）五祖弘忍交代「不識本心，學法無益。」

「祖知悟本性，謂惠能曰：不識本心，學法無益；若識自本心，見自本性，即名丈夫、天人師、佛。」

五祖弘忍知道六祖惠能已悟得「自性」，就對六祖惠能說：「不能認識自己的『本心』，學習佛法是沒有益處的。如果夠認識自己的『本心』，見到自己的本性』，即可稱為『調御丈夫、天人師、佛』。」

釋迦牟尼佛或諸佛有十大名號，即：如來、應供、正遍知、明行足、善逝、世間解、無上士、調御丈夫、天人師、佛。

注意！這一句「不識本心，學法無益。」真是太重要了。為什麼說「不識本心，學法無益。」呢？

因為一般人「不識本心」，往往心外求法，執著諸法為實有，被萬法所迷，當然見不到「本心」。

不認識自己的本心（自性），即使學習再多的佛法也是沒有用的。而要認識自己的本心（自性），不是看佛經、背佛經、聽佛法就可以做到。

只有一個方法，就是先學習「唯識學」，認識我們的眼識、耳識、鼻識、舌識、身識、意識、末那識和阿賴耶識八個「心識」的作用。再實際去修習「禪定」，透過「禪定」的修行，停止自己第六識「意識」的分析判斷功能，讓第七識「末那識」停止作用，第八識「阿賴耶識」的「業識種子」就不會再增生。然後「轉識成智」，滅除「業識種子」，把第八識「阿賴耶識」轉變為「清淨智」，稱為「大圓鏡智」，此時「自性」自然顯現。要學佛、修道、見性，這是唯一的方法。

（九）五祖弘忍交代「衣為爭端，止汝勿傳。」

「三更受法，人盡不知，便傳頓教及衣缽。云：汝為第六代祖，善自護念，廣度有情，流布將來，無令斷絕。聽吾偈曰：『有情來下種，因地果還生，無情亦無種，無性亦無生。』祖復曰：昔達磨大師，初來此土，人未之信，故傳此衣，以為信體，代代相承。法則以心傳心，皆令自悟自解。自古，佛佛惟傳本體，師師密付本心；衣為爭端，止汝勿傳。若傳此衣，命如懸絲，汝須速去，恐人害汝。」

六祖惠能在三更時分受法，所有的寺眾弟子都不知道，五祖弘忍就把「頓教心法」和「衣缽」傳授給六祖惠能，並且說：「你已經是第六代祖師了，要好好的自行護念本心，廣度眾生，將這個心法流傳到後世，不要讓它斷絕！」聽我說一偈：「在眾生的心田中下佛種，現在這個因心成熟，就能夠生出佛果；樹木、石頭這些無情沒有佛種，沒有知覺，沒有佛性，所以沒辦法產生任何果報。」

五祖弘忍又說：「從前『達摩祖師』來到中國，當時的世人還不相信傳法師承的禪宗法門，所以傳下這個衣缽做為憑證，代代相傳。其實佛法是以心傳心，都是要使人自己開悟，自己得解。自古以來，諸佛只是傳授自性本體，諸師只是密付自性本心。『衣缽』是爭奪的禍端，就傳承到你為止，不可以再傳下去。如果繼續再傳衣缽，你的命就像靠一根絲吊著一樣，非常危險。你必須趕快離開這裡，恐怕有人要傷害你。」。

這一段經文有一個重點，就是「衣為爭端，止汝勿傳」。

達摩祖師初來中國的時候，一般人還沒有相信「頓悟法門」，所以必須「傳衣」，代表「頓悟法門」是從釋迦牟尼佛一直傳承下來的，代代相傳，一代傳承一代，「法」則是「以心傳心」。

五祖弘忍說明，從達摩祖師傳到現在，「衣缽」變成爭端，許多愚昧的求法眾生，都要爭奪「衣缽」，以為得到「衣缽」就可以成佛。如果繼續再傳「衣缽」，將會危及「六祖惠能」的性命。所以指示六祖惠能「止汝勿傳」，「衣缽」只傳到了六祖惠能這一代，以後就不再傳，只傳法，密付心印。

五祖弘忍更進一步的交代六祖惠能，必須趕快離開這裡，因為恐怕有人會為了爭奪「衣缽」，而傷害六祖惠能的性命。

（十）「六祖惠能」度化「惠明」

「惠能辭違祖已。發足南行。兩月中間。至大庾嶺。五祖歸，數日不上堂。眾疑。詣問曰。和尚少病少惱否。曰。病即無。衣法已南矣。問。誰人傳授。曰。能者得之。眾乃知焉。逐後數百人來。欲奪衣缽。一僧俗姓陳。名惠明。先是四品將軍。性行麤糙。極意參尋。為眾人先。趁及惠能。惠能擲下衣缽於石上。曰。此衣表信。可力爭耶。能隱草莽中。惠明至。提掇不動。乃喚云。行者。行者。我為法來。不為衣來。惠能遂出。坐盤石上。惠明作禮云。望行者為我說法。惠能云。汝既為法而來。可屏息諸緣。勿生一念。吾為汝說明。良久。惠能云。不思善。不思惡。正與麼時。那個是明上座本來面目。惠明言下大悟。復問云。上來密語密意外。還更有密意否。惠能云。與汝說者。即非密也。汝若返照。密在汝邊。」

六祖惠能向五祖弘忍告辭後，動身向南方而行。大約經過兩個月的時間，到了大庾嶺。

五祖弘忍數日不上堂講課，眾弟子起疑心，進見五祖弘忍問說：「師父您有生病或煩惱嗎？」

五祖弘忍回答說：「生病是沒有，『衣缽』和『法』已經向南方去了。」

眾弟子問說：「是誰得到『衣缽』和『法』的傳授呢？」

五祖弘忍回答說：「是『惠能』得到。」

眾弟子知道後，有數百人隨後追趕，想要搶奪「衣缽」。其中有一位出家眾，俗姓陳，名字叫做「惠明」，他在還沒出家以前，曾經擔任過四品將軍，性情粗燥。一聽說六祖惠能得到了「衣缽」，盡全力去尋找，在眾人之前，追到六祖惠能。

六祖惠能就把「衣缽」扔到石頭上面，說道：「這『衣缽』是代表法脈傳承的信物，難道可以用暴力強取得到嗎？」說完之後，就隱避到草叢中。

惠明追到的時候，看到只有「衣缽」在石頭上面，就向前想要拿起來，可是，沒辦法將「衣缽」拿起來。惠明心裡一驚，知道這是「聖物」，不能力奪，就喊道：「行者（尚未剃除鬚髮，而過著出家生活的佛教徒）！行者！我是為求法而來，不是為奪『衣缽』而來。」。

於是「六祖惠能」現身相見，跏趺盤坐在石頭上。

惠明行禮之後說道：「希望行者為我說法。」

六祖惠能說：「你既然是為法而來，可以放下萬緣，一個念頭都不要生起，我就為你說法。」

惠明就放下萬緣，什麼都不想，將心靜下來許久。

六祖惠能說：「當下這個『念心』沒有思善、沒有思惡，正當這個時候，哪個是你『惠明』上座本來的真面目呢？」

惠明聽到六祖惠能這麼一講，當下就開悟了。

惠明又問：「從過去祖師一直到現在，傳這個『一念不生，見本來真面目。』的『密語密意』之外，還有沒有別個『密意』可以傳呢？」

六祖惠能說：「我若是講出來，那就不是真正的祕密，你如果返照自心，守住這個『念心』，無上的『密法』就在你那邊了。」

讀者若能體會了解六祖惠能教導惠明實踐「禪法」的這一段經文，你就值回票價了。可惜大多數的讀者，看完這一段就繼續往下看，因為不知道這一段經文的意思。

我們再回過頭來，用「唯識學」來解釋這一段經文。

「惠能云。汝既為法而來。可屏息諸緣。勿生一念。吾為汝說明。」注意！重點在「可屏息諸緣。勿生一念」這一句。

「屏息」是排除停止；「緣」是因緣；「諸緣」是總稱一切現象世界的因緣，總被我「心識」所攀緣者。

「屏息諸緣。勿生一念。」的意思，就是排除停止一切的想法，不要生起一個念頭。

「良久。惠能云。不思善。不思惡。正與麼時。那個是明上座本來面目。」「六祖惠能」等了一段時間，等惠明達到「停止一切的想法，不生起一個念頭。」的時候，六祖惠能突然開口說話：「當下這個『念心』沒有思善、沒有思惡，正當這個時候，哪個是你『惠明』上座本來的真面目呢？」。

假如你是「惠明」，當你閉著眼睛，心裡想著：「我什麼都不要想。」，大概三十秒鐘內，你可以思想一片空白，超過三十秒，「妄想」就重新出現了。

其實，這三十秒鐘的「空白思想」，也是一種「諸緣」，更是一種「念頭」。因為你心裡想著：「我什麼都不要想。」，就是一種「妄想」。「妄想」什麼呢？「我什麼都不要想。」。

雖然，「我什麼都不要想。」也是一種「妄想」，但是至少在這三十秒鐘內，你沒有「胡思亂想」，你只有一個「妄想」，一個「念頭」。

這個時候，六祖惠能突然間出聲說話，這個聲音突然打斷你當下唯一的一個「念頭」：「我什麼都不要想。」這電光火石的當下，就是一種「驚嚇」的狀態，剎那間腦袋裡的思緒，變成一片空白。

注意！這個時候，你原本的唯一的那個「念頭」：「我什麼都不要想。」突然間不見了。這正是停止你自己第六識「意識」的分析判斷功能的現象，連帶第七識「末那識」也停止。此時，你會驚鴻一瞥你的「自性光」。

然後這時，六祖惠能接著說：「當下這個『念心』沒有思善、沒有思惡，正當這個時候，哪個是你『惠明』上座本來的真面目呢？」

惠明聽到六祖惠能這麼一講，當下就開悟了。因為他在沒有思善、沒有思惡的狀態下，驚鴻一瞥他的「自性光」，惠明這才真的理解「如何見性」。

（十一）不是風動，不是幡動，仁者心動。

「至廣州法性寺；值印宗法師，講涅槃經。因二僧論風幡義，一曰風動，一曰幡動，議論不已。惠能進曰：不是風動，不是幡動，仁者心動。」

抵達廣州「法性寺」，遇上「印宗法師」正在講《涅槃經》。當時有一陣風吹來，旗旛隨風飄動，一個僧人說這是「風動」，另一僧人則說是「旛動」，兩個人為此爭論不休。六祖惠能對他們說：「不是風動，也不是旛動，是仁者（你們）的心在動。」

旗旛隨風飄動，是「風動」？還是「旛動」？其實都是自己第六識「意識」的分析判斷功能在運作，是第六識「意識」在動。

（十二）世人終日口念般若。不識自性般若。

「善知識。世人終日口念般若。不識自性般若。猶如說食不飽。口但說空。萬劫不得見性。終無有益。」

善知識！世人一天到晚口念「般若」，卻不認識「自性」中的「般若」，這就如同饑餓的人，嘴上說吃食物，實際上沒有進食，終究還是不能吃飽。如果整天只是口裡說「空」，而不去實際修行，雖然歷經萬劫，也不能夠見「自性」，終究沒有益處。

「世人終日口念般若。不識自性般若。」這是大多數想學佛修道者的問題，「自性」是什麼？如何修行才能「見性」？

「自性」是指自體的本性，即諸法各自具有真實不變、清純無雜的個性。眾生死亡時，「靈魂（中陰身）」會依照各自的業力，去六道輪迴，投胎轉世。但是，眾生的「自性」，會跟隨著「靈魂（中陰身）」去六道輪迴，永遠不會消失，永遠存在。

解釋到這裡，相信大多數人還是有看沒有懂，因為太抽象了。所以，我才建議有心要學佛修道的人，一定要學習「唯識學」，因為看了「唯識學」，你對「自性」才有概念。「唯識學」告訴我們，原來眾生都有「自性」，「自性」原本清淨。但是，「自性」被「妄想執著」所覆蓋，這時候「自性」有了另外一個名稱，叫做第八識「阿賴耶識」。

那要如何修行才能見到「自性」呢？就必須把第八識「阿賴耶識」裡的「業識種子」清除乾淨，就可以還原成「自性」。

那要如何清除第八識「阿賴耶識」裡的「業識種子」呢？「業識種子」來自「妄想執著」，「妄想執著」是第七識「末那識」所產生。第七識「末那識」必須依賴第六識「意識」傳來分析判斷後的結果，才能夠運作。

那要如何防止第六識「意識」傳訊息給第七識「末那識」呢？只有一個方法，就是透過「禪定」的修行，才能夠停止自己第六識「意識」的分析判斷功能。

（十三）煩惱即菩提

「凡夫即佛。煩惱即菩提。前念迷即凡夫。後念悟即佛。前念著境即煩惱。後念離境即菩提。」

凡夫就是佛，煩惱就是菩提。前念迷惑，就是凡夫；後念覺悟，就是佛。前念執著於境界，就是煩惱；後念不攀緣境界，就是菩提。

「煩惱即菩提，菩提即煩惱。」許多人都不解這句話的意思。我在前面說過，「唯識學」告訴我們，眾生都有「自性」，「自性」原本清淨。但是，「自性」被「妄想執著」所覆蓋，這時候「自性」有了另外一個名稱，叫做第八識「阿賴耶識」。

「煩惱」就是「妄想執著」，「菩提」意譯為「覺、智、知、道」，是斷絕世間「煩惱」而成就「涅槃」的智慧。而「涅槃」意譯作「滅、寂滅、滅度、圓寂、無生」，意思是斷絕世間「煩惱」，返回「自性」的境界。所以，「菩提」就是「自性」。

把「煩惱即菩提，菩提即煩惱。」加上幾個字就看懂了，改為「煩惱即是清淨『自性菩提』表面上的『妄想執著』灰塵，清淨『自性菩提』被『妄想執著』的灰塵所蒙蔽，即是煩惱。」。

另外，再用「海水」來做比喻說明「煩惱即菩提，菩提即煩惱。」當平靜的「海水（菩提）」被一陣「強風（妄想執著）」吹著，立即生起「波浪（煩惱）」；當「強風（妄想執著）」停止了，「波浪（煩惱）」立即消失，又回復成平靜的「海水（菩提）」。

「海水（菩提）」和「波浪（煩惱）」，原來是同一體。「海水（菩提）」就是「波浪（煩惱）」，「波浪（煩惱）」就是「海水（菩提）」。當「強風（妄想執著）」來臨，「海水（菩提）」就變成「波浪（煩惱）」；當「強風（妄想執著）」停止，「波浪（煩惱）」就變成「海水（菩提）」。

（十四）若見一切法。心不染著。是為無念。

「智慧觀照。內外明徹。識自本心。若識本心。即本解脫。若得解脫。即是般若三昧。即是無念。何名無念。若見一切法。心不染著。是為無念。」

用智慧觀照，就能夠內外光明清徹，認識自己本來的「自性心」。如果認識了自己本來的「自性心」，就是得到本來無罣礙的自在解脫，若得到解脫自在，就是進入「般若三昧（般若正定）」，就是「無念（一念不生）」。為什麼取名為「無念（一念不生）」？若是見到一切諸法，心不「染著（執著）」，就是「無念（一念不生）」。

什麼是「無念（一念不生）」呢？「若見一切法。心不染著。是為無念。」若是見到一切諸法，心不「染著（執著）」，就是「無念（一念不生）」。

相信大多數的人，看完翻譯，懂「無念」的意思，就是「一念不生」。那我再進一步，問一個問題：如何做？你才能夠達到「無念」，達到「一念不生」的狀態呢？相信你想破頭，也想不出方法來。這就是看佛經困難的地方，明明知道意思，但是不知道怎麼做？

原來，要達到「無念」、「心不染著（執著）」、「一念不生」的狀態，就必須要透過「禪定」的功夫，停止自已第六識「意識」的分析判斷功能，讓第七識「末那識」停止作用，而不是用「想」的。

（十五）「達摩祖師」度化「梁武帝」

「公曰。弟子聞達摩初化梁武帝。帝問云。朕一生造寺度僧。布施設齋。有何功德。達摩言。實無功德。弟子未達此理願和尚為說。師曰。實無功德。勿疑先聖之言。武帝心邪。不知正法。造寺度僧。布施設齋。名為求福。不可將福便為功德。功德在法身中。不在修福。師又曰。見性是功。平等是德。念念無滯。常見本性。真實妙用。名為功德。內心謙下是功。外行於禮是德。自性建立萬法是功。心體離念是德。不離自性是功。應用無染是德。若覓功德法身。但依此作。是真功德。善知識。念念無間是功。心行平直是德。自修性是功。自修身是德。善知識。功德須自性內見。不是布施供養之所求也。是以福德與功德別。武帝不識真理。非我祖師有過。」

韋刺史說：「弟子聽說達摩祖師最初度化梁武帝時，梁武帝問說：『朕一生中建造寺廟，敕度僧人，布施財物，廣設齋會，我有什麼功德呢？』達摩祖師回答說：『實際上並沒什麼功德。』弟子不明白這個道理，希望和尚您為我解說！」

六祖惠能說：「實在沒有什麼功德，不要懷疑先聖的話！梁武帝心存邪見，沒有認識真正的佛法。建造寺廟，敕度僧人，布施設齋，這些只是在求有漏的人天『福報』，不可以將這種『福報』當做『功德』。因為『功德』原本就在法身之中，不在修福的事相上求。」

「六祖惠能」又說：「能夠認識『自性』就是『功』，能夠看待眾生『平等』就是『德』。念念之間沒有遲滯罣礙，常能見到『真如本性（自性）』的真實妙用，這就叫做『功德』。

內心謙虛有禮就是『功』，對外依禮而行就是『德』；從『真如本性（自性）』中建立萬法就是『功』，心體遠離一切妄念就是『德』；念念不離自性就是『功』，應用萬事而不執著就是『德』。如果要尋求『功德法身』，只要依照這樣去做，就是真正的『功德』。

善知識！念念不間斷就是『功』，品行平直就是『德』；自修心性就是『功』，自修操行就是『德』。

善知識！『功德』必須向內見到『自性』，而不是借著布施供養，所能求得到的。所以『福德』與『功德』是有別的。『梁武帝』不認識這個真理，並不是我們的祖師有過錯。」

「功德」和「福德」是一般人最常分不清楚的事情，常見到廟裡捐一些錢，就自認為是做「功德」。「功德」必須向內見到「自性」，而不是借著布施供養，所能求得到的。所以，到廟裡捐一些錢，稱為「福德」；修習禪定見「自性」，才是「功德」。

（十六）正教沒有「頓法」和「漸法」的分別

「師示眾云。善知識。本來正教無有頓漸。人性自有利鈍。迷人漸修。悟人頓契。自識本心。自見本性。即無差別。所以立頓漸之假名。」

六祖惠能對大眾開示說：「善知識！正教本來沒有「頓法」和「漸法」的分別，只因人的「根性」有「利根」和「鈍根」的不同。「愚迷的人」漸次修行，「覺悟的人」頓然契悟。如果能夠認識自己的「自性本心」，見到自己的「本性」，就沒有差別了。因此，才建立有「頓法」和「漸法」的假名。

許多人對於「頓法」和「漸法」的修行法門，哪一個比較好爭論不休。「六祖惠能」在此解釋說明，「頓法」和「漸法」沒有好壞之分的問題，只有適不適合的問題。

（十七）「見性」之後的境界

「真如自性起念。六根雖有見聞覺知。不染萬境。而真性常自在。故經云。能善分別諸法相。於第一義而不動。」

「真如自性」隨緣生起念頭時，六根雖然有見聞的覺知心，但是「真如自性」不會執著萬境，而能恆常自在。所以《淨名經》說：「能夠善於分別一切法相，於第一義諦如如不動。」

《淨名經》是《維摩詰所說經》的通稱，這一段經文出自「佛國品第一」。

《維摩詰所說經》佛國品第一原文：

能善分別諸法相。於第一義而不動。

這一段經文，很難得提到「見性」之後的境界，六祖惠能已經「見性」，所以他描述「見性」之後的景象。

（十八）諸佛妙理。非關文字。

「有儒士劉志略。禮遇甚厚。志略有姑為尼。名無盡藏。常誦大涅槃經。師暫聽。即知妙義。遂為解說。尼乃執卷問字。師曰。字即不識。義即請問。尼曰。字尚不識。焉能會義。師曰。諸佛妙理。非關文字。尼驚異之。遍告里中耆德云。此是有道之士。宜請供養。」

韶州曹侯村，村中有一位儒學之士名叫「劉志略」，對六祖惠能非常的禮遇尊敬。志略有一位姑母是比丘尼，法名「無盡藏」，經常誦念《大般涅槃經》，六祖惠能一聽，就知道經文中的妙義，於是就替他講解說明。「無盡藏」便拿著經文請問六祖惠能。六祖惠能說：「我不認識字，但是關於經義請盡量發問。」

無盡藏問說：「不認識字，如何能夠理解經文的意義呢？」

六祖惠能說：「諸佛的微妙道理，和文字沒有關係。」

無盡藏聽了非常驚訝，就到處去轉告村里中的耆老大德說：「這是一位有道的人，應當請來供養。」。

我很喜歡「諸佛妙理。非關文字。」這八個字，因為這可以提醒學佛者，不要太執著經典。舉個例子：「藏寶圖（佛經）」很重要，但是更重要的是，你必須要依照「藏寶圖（佛經）」的指示「去尋找（修習禪定）」，經過一段時間，最後你才會找到「寶藏（見性）」。

所以，你不「去尋找（修習禪定）」，只是天天研究「藏寶圖（佛經）」，你是找不到「寶藏（見性）」的；再者，當你找到「寶藏（見性）」時，別忘了丟掉「藏寶圖（佛經）」，否則執著在「藏寶圖（佛經）」上，你就分心忽略了「寶藏（見性）」。所以說：「諸佛妙理。非關文字。」。

（十九）「六祖惠能」教導「唯識學」

「大圓鏡智性清淨。平等性智心無病。妙觀察智見非功。成所作智同圓鏡。五八六七果因轉。但用名言無實性。若於轉處不留情。繁興永處那伽定。」

六祖惠能教導我們「唯識學」，教導「轉識成智」。

①大圓鏡智性清淨：

「大圓鏡智」是由第八識「阿賴耶識」所轉的，稱為「轉識成智」。你還沒有「開悟」的時候，就稱為第八識「阿賴耶識」；你「開悟」了，轉第八識「阿賴耶識」就成為「大圓鏡智」。「大圓鏡智」的本性是清淨，沒有染污的。

②平等性智心無病：

「平等性智」是由第七識「末那識」所轉變的，你沒有開悟之前，叫做第七識「末那識」；你開悟了之後，就稱為「平等性智」。「平等性智」的心「無病」，意思是沒有障礙、沒有妒忌、沒有分別心、沒有貪嗔癡。

③妙觀察智見非功：

「妙觀察智」是由第六識「意識」所轉成的，第六識「意識」有分析判斷的功能，能分別善惡、是非、好壞。「分別心」是要你用分析判斷去分別；「妙觀察智」的「見非功」，是不用分別，就知道事情的前因後果。

④成所作智同圓鏡：

「成」是成就世間度化眾生的妙業，所需要的知識或技能，「所作」是指身、口、意三業發動造作，「成所作」是身、口、意三業發動造作，用以應付日常生活所需要的知識或技能，成就自利利他的作用。「成所作智」是由「前五識（眼識、耳識、鼻識、舌識、身識）」所轉成的，當第八識「阿賴耶識」轉變為清淨的「大圓鏡智」那一剎那，「前五識」也轉為「成所作智」。因為「成所作智」和「大圓鏡智」是先後一同轉化的，所以說「同圓鏡」。

⑤五八六七果因轉：

「五」是指「前五識」，「八」，是指第八識「阿賴耶識」，「六」是指第六識「意識」，「七」是指第七識「末那識」。「前五識」和第八識「阿賴耶識」是在「果」上轉成「成所作智」和「大圓鏡智」，第六識「意識」和第七識「末那識」是在「因」中先轉「妙觀察智」及「平等性智」。

⑥但用名言無實性：

雖然講在「因中轉」、「果上轉」，但是這些都只是一種「稱說」，沒有「自性」，只是名稱而已。

⑦若於轉處不留情：

若你在「轉」的那個地方不留情，就是不用你的第六識「意識」來思想這種「轉」的情形。

⑧繁興永處那伽定：

「繁」是眾多，「興」就是昌盛，「永處」就是永遠處在某處，「那伽」是梵語的音譯，意譯為「龍」，「龍」入禪定止於深淵，稱為「那伽定」。「龍」常常在定中，「那伽定」就是「龍定」。當你面對萬事、萬物、萬境時，你的心如如不動，永遠處在像「龍定」的大定中，不為外境所迷惑。

(二十)「永嘉玄覺」得到「六祖惠能」的印可

「永嘉玄覺禪師。溫州戴氏子。少習經論。精天臺止觀法門。因看維摩經。發明心地。偶師弟子玄策相訪。與其劇談。出言暗合諸祖。策云。仁者得法師誰。曰。我聽方等經論。各有師承。後於維摩經。悟佛心宗。未有證明者。策云。威音王已前即得。威音王已後。無師自悟。盡是天然外道。曰。願仁者為我證據。策云。我言輕。曹溪有六祖大師。四方雲集。並是受法者。若去。則與偕行。覺遂同策來參。繞師三匝。振錫而立。師曰。夫沙門者。具三千威儀。八萬細行。大德自何方而來。生大我慢。覺曰。生死事大。無常迅速。師曰。何不體取無生。了無速乎。曰。體即無生。了本無速。師曰。如是如是。玄覺方具威儀禮拜。須臾告辭。師曰。返太速乎。曰。本自非動。豈有速耶。師曰。誰知非動。曰。仁者自生分別。師曰。汝甚得無生之意。曰。無生豈有意耶。師曰。無意誰當分別。曰。分別亦非意。師曰。善哉。少留一宿。時謂一宿覺。後著證道歌。盛行於世。諡曰無相大師。時稱為真覺焉。」

「永嘉玄覺」禪師，溫州戴氏的兒子。自幼研習經論，精通「天台止觀法門」。因為閱讀《維摩經》，明白通曉「心地（指心能生萬法，如地能生萬物。以大地來比喻心，謂心如大地，能產生世間、出世間和善惡等法）」。

六祖惠能的弟子「玄策」偶然拜訪永嘉玄覺，和他暢談，永嘉玄覺所說的佛理，都能夠契合諸祖的意旨。

玄策問說：「仁者是在那一位師父門下得法的？」

永嘉玄覺回答說：「我聽《方等》經論，每部經都各有師承，後來從《維摩經》中悟得佛法相傳以心印心的宗旨，只是還沒有人為我證明我的領悟。」

玄策說：「在『威音王佛』未出世以前，還可以說有無師自悟的人；在『威音王佛』出世以後，無師自悟的人，都是理所當然的外道。」

「威音王佛」是過去「莊嚴劫」最初的佛名，其後禪宗以此佛表示遙遠的古代，以「威音王佛已前」比喻學人自己本來面目。「威音王佛」是過去「莊嚴劫」最初的佛名，故以祂表示無量無邊的久遠之前。

「莊嚴劫」是過去的大劫，「劫」意譯為長時間，原為古代印度「婆羅門教」極大時限的時間單位。佛教沿用，而視「劫」為不可計算的長久年月。「劫」有大劫、中劫、小劫三種，現在的大劫稱為「賢劫」，過去的大劫稱為「莊嚴劫」，未來的大劫稱為「星宿劫」。每一劫中，各有千佛出現。

永嘉玄覺說：「希望仁者能為我印證。」

玄策說：「我人微言輕，『曹溪』有位『六祖大師』，各方眾多學佛者前參學，而且都是領受正法的人。如果你要去，我可以和你一同前往。」

於是永嘉玄覺就和玄策一同前往參訪六祖惠能，永嘉玄覺繞著六祖惠能走了三圈，振錫杖而後站立不動。

「繞師三匝」，「匝（ㄗㄚ）」是圍繞，在尊者的身邊旋繞，代表行禮，而且必須右繞。「右繞」代表隨順如來教誨，隨順法性，而不能夠「左繞」，「左繞」是違背法性。

祖惠能說：「出家人應該具備三千威儀、八萬細行，大德從什麼地方來，為何如此傲慢無禮？」。

「三千威儀，八萬細行」是佛弟子持守日常威儀的作法，坐作進退有威德儀則，稱為「威儀」。比丘所應持守的二百五十戒，配以行、住、坐、臥「四威儀」，合為「一千戒」，循轉三世，即成「三千威儀」。再配以「身口七支（殺、盜、淫、兩舌、惡口、妄言、綺語）」、貪瞋癡三毒及等分等四種煩惱，共成「八萬四千」。諸經典舉其大數，總稱「八萬細行」。

永嘉玄覺回答說：「生死問題是人生的大事，因為生命無常，來去迅速。」

六祖惠能說：「為什麼不去體悟『無生』，了解生命的來去，本來就沒有所謂迅速或緩慢的問題呢？」

「無生」是諸法的實相無生滅，所有存在的諸法沒有實體，是空，故無生滅變化可言。可是，凡夫迷此無生之理，起生滅的煩惱，所以流轉生死。

永嘉玄覺回答說：「我體悟到『自性』本來就是『無生』，了解到『自性』本來就沒有所謂迅速或緩慢的問題。」

六祖惠能說：「就是如此！就是如此！」

永嘉玄覺這時才具備莊嚴的容止儀態，向六祖惠能頂禮敬拜，一會兒就向六祖惠能告辭。

六祖惠能說：「就這樣回去，不是太快了嗎？」

永嘉玄覺回答說：「本來就沒有動，那有快慢可言呢？」

六祖惠能說：「什麼人知道本來就不動？」

永嘉玄覺回答說：「是仁者您自己生起了分別心。」

六祖惠能說：「你非常了解『無生』的意義。」

永嘉玄覺回答說：「『無生』難道還有意義嗎？」

六祖惠能說：「如果沒有意義，誰來分別呢？」

永嘉玄覺回答說：「『分別』本身也沒有什麼意義。」

六祖惠能說：「很好！就小住一晚吧！」

當時的人們，就稱呼「永嘉玄覺」為「一宿覺」。後來「永嘉玄覺」著有《證道歌》，流傳於後世。

「永嘉玄覺」大師的《證道歌》，是繼這本《看懂禪機》之後，我要撰寫的下一本書，書名是《看懂證道歌》。

為什麼要寫《看懂證道歌》呢？因為，讀完《看懂禪機》，了解禪機之後，接下來就要真修實修，去修習「禪定」。而要學習「禪定」，就需要一本「禪修教科書」來輔助。

世上流行的「禪修教科書」很多，常見的有「三祖僧璨」所著述的《信心銘》，「牛頭法融」所著述的《心銘》，以及「永嘉玄覺」所著述的《證道歌》。

我最推薦「永嘉玄覺」所著述的《證道歌》因為《證道歌》的內容，既淺顯又深奧，非常適合現代有心修習「禪定」者的禪修良伴。

（二十一）我不會佛法

「一僧問師云。黃梅意旨。甚麼人得。師云。會佛法人得。僧云。和尚還得否。師云。我不會佛法。」

一個僧人請問六祖惠能說：「黃梅五祖的佛法意旨，到底是什麼人得到？」

六祖惠能說：「會佛法的人得到。」

僧人又問：「和尚您已經得到了嗎？」

六祖惠能回答說：「我不會佛法。」

六祖惠能明明是得法的人，為什麼他卻回答說「我不會佛法」呢？因為「諸佛妙理，非關文字」，「佛法」只是一張「藏寶圖」，而不是「寶藏」。假如，六祖惠能回答那位僧人說：「我會佛法。」那就糟糕了，那位僧人一定欣惠喜若狂執意要拜六祖惠能為師，來學習六祖惠能所得到的「佛法」。六祖惠能為了要破除那位僧人的執著，順便真實的教導他「佛法」，所以才說：「我不會佛法。」

試想那位僧人在問六祖惠能說：「您已經得到『佛法』了嗎？」當下那位僧人一定是聚精會神的想要聽到六祖惠能說：「我已經得到『佛法』。」

在同時，那位僧人的第六識「意識」的分析判斷功能暫時停止，第七識「末那識」也暫時停止作用，當下處於暫時的「一心不亂」的狀態。

誰知道六祖惠能突然迸出一句：「我不會佛法。」當下，那位僧人受到驚嚇，腦袋一片空白，他的第六識意識的分析判斷功能突然停止，第七識「末那識」也突然停止作用。

這時候那位僧人的「自性光」，比閃電還快，突然一閃而逝。「上根的人」剎那間與「自性」擦肩而過，他就有機會頓悟；而「下根的人」，可能因為驚嚇，需要去收驚。而那位僧人，應該是屬於「下根的人」，因為後面沒有下文了。

（二十二）惠能沒伎倆

「有僧舉臥輪禪師偈曰。臥輪有伎倆，能斷百思想，對境心不起，菩提日日長。師聞之曰。此偈未明心地。若依而行之。是加繫縛。因示一偈曰。能沒伎倆，不斷百思想，對境心數起，菩提作麼長。」

有一個僧人推薦「臥輪禪師」所作的一首偈，意思是說：臥輪有一個本領，能夠斷絕各式各樣的思想，對外境心不攀緣不起念頭，菩提心日日增長。

臥輪禪師的「有伎倆」是一種斷煩惱的方法，是一種有「造作」的禪法，是一種初步修止的法門。這個方法是「能斷百思想，對境心不起」，就是能夠停止自己第六識「意識」的分析判斷功能，達到「不起心動念」的境界，止息心中的思想和善惡的念頭，對外境的色、聲、香、味、觸等不起作用，這是處在禪定中的狀態，但是還沒有「般若智慧」，這是屬於「小乘」的境界。「小乘」要進入「涅槃」，就要先把第六識「意識」滅掉，最後要滅掉第七識「末那識」的一部分，這稱為「入滅盡定」。「小乘」不是不好，不好的地方是停留在原處，不再繼續修行進階到「大乘」的境界，只有「定」，沒有「慧」，不究竟圓滿。佛法是有深、淺層次的，但是執著「小乘」的境界不願意再進步，這就是不對了。

臥輪禪師認為他的「伎倆」，對著任何境界都不起心動念，自認為可以「菩提日日長」。其實，這只是一種「定境」，並沒有「慧境」。這種想法其實就是一種「妄想執著」。

六祖惠能聽了，就對他說：「這首偈語還沒有見到『自性』，如果依照這首偈去修行，反而會受到束縛。」

為什麼「六祖惠能」會這樣評語呢？因為，臥輪禪師只是修出「禪定」，並沒有「識自本心，見自本性」，所以，臥輪禪師的評語是「此偈未明心地」。

那為何六祖惠能又說「若依而行之。是加繫縛。」為什麼會增加繫縛呢？因為，臥輪禪師的禪法，是以「伎倆」使身心止息不動處於「禪定」的境界，還沒有「見性」；另外，只有「禪定」而沒有「般若智慧」的結合，禪者將執著於「禪定」境界的「禪樂」，而難以自拔。當禪者著迷於「禪樂」，便是所謂的「繫縛」。

在《六祖壇經》裡，六祖惠能對許多迷人偏離了正確的修止，特別刻意的「除妄不起心」和「百物不思」，提出嚴厲的批評：

①迷人著法相。執一行三昧。直言常坐不動。妄不起心。即是一行三昧。作此解者。即同無情。卻是障道因緣。

②善知識。一行三昧者。於一切處。行住坐臥。常行一直心是也。淨名經云。直心是道場。直心是淨土。莫心行諂曲。口但說直。口說一行三昧。不行直心。但行直心。於一切法。勿有執著。迷人著法相。執一行三昧。直言常坐不動。妄不起心。即是一行三昧。作此解者。即同無情。卻是障道因緣。

③善知識。道須通流。何以卻滯。心不住法。道即通流。心若住法。名為自縛。若言常坐不動是。只如舍利弗宴坐林中。卻被維摩詰訶。

④若百物不思。常令念絕。即是法縛。即名邊見。

⑤若只百物不思。念盡除卻。一念絕即死。別處受生。是為大錯。學道者思之。若不識法意。自錯猶可。更勸他人。自迷不見。又謗佛經。

⑥又莫百物不思。而於道性罣礙。

⑦善知識。又有人教坐。看心觀靜。不動不起。從此置功。迷人不會。便執成顛。如此者眾。如是相教。故知大錯。

因此，「六祖惠能」說了一首偈語來教導他，意思是說：惠能沒有什麼伎倆，不用斷絕各式各樣的思想，對境時心不斷生起，菩提心增長個什麼啊？

六祖惠能說，「惠能」我沒有什麼本領，也不需要斷絕各式各樣的思想，因為「煩惱即菩提」，我連斷百思想的念頭都沒有。實際上是因為，第六識「意識」已經轉成「妙觀察智」，所以對境、對事，不用「分別」就立即知道事情的前因後果。「事來則應，事去則靜。」所以隨「妄想」來，也隨「妄想」去。我也不管「菩提」長不長，因為「自性」不增不減，這和我從前說過「本來無一物，何處惹塵埃」的道理是一樣的，我的「自性」本來就是清淨的，又何必「勤拂拭」呢？「見性」後，這念心「一念不生」，處處作主，如如不動，外面的境界是「境隨心轉」。

（二十三）吾有一物。無頭無尾。無名無字。無背無面。

「一日師告眾曰。吾有一物。無頭無尾。無名無字。無背無面。諸人還識否。神會出曰。是諸佛之本源。神會之佛性。師曰。向汝道。無名無字。汝便喚作本源佛性。汝向去有把茆蓋頭也。只成箇知解宗徒。」

有一天，六祖惠能對大眾說：「我有一樣東西，沒有頭也沒有尾，沒有名也沒有字，沒有後也沒有前，大家還識得嗎？」

「神會」出來說：「這是諸佛的本源，也是我『神會』的佛性。」

六祖惠能說：「已經跟你說過，沒有名沒有字，你還稱它作『本源佛性』。你以後即使有個『茆蓋頭（茅草蓋頭，就是將來自已有一個立足處。）』，也只是個領悟會意『佛法』的人。」

各位讀者！假如你是「神會」，你應該如何正確回答這個問題呢？假如想不出來，我們先來看看下面這個禪機公案。

《景德傳燈錄》卷第三原文：

「迄九年已欲西返天竺。乃命門人曰。時將至矣。汝等蓋各言所得乎。時門人道副對曰。如我所見。不執文字不離文字而為道用。師曰。汝得吾皮。尼總持曰。我今所解如慶喜見阿閦佛國。一見更不再見。師曰。汝得吾肉。道育曰。四大本空五陰非有。而我見處無一法可得。師曰。汝得吾骨。最後慧可禮拜後依位而立。師曰。汝得吾髓。」

達摩祖師來到中國已經九年，想要返回「天竺（印度）」。就命令弟子們說：「我要離開的時間到了，你們說說各自的悟境吧！」

當時弟子「道副」回答說：「就我的見解，不執著文字，也不捨離文字，要把文字當作修道的工具來使用。」

達摩祖師說：「你得到我的皮。」

尼總持說：「我所了解的是，就像『慶喜』看到『阿閦佛』的清淨國土，一見到就沒有相的執著了。」

達摩祖師說：「你得到我的肉。」

『慶喜看到阿閦佛』這句話是說，當初「慶喜（即『阿難尊者』）」看到阿閦佛國」，他只看過一次，信心就此肯定，就不用再看了。意思是說，看到外境不生起「分別心」。

「道育」說：「『四大（地、水、火、風）』本來是『空性』，眼耳鼻舌身意『五蘊（色蘊、受蘊、想蘊、行蘊、識蘊）也不是實有的，依我的見解，這世界上沒有一法可以得到。

達摩祖師說：「你得到我的骨。」

最後「二祖慧可」走到達摩祖師的面前頂禮，卻一句話也沒說，然後回到原來的位置站立，沉默不語。

達摩祖師說：「你得到我的骨髓。」

最後，達摩祖師把衣缽傳給「二祖慧可」，成為禪宗二祖。

「道副」、「尼總持」和「道育」三人的答話，都落於「語言文字」，只有「二祖慧可」真正做到「不立文字」的超脫無依，因為「自性」不可說，「悟」不可語。

我們再回到「六祖惠能」這邊。

六祖惠能說，他有一樣東西「無頭無尾」、「無名無字」、「無背無面」，你們認識它嗎？

六祖惠能是在說「自性」的特徵「自性」是「無頭無尾」、「無名無字」、「無背無面」，是不能用「語言文字」來述說描述的。

「神會」卻說：「這是諸佛的本源，也是我『神會』的佛性。」「神會」解釋的沒有錯，錯在他開口說話了。

所以，「六祖惠能」指責他說：「向汝道。無名無字。汝便喚作本源佛性。汝向去有把茆蓋頭也。只成箇知解宗徒。」。

「知解宗徒」是說，你自己看書，領悟會意「佛法」而已，所謂的「開悟」根本還算不上。

試想，當今世上有多少「知解宗徒」呢？

永嘉禪師著作《證道歌》

一、簡介作者永嘉禪師

「永嘉禪師」，俗姓戴，字明道，法號玄覺」，又號「真覺大師」，謚號「無相」，溫州永嘉人（今屬浙江）。「永嘉」是地名，唐朝在此地設置溫州，宋、元、明、清時稱此地為溫州府，現今此地稱為浙江省永嘉縣。世人稱呼作者以地名代替姓名，是表示尊敬之意。稱呼「禪師」而不稱為「祖師」，是因為雖然有得道，但是沒有掌道統。

永嘉禪師是唐朝的高僧，四歲就出家，熟讀經律論三藏，精通天台宗的止觀法門。他在日常的行、住、坐、臥（即四威儀）中，時常表現出他的禪觀，並且能夠在沒有師父的教導下，自己一個人坐禪、誦讀《維摩經》而有所悟。

永嘉禪師是唐朝禪宗和天台宗兩宗的大師，提倡禪宗和天台宗融合之說。永嘉禪師曾經向禪宗六祖惠能請益，六祖惠能留住一晚，人稱「一宿覺」。這一段過程，已經在本書第十九單元介紹過，不再重述。

永嘉禪師留有《永嘉集》以及《永嘉證道歌》，《永嘉證道歌》是記錄永嘉禪師的悟境。

二、關於《證道歌》

《證道歌》是永嘉禪師彙整他本身對道的體悟，以及從六祖惠能那裏參得的悟境，再加上修道的要訣，用古詩的方式寫成的長詩，為長篇雜言形式，文字通俗，闡揚禪理，唐宋時廣為流傳。

《證道歌》是以「詩偈（音ㄐㄧˋ）」的方式所寫成，原則上以四句（每句七個字）為一首，共計六十三首。起首的四句，先立綱領，以後的各首再逐漸解說。所謂「偈」是梵語，音譯為伽陀、偈他，即詩、頌之意，在經、論中，時常以詩句的形式，來表示佛的思想，這就是「偈」。

《證道歌》與《十牛圖》、《信心銘》、《坐禪儀》合稱為「禪宗四部錄」，是自古以來，有心修禪的人必讀的禪學入門書。

三、《證道歌》的核心重點

「永嘉玄覺」大師的《證道歌》，是繼這本《看懂禪機》之後，我要撰寫的下一本書，書名是《看懂證道歌》。所以，在這個單元只介紹全文的重點。

《證道歌》共計六十三首，其中的六首，是全文的重點。

（一）君不見，絕學無為閒道人，不除妄想不求真，無明實性即佛性，幻化空身即法身。

1. 名相解釋：

(1) 君：對一般人的尊稱，例如「先生、小姐」。

(2)絕學：絕棄一切有知識分別的學問。

(3)無為：沒有生滅變化、無造作、無分別對待的境界。

(4)道人：唐朝對學佛之人稱呼的。

(5)妄想：非分的念頭，指隨無明而起的有為法。

(6)真：真實，指不生不滅的真如的無為法。

(7)無明：人類種種的迷妄、執著，都是無明的表現，因此有無盡的煩惱和痛苦。

(8)實性：即本性、本質、真如、空性，實性是指以相對論而言，「無明」的相對就是「有明」，也就是說已經悟道，但是以佛的立場來說，「有明」是要被否定的，因為它只是人類為了區別說明「無明」，而從意識中所顯現的一個妄想而已。比如說人類看鏡子時，有乾淨與不淨的相對分別，但是對鏡子本身而言，它並沒有乾淨與不淨的區別，淨與不淨只是人們的意識想法。「實性」就好比人們眼中「乾淨的鏡子」，其實它也是不存在的。真實的本性，也可以說已悟道的境界，那是一種「絕對性」，沒有二分法的「相對性」，它是不生不滅、不垢不淨、不增不減、無善無惡的狀態。

(9)佛性：佛的本性，人人都有「佛性」，每個人都有一個「自性佛」，當悟道時，就會感覺到佛性的顯現與存在。

(10)空身：指人類的肉體，因為肉體會因人的死亡而腐敗消失，無法常留存在。

(11)法身：凡意識所能思及的，稱為「法」。「法身」即「自性身」，就是「如來藏」，這是成就佛法的身體，這個身體不以物質而言，而是精神的意義。一切眾生皆有佛性，若未悟道的時候，稱為第八識「阿賴耶識」；若已悟道時，則稱為「法身」。「法身」不隨人的色身敗滅而消失，它可長存於天地之間。簡單的說，「法身」是真理的本體。

2. 詩偈簡譯：

諸君！你們沒有看見嗎？有一種修道者，他絕棄一切的知識學問，而歸於無分別對待的境界，這種修道者的內心，才能真正的安靜清閒。對於悟道的人來說，他不去想去除妄想，也不去想追求真理。他明白無明與真實的本性都是佛性，他了解佛法就在自己的肉體裏面。

3. 詩偈啟示：

(1)「絕學無為閒道人」是《證道歌》的主角，它很清楚的明示修道的方法。在禪宗的修道法門中，強調的是「直指人心，見性成佛（不經任何言說的教導，也不依賴經典的權威性，直接了當的指出人類心靈的本質就是佛性，若能當下徹見這個佛性，便即成佛。）」，所以不重視經典的研討，讀太多的經典，反而容易成為「文字障」。

永嘉禪師提倡「絕學無為」這個觀念，道家的老子在《道德經》第十九裡也提到：「絕學無憂」的相同論點。但是，為什麼要「絕學」？為什麼要「絕棄一切的知識學問」呢？

假如要學習佛法，而不去研讀學習佛經，那我們要怎麼學習佛法呢？所以，單從字面上去解釋，就會誤解會錯意的。

正確的解釋，可以在老子的《道德經》找到。但是，老子在《道德經》第十九所提到的「絕學無憂」，也被許多人誤解。許多人直接解釋為「絕棄學問，就不會有憂慮。」更進一步說明：「絕學」的學指的是「巧智之學」，和社會上的復雜現象。學習越多的知識，反而會帶來越多的分別心，而帶來越多的煩惱，所以絕棄學問比較好。

但是，這種字面上的解釋，太不合邏輯了。一般人「絕棄學問」，就什麼都不懂，怎麼可能不會有憂慮呢？

根據《史記・老子傳》的記載，老子中年以後，到洛陽城擔任過「周守藏室之史」的職位。「藏室」是藏書和檔案的地方，「周守藏室」就是周朝的國家圖書館，「藏室之史」就是管理周代王朝圖書的史官。也就是說，老子擔任過「圖書館館長」，想必他老人家博覽群書，鑽研各種知識，老子怎麼會要大家「絕棄學問」呢？

事實上，「絕學」這兩個字，要分兩個階段來解釋：

第一個階段：要精進學習學問。

第二個階段：要懂得捨棄學問。

要學習佛法，首先你要先精進學習佛法學問，明白道理之後，再依照佛法學問的方法捨棄佛法學問來修道。

第一個階段：要精進學習學問。修行菩薩道的方法為「六度波羅蜜」，分別是「布施、持戒、忍辱、精進、禪定、智慧」，其中的「精進波羅蜜」的「精進」就是「身體勤勞、不懈怠」的意思，學習佛法要勤勞、不懈怠。

第二個階段：要懂得捨棄學問。在《金剛經》中，釋迦牟尼佛說：「汝等比丘，知我說法，如筏喻者，法尚應捨，何況非法。」「筏」是船筏，是指佛法，「筏喻」是說：佛法就好像過河用的竹筏一樣，渡脫生死苦海，到了對岸，一定要離開竹筏才能上岸，到達涅槃的境界。學習佛法，就要懂得「捨舟登岸」，放下一切賴以超脫生死的佛法。

老子和釋迦牟尼佛的教導是一致的，老子不但提倡要認真學習學問，而且他還分為「為學」和「為道」的兩種不同的學習方法。

《道德經》第四十八原文：「為學日益，為道日損。損之又損，以至於無為。無為而無不為。」

老子認為：「為學」要日益，「為道」要日損。

第一個階段：「為學」是對形而下學問的學習，是外求的，能夠一天一天的增長學識，用的是「加法」，就像釋迦牟尼佛所說的「精進波羅蜜」。

第二個階段：「為道」是對形而上生命的探討，是內求的，要去除貪、瞋、癡三毒和顛倒夢想等等，所以一切的學問知識，必須一點一點的損掉，用的是「減法」。

「損之又損，以至於無為」，損掉（減少）一切的學問知識；「以至於無為」，損掉到最後，連「空」也把它損掉，損掉到一無所有。就像釋迦牟尼佛所說的「筏喻」，要「捨舟登岸」，放下所有的佛法；「無為而無不為」，然後「如來藏（自性）」顯現，這時就會無所不有，無所不知。

(2)「不除妄想不求真」對初學者而言，可能看不懂它在表達什麼？其實道理很簡單，引兩句《金剛經》的經文來說明就懂了。

《金剛經》：「一切有為法，如夢幻泡影，如露亦如電。」又說：「凡所有相，皆是虛妄，若見諸相非相，即見如來。」只要內心產生「要去除妄想，要追求真理」的想法，立即成為「有為法」和「相」的狀態，因為有此想法，表示在你的意識內，尚有「我有妄想，我不知道真理。」的潛意識思想，如此便有了「分別對待心」。

在佛的境界裏，只有「絕對論」，而沒有「相對論」，所以六祖惠能說：「莫思善，莫思惡。」，《般若心經》說：「不生、不滅、不垢、不淨、不增、不減。」。

(3)「無明實性即佛性」可以直接翻譯成「無明有明皆佛性」，在凡夫的觀念裡，與「無明」相對的就是「有明（實性）」。實際上，「無明」和「有明（實性）」都是來自於「佛性」。

這要舉個例子比較容易理解：原本平靜的「海水（佛性）」，突然吹來一陣「風（妄想執著）」，把「海水（佛性）」吹起「海浪（無明）」。等風（妄想執著）」平息了，「海浪（無明）」又恢復成原來平靜的「海水（佛性）」。

「海浪（無明）」的成份是「海水（佛性）」，是原來平靜的「海水（佛性）」。原本「海水（佛性）」是沒有動靜的分別，都是因為「風（妄想執著）」的吹襲，才把「海水（佛性）」吹成「海浪（無明）」，而凡夫又把原來平靜的「海水（佛性）」，取名為「實性」。

所以說「無明實性即佛性」，海浪（無明）」是來自於原來平靜的「海水（佛性）」。「實性（佛性）」本來無分別，是「人心」生起「分別對待心」，才有所區別。

修道就是要了解「無明」與「實性」都是來自於「佛性」，「無明」與「實性」根本就是虛妄不存在的東西，都是由「人心」所想出來的東西。

(4)「幻化空身即法身」可以用另外一首詩來解答：「佛在靈山莫遠求，靈山只在你心頭，人人有個靈山塔，好向靈山塔下修。」，人人皆有一個「自性佛」，所以修道的目的，是想把「自性佛」從肉體中顯現出來，也就是說「自性佛（法身）」就藏在肉體內。

（二）不求真、不斷妄，了知二法空無相，無相無空無不空，即是如來真實相。

1. 名相解釋：

(1)求真：追求真實，「真」是真法，是不生不滅的真如，又稱為「無為法」。

(2)斷妄：「斷」是戒除，「妄」是由因緣生的有為法，又稱為「妄法」。

(3)了知：了解知道。

(4)二法：指真法與妄法。

(5)空無相：「空」是一切的存在（指人、法）都無自體，表示萬法都是由「因緣和合」而生起，並無固定的實體；表示某些東西（自體、自性）的非存在狀態，而非純然虛無的意思，這個否定的意思很重要。不可以把「空」解釋為「無」，因為「空」不但否定事物的實體性，否定構成自我與世界恆存的永久的實體，也否定持這種見解的說法。「無相」是不具有相對的形相，是一切存在都無差別相，平等一如。

(6)如來：指已經覺悟的人格，由真理、真如而來的人格，這即是佛。

(7)實相：一切事物的真實的、常住不變的本性，也是平等的、最高的真理。這是佛所覺悟的內容，一切語言的作用，都是相對性的，而實相卻是絕對的真理。「真如、一如、法性、實性、涅槃、無為」等，都是「實相」的異名。

2. 詩偈簡譯：

不必追求真法，不必斷除妄法，你要了解知道真法與妄法，它們的本體都是空而「無相」的。「無相」就是沒有「空」，也沒有「不空」，這就是佛所覺悟的絕對的真理。

3. 詩偈啟示：

「不求真，不斷妄」可說是禪學的入門基礎，只要領悟這個道理，保證你可以讀通所有的經典。

打個比方：我們都知道抽煙不好，對身體有害處（「煙」字，火燒西方淨土，「煙」字的創造者老早就在字內暗示抽煙者去不了淨土，因為淨土禁煙，不吸二手煙。）所以有人提倡禁煙。但是「抽煙（妄法）」與「禁煙（真法）」對於「不抽煙者（了知二法空無相者）根本毫無意義因為「不抽煙者」不「抽煙（妄法）」，何來禁煙（真法）」的想法（無相無空無不空）。

再舉個例：「醫生（佛）」開立「藥單（佛法）」給「病人（凡夫）」服用，但是對於「健康的人（開悟者）」而言，他不需要這份「藥單（佛法）」，吃了還會有副作用。

要真正做到「不求真、不斷妄」只有停止自己第六識「意識」的分析判斷功能，才能夠做得到。因為，當你在思慮「不求真、不斷妄」時，這個「思慮」本身就是一種「妄想執著」。

另外，我以《心經》及《金剛經》的幾句經文來印證「不求真，不斷妄」這個道理。

《心經》說：「無無明，亦無無明盡，乃至無老死，亦無老死盡。」簡單的翻譯就是：「沒有十二因緣法（妄法），也沒有去除十二因緣法的法門（真法）。」

《心經》又說：「無苦集滅道」意思為：「沒有八大苦（妄法），也沒有去除八大苦的八正道法門（真法）。」

《金剛經》說：「凡所有相（含真法與妄法），皆是虛妄，若見諸相非相（不求真，不斷妄，了知二法空無相），即見如來（無相無空無不空，即是如來真實相）。」

《金剛經》說：「汝等比丘，知我說法，如筏喻者，法（真法）尚應捨，何況非法（妄法）。」

《金剛經》說：「須菩提，所謂佛法者（真法），即非佛法（真法不是真理，佛所覺悟的境界，是不能用說的，有真法的觀念，必有妄法的存在，這是相對性的，而真理是絕對性的）。」

（三）真不立，妄本空，有無俱遣不空空，二十空門元不著，一性如來體自同。

1. 名相解釋：

(1)俱遣：「俱」是皆、都，「遣」是放逐、丟棄。

(2)不空空：「空」原本就不存在，「不空空」意思是連「不空」也不存在。

(3)二十空門：出自於《大般若經》裏，「空門」是指為破常有之見，而說我空、法空、有為空、無為空等空相的法門。簡單的說，「空門」即是觀照萬物的本性為空的法門。「二十空門」簡述如下：內空、外空、內外空、空空、大空、勝義空、有為空、無為空、畢竟空、無際空、散空、無變異空、本性空、自相空、共相空、一切法空、不可得空、無性空、自性空、無性自性空。

(4)元不著：「元」字通「原」，原本的意思，「著」音ㄓㄨㄛˊ，意為執著。

2. 詩偈簡譯：

佛法是絕對的，所以「真」不成立，「妄」本來也是空。「有」和「無」都是對待法，都應該全部丟棄，連「不空」也都空了。「二十空門」原本是為了讓人不執著而說的，「真如本性」的如來本體原本都是相同的。

3. 詩偈啟示：

在真理的世界裏，是一種絕對的世界，所以沒有「有」，也沒有所謂的「無」，沒有所謂的「空」，也沒有所謂的「不空」，這些都是對待法，真理的世界超越所有的對立。那要如何找到這「空」與「不空」之間的絕對世界呢？只有修習禪定，達到「一心不亂」的境界，停止自己第六識「意識」的分析判斷功能，讓第七識「末那識」停止作用，就是進入絕對世界的法門。

（四）心是根，法是塵，兩種猶如鏡上痕，痕垢盡時光始現，心法雙忘性即真。

1. 名相解釋：

(1)心是根：「心」是指第八識「阿賴耶識」；「根」是指第八識「阿賴耶識」是一切現象生起的根本。

(2)法是塵：「法」是思想所能及者，概括宇宙的一切，包括具體的與抽象的、物質的與精神的、形而下的與形而上的。也可以說，凡是意識所能思及的，都是「法」。「塵」是泛指一切世間的事物，有污染的意思。

2. 詩偈簡譯：

第八識「阿賴耶識」是一切現象生起的根本，凡意識所能思及的一切世間的事物，都有如污染的塵土一般。「根」和「塵」兩者在本性上猶如鏡上的痕跡，把這些痕垢都掃盡時，「自性之光」才會顯現出來。把「心」和「法」兩者都忘卻了，唯一的真性才會透露出來。

3. 詩偈啟示：

所謂「三界唯心，萬法唯識」，心生則種種法生，心滅則種種法滅，唯有心能夠生萬法。古人把「心」字解說的好：「三點如星象，橫勾似月斜，披毛從此出，作佛亦由他。」所以「心」是善惡的根源，所以說它是「根」。

在《金剛經》中有這麼一段經文：「是故不應取法，不應取非法，以是義故，如來常說，汝等比丘，知我說法，如筏喻者，法尚應捨，何況非法。」「法」與「非法」都是不真實的，有如在心鏡上蒙上一層灰塵。

在《六祖壇經》裡，有有二句很有名的詩偈。

神秀大師的偈云：「身是菩提樹，心如明鏡台，時時勤拂拭，勿使惹塵埃。」，此偈可做為「痕垢盡時光始現」的解釋。

六祖惠能祖師的偈云：「菩提本無樹，明鏡亦非台，本來無一物，何處惹塵埃。」，此偈可做為「心法雙忘性即真」的註腳。

（五）吾早年來積學問，亦曾討疏尋經論，分別名相不知休，入海算沙徒自困。

1. 名相解釋：

(1)討疏：「疏」音ㄕㄨˋ，解釋意義；「討」是探討研究。

(2)經論：即經、律、論，「經」是佛說法的記錄；「律」是佛所定的戒律；「論」是佛教徒或佛教學者研究佛教義理的結集，三者統稱「三藏」。在這三者中，「經」重視一般的生活態度、精神方向；「律」重視道德戒條的實踐；「論」則重視理論與概念的闡發，哲學意味最為濃厚。

(3)名相：一般來說，指概念。所謂「佛學名相」，即指佛學的專有名詞，有時也可作「術語」看。

2. 詩偈簡譯：

我（指永嘉大師）在年輕的時候，就研究天台宗的經教來累積學問，也曾經探討佛經的註疏，追尋經律論，總是分別名相，不知道休息，那就等於入海算沙，徒自增加自己的困苦罷了。

3. 詩偈啟示：

寫到這首詩偈時，感覺上是永嘉禪師在諄諄教誨我們一般。這確實是一般自認為是高級知識份子者的通病，都以為自己高人一等，名相比別人知道的多，就洋洋得意。

（六）不見一法即如來，方得名為觀自在，了即業障本來空，未了應須還夙債。

1. 名相解釋：

(1)一法：即一切法，一切事物、一切現象的存在，包括物質的與精神的。這不只是「有為法」，也可是「無為法」。凡是可以感覺知道的，以至於在意識中出現的東西，都是一切法的範圍。

(2)如來：已經覺悟的人，這即是佛。

(3)方得：這樣才能夠。

(4)觀自在：「觀自在」是觀世音菩薩的另外一個名號。「觀」者，觀照也；「自在」者，無礙也，意思是：以自在的心境來觀照種種存在，此中並無分別性，因為所觀照者是存在的本質、本性。也就是說：只要你能夠觀照自己內在的「自性」，你就能夠認識自己，你就可以自在無礙了。

(5)了：音ㄌㄧㄠˇ，明白、覺悟。

(6)業障：惡業的障礙。

(7)還夙債：「還」音ㄏㄨㄢˊ，歸償。「夙」音ㄙㄨˋ，舊時的，「夙債」是前世的業因。

2. 詩偈簡譯：

能夠不見一切法，就是見到自己的本性，這樣才能夠稱為「觀自在」。覺悟了，就會明白業障本來就是空，假如還不能覺悟，那麼你仍然必須去償還你所欠的前世舊債。

3. 詩偈啟示：

「不見一法即如來」這句詩偈與《金剛經》的二句經文雷同：「若以色見我，以音聲求我，是人行邪道，不能見如來。」以及「一切有為法，如夢幻泡影，如露亦如電，應作如是觀。」。

「方得名為觀自在」這句詩偈在《心經》裡也有提到：「觀自在菩薩，行深般若波羅蜜多時，照見五蘊皆空，度一切苦厄。」，要時時刻刻修習禪定的功夫，內觀自己的心靈，就是「觀自在」的功夫。

總結《證道歌》的全文重點只有一個：

學習佛法，剛開始要精進不懈怠，盡量去博覽群經；一旦明白釋迦牟尼佛的教導，接下來就要專心修習禪定，不要再執著所看過的佛經。

看懂佛經之後，你只需要做一件事情：就是忘了所有的佛經，然後「專心修習禪定」。

要想「不除妄想，不求真」，只有一個方法，就是修習禪定，停止自己第六識「意識」的分析判斷功能，你的第七識「末那識」才會停止作用，你的「自性、佛性、如來藏」才會顯現出來。

一、《牧牛圖頌》的鼻祖

佛教禪宗在修行的過程中，禪師們在見性之後，還需要進一步的修行，才能夠逐漸的滅除分別的習性，契合本來的自性，最後圓滿覺悟。這種見性之後的修行，禪宗常用「牧牛」的過程來比喻。

禪宗把修行用「牧牛」來做比喻，這個比喻來自於釋迦牟尼佛的教導，見於諸多佛經。在眾佛經中，有許多以「牧牛」來比喻修道的功夫，這些「牧牛」的題材，後來逐漸由許多禪師做成圖畫和偈頌，演變成圖文並茂的禪門心法著作。

在佛經中，以「牧牛」做比喻的經文很多，例如：

（一）《佛遺教經》原文：

汝等比丘，已能住戒，當制五根，勿令放逸，入於五欲。譬如牧牛之人，執杖視之，不令縱逸，犯人苗稼。若縱五根。非唯五欲。將無涯畔。不可制也。……此五根者，心為其主，是故汝等當好制心。……譬如狂象無鉤，猿猴得樹，騰躍踔躑，難可禁制。當急挫之，無令放逸。縱此心者，喪人善事；制之一處，無事不辦。是故比丘，當勤精進，折伏汝心。

經文翻譯：

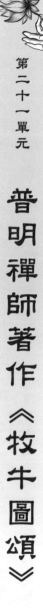

你們各位比丘，假若已經能夠停住於清淨的戒律。你們應該控制你們的「五根（眼睛、耳朵、鼻子、舌頭、身體）」，不要讓它們放縱逸樂，被「五欲（色、聲、香、味、觸）」所轉。譬如一個牧牛的人，拿著棍杖看著這頭牛，不讓這頭牛恣縱放蕩，去侵犯人家的苗稼。你們若是放縱這五根，不但是這「五欲」無法控制，其它的欲望更是沒有邊際，不可控制。……這五根，心是它們的主人，所以你們應當好好的制住你們的心。……譬如沒有套頸鉤的瘋狂大象，以及猿猴在樹上，跳躍戲弄，來回攀援，很難禁止控制。應當立即壓制，不可以讓此心放縱逸失。假如放縱此心，就會喪失人的一切行善的事業；如果能夠制心一處，那就沒有什麼事情不能辦的。所以比丘們，你們應當勤勉精進的來制伏自己的心。

在《佛遺教經》當中，「牧牛之人」是比喻「比丘」和「一切修行人」；「牛」是比喻人的「五根」和「心」。而這個「心」，就是指第七識「末那識」。

「制之一處，無事不辦」，是禪宗修行的心法。只要能夠把這個「心」，也就是第七識「末那識」，制伏在一個地方，讓它不要動，讓它停止作用，「當勤精進，折伏汝心。」，你就可以見到「自性」。

（二）《增壹阿含經・卷第四十六・放牛品第四十九第四分別誦（一）原文：

世尊告諸比丘。若放牛兒成就十一法。牛群終不長益。亦復不能將護其牛。云何為十一。於是。放牛人亦不別其色。不解其相。應摩刷而不摩刷。不覆護瘡痍。不隨時放烟。不知良田茂草處。不知安隱之處。亦復不知渡牛處所。不知時宜。若牛時不留遺餘盡取之。是時諸大牛可任用者不隨時將護。是謂。比丘。若牧牛人成就此十一法。終不能長養其牛。將護其身。今此眾中比丘亦復如是，終不能有所長益。云何為十一？於是，比丘不別其色，不曉其相，應摩刷而不摩刷，不覆護瘡痍，不隨時放煙，不知良田茂草處，不知渡處，亦復不知安隱之處，不知時宜，食不知留遺餘，諸長老比丘亦不敬待。

經文翻譯：

釋迦牟尼佛在舍衛國祇樹給孤獨園說法時，對比丘們開示：若是放牛人做了十一件事，牛群不僅得不到利益，也得不到良好的護養。這十一件事是什麼呢？牧牛人不能辨別牛的色澤是否正常；不能從牛的外觀了解是否健康；應當為牛刷洗卻不刷洗；不能將牛身上的瘡痍照護好；不知道隨時放烟以驅除蚊蟲；不知道哪裡有良田茂草；不知道可以安全隱藏的地方；也不知道河川的何處適合牛群渡越；不知節令時序；假若擠牛乳時，全部擠盡不留遺餘；不懂得善護，牛群中可做為領導的大牛。比丘們！如果牧牛人具備以上十一件事，就無法養護增長牛群。

你們比丘僧眾也是如此，如果具備以下十一件事，修行最終不能有所增長益處。這十一件事是什麼呢？就是：

1. 比丘不明白色法：比丘不知道有地、水、火、風「四大」因緣和合，所造就的色法。
2. 不曉其相：比丘不知道什麼是愚昧、什麼智慧，不會分辨它們的相。
3. 應摩刷而不摩刷：比丘若是「五根」對「五塵」的「五境」時，立刻起種種妄想、雜念，不知道守護「五根」而造作種種業障。
4. 不覆護瘡痍：比丘起了種種欲想不知捨離，也不止息妄念。
5. 不隨時放煙：比丘所學習的佛法經文，不隨時宜向人演說傳法。
6. 不知良田茂草處：比丘不能明白「四念處觀（觀身不淨、觀受是苦、觀心無常、觀法無我）。」

7. 不知渡處：比丘不明白「八正道（正見、正思惟、正語、正業、正命、正精進、正念、正定）

「是通往涅槃彼岸的渡口。

8. 亦不知安隱之處：比丘不知道於眾佛經用功。

不知時宜：比丘不知道進退。

食不知留遺餘：當信眾供養食物時，比丘貪著飲食好味，不知停止。

亦不恭敬對待諸長老比丘：比丘對於有高德的長老比丘，不起恭敬心且多有冒犯。

（三）《大智度論》初品中婆伽婆釋論第四原文：

問佛言。放牛人有幾法成就。能令牛群番息。有幾法不成就。令牛群不增不得安隱。佛答言。有十一法。放牛人能令牛群番息。

經文翻譯：

請問釋迦牟尼佛：「放牛人有幾種法成就，可以讓牛群繁衍興旺？有幾種法不具足的話，就會讓牛群不增加、不安穩？」

釋迦牟尼佛回答說：「有十一法，放牛人能讓牛群繁衍興旺。」

（四）《佛說放牛經》原文：

是時佛告諸比丘。有十一法。放牛兒不知放牛便宜。不曉養牛。何等十一。一者放牛兒不知色。二者不知相。三者不知摩刷。四者不知護瘡。五者不知作烟。六者不知擇道行。七者不知愛牛。八者不知何道渡水。九者不知逐好水草。十者牛不遺殘。十一者不知分別養可用不可用。

經文翻譯：

當時釋迦牟尼佛告訴眾比丘。有十一種方法。放牛的人不知道放牛的好處。不知道養牛。這十一件事是什麼呢？第一、牧牛人不能辨別牛的色澤是否正常；第二、不能從牛的外觀了解是否健康；第三、應當為牛刷洗卻不刷洗；第四、不能將牛身上的瘡痍照護好；第五、不知道隨時放烟以驅除蚊蟲；第六、不知道哪裡有良田茂草；第七、不知道愛護牛；第八、也不知道河川的何處適合牛群渡越；第九、不知道幫牛尋找好水草；第十、假若擠牛乳時，全部擠盡不留遺餘；第十一、不懂得分別養牛可用不可用。

在眾多佛經中，《遺教經》是最早以「牧牛」來比喻修心、習禪的佛經，一直到從馬祖的年代，才開始被引用來教導弟子修禪。

（五）《景德傳燈錄》卷第六原文：

一日，在廚作務次，祖（馬祖道一）問曰。作什麼。（慧藏禪師）曰。牧牛。祖（馬祖）曰。作麼生牧。（慧藏禪師）曰一迴入草去便把鼻孔拽來。祖（馬祖）曰。子真牧牛。

經文翻譯：

有一天慧藏禪師正在廚房裏做飯，馬祖道一走過來問他說：「你在幹什麼？」

慧藏禪師回答說：「牧牛。」

馬祖道一問說：「怎麼個牧法？」

慧藏禪師回答說：「當牛一迴轉要進入草地去吃草時，就猛然拉牛鼻繩，把牛拽回來。」

馬祖道一讚歎的說：「你真是會牧牛呀。」

這個禪宗公案，是最早記載關於「牧牛」的公案。慧藏禪師所說的「牧牛」，出自於《佛遺教經》

裡面的「譬如牧牛之人，執杖視之，不令縱逸犯人苗稼。」他所謂的「牛」，是比喻人的「心」，而這個「心」，就是指第七識「末那識」。慧藏禪師的「牧牛」功夫，就是「制之一處」，把這個「心」，這個第七識「末那識」，制伏在一個地方，讓它不要動，讓它停止作用。

（六）《五燈會元》卷第四原文：

福州長慶大安禪師（號懶安）

師（大安禪師）即造百丈。禮而問曰。學人欲求識佛。何者即是。丈曰。大似騎牛覓牛。師曰。識得後如何。丈曰。如人騎牛至家。師曰。未審始終如何保任。丈曰。如牧牛人執杖視之。不令犯人苗稼。師自茲領旨。更不馳求。

經文翻譯：

大安禪師去拜訪百丈禪師，頂禮之後問說：「我想要認識佛，如何認識自己的佛性？」

百丈禪師回答說：「你這樣問，就好像騎牛找牛一樣。」

大安禪師問說：「假如了解騎牛找牛的道理之後，還要做什麼？」

百丈禪師回答說：「就把牛騎回家。」

大安禪師問說：「不知道在騎回家的路上如何保任（保護長養，保持、維護覺悟的成果）？」

百丈禪師回答說：「就像牧牛人手執棍杖看著牛，讓牛不會去侵犯人家田裡的秧苗農作。」

大安禪師聽完就開悟，不再向外奔走追求佛法真理。

二、《牧牛圖頌》的由來

《牧牛圖頌》創作的始祖，是唐代的「湘山宗慧」禪師，他著作《牧牛歌》來引導眾生修行開悟，內容是調伏自心的禪觀修證過程。但是，這首《牧牛歌》只有詩偈，沒有繪圖，卻大興於宋代禪門。宗慧禪師是禪宗「牛頭宗」的傳人，源頭傳承來自於四祖道信，他是道欽禪師的弟子。

湘山宗慧禪師之後，禪宗門下引用「牧牛」的禪師越來越多。到了北宋，首先出現「清居皓昇」禪師的《牧牛圖頌》十二章，但是只繪出《八牛圖》。

「廓庵師遠」禪師根據《八牛圖》，又增加了兩幅圖，而成為《十牛圖》，並且一一擬出對應的偈頌和著語，完整而清晰的詮釋了禪師們「牧牛」的全部過程，成為《廓庵和尚十牛圖頌》流傳於世，對於後世的修行人，啟發良多。

自唐宋以來，《牧牛圖》的版本很多，甚至還有《四牛圖》、《六牛圖》和《十牛圖》等不同的版本。至今還留存於世的宋代《牧牛圖頌》版本中，以「廓庵師遠」禪師的《十牛圖頌》和「普明」禪師的《牧牛圖頌》受到廣泛的重視。

「廓庵師遠」禪師的《十牛圖頌》把禪修過程分成十個階段：一、尋牛，二、見跡，三、見牛，四、得牛，五、牧牛，六、騎牛歸家，七、忘牛，八、人牛不見，九、返本還源，十、入廛垂手。

「普明」禪師的《牧牛圖頌》也把禪修過程分成十個階段：一、未牧，二、初調，三、受制，四、回首，五、馴伏，六、無礙，七、任運，八、相忘，九、獨照，十、雙泯。

廓庵師遠禪師的《十牛圖頌》版本有圖、有頌、有文，最為完備，影響也最大，流傳也最廣。

但是到了明代，淨土宗的第八代祖師「雲棲蓮池」大師（他與「紫柏真可、憨山德清、蕅益智旭」並稱為「明末四大高僧」）為出自普明寺的《普明禪師牧牛圖頌》作序並且宣揚。有了「雲棲蓮池」大師的加持推廣，所以「普明」禪師的《牧牛圖頌》，雖然只有圖和頌，但是也開始廣為流傳，並有許多明、清兩代的禪師們做頌相附和，影響也很大，流傳也很廣。

本書就「普明」禪師的《牧牛圖頌》，來做分析講解。

普明禪師的《牧牛圖頌》，是屬於「十牛圖」系列，作者普明禪師是宋代人，生卒年不詳。《牧牛圖頌》的「牧牛」是比喻「治心」的過程，「十牛」是一種譬喻；「圖」就是圖說；「頌」就是用偈頌的方式，說明「十牛圖」的含義以及其中的道理。

所謂「十牛圖」，就是以十幅圖畫，敘述一個禪修者，像牧童牧牛一樣，如何讓第七識「末那識」逐漸停止作用，如何把煩惱執著逐漸克服，最後顯現出自己的「自性（如來藏）」。

三、《牧牛圖頌》的牧童和牛

在《牧牛圖頌》的十幅圖案裡，有二個主角要先介紹一下：

（一）主角一「牧童」，是比喻做人的第六識「意識」：

第六識「意識」在「唯識學」的八識中排行老六，是依第七識「末那識」為根（意根）生起。所攀緣的是過去、現在、未來的法塵，發生認識的作用。

在八個心識當中，第六識「意識」的活動範圍最廣，活動力最強。它可以和前五識（眼識、耳識、鼻識、舌識、身識）一起作用，對外在的境界生起著種種分別；也可以單獨生起著種種分別。

第六識「意識」的作用，通常分做兩種：

1. 五俱意識：就是第六識「意識」和前五識在同一個時間內，一起接觸到外面的種種境界，所生起的分別心識。

2. 獨頭意識：就是不用透過前五識，第六識「意識」仍然可以單獨作用，比如：第六識「意識」回憶過去、未來等種種境界時，就不用伴隨前五識，自己單獨活動。

在「獨頭意識」中，又分成四種：

(1)夢中獨頭意識：我們平常「做夢」就是第六識「意識」的活動。

(2)定中獨頭意識：禪定中的意識，「前五識」已經完全停止活動，只剩下第六識「意識」。

(3)散位獨頭意識：是因為散亂心生起，所生起的執著妄想。

(4)狂亂獨頭意識：精神病患者的幻想境界。

平時我們要改正錯誤的思想和行為，就是要依靠第六識「意識」。所以，要修行學佛，必須要從第六識「意識」下手。

修道人修行的第一步，就是把平時的「散位獨頭意識」，透過修習「禪定靜坐」，改變成「定中獨頭意識」。然後，讓第七識「末那識」停止作用。

（二）主角二是「牛」，是比喻做人的第七識「末那識」：

凡夫的心念、念頭，也就是第七識「末那識」，就好像是一頭牛一樣，牛有牛脾氣，很難調伏。

第七識「末那識」在「唯識學」的八識中排行老七，是依托第八識「阿賴耶識」做為它的自體，另外依托第六識「意識」做為它的作用。而它自己卻是既無自體也無作用，只是依托他物而生起。第七識「末那識（意根）」執著第八識「阿賴耶識」的「見分（認識的作用）」，以為自己這個身體是「自我（真實的我）」，卻不知道這個身體死亡之後，就消失不見了。

第七識「末那識（意根）」是一個自私又執著的心識，它的最大特點是執著「假我（我們的身體）」，這個「執著心」的根源，從無始劫以來，就與四種煩惱互相呼應，生死相隨。

這「四種煩惱」就是「我痴、我愛、我慢、我見」。人只要執著「假我」，這「四大煩惱」立即同時生起。詳述如下：

(1)我痴：是指凡夫不了解佛教道理的世俗認識。
(2)我見：是指第七識「末那識」以「自我（假我）」為中心，帶著強烈的「我執」。
(3)我慢：是指第七識「末那識」以「自我（假我）」為中心，自以為是。
(4)我愛：是指第七識「末那識」愛戀自己，覺得自己最重要，無一時捨離。

第七識「末那識」必須依靠前面六個心識，才能夠做恆常不斷的審查思慮，不斷的生起妄想，並且執著這些妄想，沒有片刻的停歇過，就像一頭未馴服的狂奔野牛一樣。

第六識「意識」就好像是你心靈上的「天使」；而第七識「末那識（意根）」就好像是你心靈上的「魔鬼」，我們遇到事情會覺得很難下決定、猶豫不決、天人交戰和內心矛盾的種種現象，都是你內在的第六識「意識」和第七識「末那識（意根）」在爭論。但是，假如第六識「意識」不能夠完全說服第七識「末那識（意根）」，最後還是會由第七識「末那識」來做決定，再付諸行動。

所以，我們平常都是第七識「末那識」在主宰第六識「意識」的思維。由於第七識「末那識（意根）」隨時作主的特性，恆常不斷的審查思慮前面六個心識，不斷的生起妄想，並且執著這些妄想，因此導致生死輪迴不斷。

既然第七識「末那識」主宰第六識「意識」的思維，主宰我們的一切，那麼我們要如何修道呢？「唯識學」教導我們一個方法：從第六識「意識」下手。

由於第七識「末那識」必須靠著身體的「五根（眼、耳、鼻、舌、身）」，才能夠監督外面的一切情境，才能夠攀緣外面的一切情境；也必須靠著第六識「意識」，才能夠做分析判斷的動作。

所以，只要能夠關閉「五識（眼識、耳識、鼻識、舌識、身識）」，再運用第六識「意識」的「定中獨頭意識」和第七識「末那識」互相抗衡，只要有恆心，修行禪定功夫，持之以恆，第七識「末那識」就會逐漸停止作用。

修習禪定靜坐時，雙腿一盤，兩眼一閉，使用「呼吸守意法」，把注意力集中在一呼一吸的過程中。這時候，禪修靜坐者關閉「五根（眼、耳、鼻、舌、身）」，讓「五識（眼識、耳識、鼻識、舌識、身識）」消失。前五識的功能一關閉，第六識「意識」，就會生起散亂心，想東想西，產生妄想，轉變成「散位獨頭意識」。

前面說過，第七識「末那識」必須依靠前面六個心識，才能夠做恆常不斷的審查思慮，不斷的生起妄想。但是，因為第七識「末那識」失去前五識的訊息，第七識「末那識」就必須只能夠依托第六識「意識」做為它的作用。

所以，第七識「末那識」就執取第六識「意識」的「散位獨頭意識」，生起散亂心，想東想西、回憶過去、思惟現在、計劃未來。因為散亂心生起的緣故，所以產生妄想執著。這時的第七識「末那識」，就好像一頭瘋狂未馴服的野牛一樣，到處興風作亂。

同時，因為禪修靜坐者修習禪定功夫的關係，第六識「意識」的「散位獨頭意識」，隨著一呼一吸的修練，逐漸轉變為「定中獨頭意識」。長期修練禪定的功夫，「定中獨頭意識」會生出「無我」的作用，就能夠影響到第七識「末那識」，使它消除我執，讓它停止作用。

就這樣，禪修靜坐者的內心世界，就爆發「神魔大戰」，一場「天使（定中獨頭意識）」與「魔鬼（散位獨頭意識）」的長期對抗，就此開始。

第六識「意識」的「定中獨頭意識」被比喻成「牧童」：第七識「末那識」執取第六識「意識」的「散位獨頭意識」，被比喻成「心牛」：而「牧童」手中穿過牛鼻的「芒繩」，就被比喻成「呼吸」，就是「氣息」，就是釋迦牟尼佛所傳授的「安那般那守意法」，就是「呼吸調息法」。

有關「安那般那守意法」的介紹，在我的第一本書《看懂心經》，第十八單元「觀自在菩薩的修行法門」裡面的第四節「釋迦牟尼佛傳授『安那般那守意法』給他的獨生子羅雲」有詳細的介紹。

本書下個單元，會依照「十牛圖」來分析「禪修靜坐」的十個步驟，以及修習「安那般那守意法（呼吸調息法）」的方法。要想調伏心中這頭「心牛」，必須要有相當的耐力及方法。而要降伏心中這頭「心牛」的方法，是有層次的。

普明禪師就把這個禪修的過程，畫出《牧牛圖頌》，以十張「牧牛圖」做比喻，來教導後世的禪修者。普明禪師所作的《牧牛圖頌》，是畫著一條黑牛，逐漸變成白牛。這是說明禪定的過程，先從頭角變白，然後牛身，最後尾巴到全身變白。《牧牛圖頌》的重點在於「調心見性」，修行方法講求循序漸進，最後人和牛都不見，比喻心和法雙亡為禪定的最高境界。

普明禪師的《牧牛圖頌》教導我們，從開始的「未牧」，到「初調」、「受制」、「回首」、「馴伏」、「無礙」、「任運」、「相忘」、「獨照」，到最後的「雙泯」，總共有十個層次、十種境界。

也就是說，在禪定修行的過程中，從凡夫原本煩惱執著的心開始著手調伏，第七識「末那識」在調伏過程中的反抗，一直到被馴服，最後第七識「末那識」這頭「心牛」停止作用。

但是，降伏「心牛」之後，別忘了調伏「心牛」的「自己（第六識『意識』）」也要消失不見，才能夠見到自己的「自性」。因為「凡所有相，皆是虛妄」，「自己」也是一種執著和虛妄。

簡單的說，普明禪師的《牧牛圖頌》說明禪定修行，要經歷過十種「心」的境界，每個境界都用不同的「圖」及「偈頌」來說明解釋。所以《牧牛圖頌》，就是說明禪定修行的十種心路歷程。

四、《牧牛圖頌》的全文重點

（一）未牧第一

普明禪師頌文：

猙獰頭角恣咆哮，犇走溪山路轉遙，
一片黑雲橫谷口，誰知步步犯佳苗。

1. 猙獰頭角恣咆哮：

(1)猙獰：面貌凶惡的樣子。

(2)恣（ㄗˋ）：放縱。

(3)咆哮：形容激怒時的吼叫。

剛開始學習禪定修行，一般都是從「靜坐」開始學習。剛「靜坐」時，兩眼一閉，不久你就會發現，滿腦子的妄想思緒，漫天飛舞而不知停止。你的第七識「末那識」，就像一頭兇猛的「心牛」一般，「念頭」放縱的發怒吼叫，很難調伏。

2. 犇走溪山路轉遙：

(1)犇（ㄅㄣ）：同「奔」，本意指牛驚走，引申為奔跑。

(2)遙：飄蕩。

這頭「心牛」奔走在溪河和山林，在山路裡到處亂轉飄蕩。「靜坐」時，這個「念頭」，你的第七識「末那識」，會胡思亂想，天馬行空，而且無法停止。

3. 一片黑雲橫谷口：

在這頭「心牛」的上空，有一片黑雲橫越谷口。什麼是「黑雲」？就是釋迦牟尼佛所說的「妄想執著」。

什麼是「谷口」？老子在《道德經》第六章說：「谷神不死」，老子把「道」比喻成「谷神」，「谷」是形容虛而能容；「神」是形容無所不應；「不死」是形容永生不滅。

在修行上，道家認為在兩眼之間的鼻端有個凹陷處，稱為「玄關竅」，就是「谷神」的所在處。「靜坐」時，兩眼一閉，只見兩眼之間的「谷口」，也就是「玄關竅」，一片漆黑。

禪宗常用「黑漆桶」來比喻「我們的自性被無明遮蔽的狀態」，當禪修者打破「黑漆桶」之後，從妄想執著的束縛中解脫出來，頓時覺得無比的自由、舒暢，心境頓時好像看到大地的開闊。

南宋禪宗的臨濟宗祖師大慧宗杲（ㄍㄠˇ）禪師做一首很有名的七言詩《贈別》，第一句「桶底脫時大地闊」，白話翻譯是「桶底脫落時，大地頓然遼闊。」，就是在形容禪修者開悟的狀態。用「桶底脫」比喻禪修者，明心見性的悟道境界。

這首詩用「黑雲」代替「黑漆桶」，來比喻還沒有開悟時的狀態。初學禪修者，兩眼一閉，眼前一片漆黑，滿腦子的妄想執著。

4. 誰知步步犯佳苗：

「佳苗」比喻眾生的自性、如來藏。誰知道，這頭「心牛」正在一步一步的踐踏自己的自性、如來藏。因為一般人第七識「末那識」作用的原因，所以剛開始學習禪定靜坐，兩眼一閉時，一定會覺得「一片黑雲橫谷口」，眼前烏漆墨黑，腦中充滿著「妄想執著」。

這句「誰知步步犯佳苗」，是取自於《佛遺教經》。

《佛遺教經》原文：

譬如牧牛之人，執杖視之，不令縱逸，犯人苗稼。

《佛遺教經》翻譯：

譬如一個牧牛的人，拿著棍杖看著這頭牛，不讓這頭牛恣縱放蕩，去侵犯人家的苗稼。

另外，第一張圖「未牧」裡的牛是全黑色的，從第三張圖「受制」開始，逐漸的部分變成白色，最後整隻牛完全變成全白色的。

「黑牛」和「白牛」的概念，是來自於《法華經》，《法華經》把大菩薩的境界比喻為「大白牛」。頭角猙獰的「大黑牛」，就比喻為沉淪五欲的凡夫。

《法華經》譬喻品第三原文：

駕以白牛，膚色充潔，形體姝好，有大筋力，行步平正，其疾如風。

「黑牛」和「白牛」的「黑」和「白」的概念，也是來自於佛經。佛經中把「善業」叫做「白業」，把「惡業」叫做「黑業」。「白業」所召感者稱為「白報」，即「善報」；「黑業」所召感者稱為「黑報」，即「惡報」。

《阿毘達磨集異門足論》卷第七原文：

四業者，一、黑黑異熟業；二、白白異熟業；三、黑白黑白異熟業；四、非黑非白無異熟業能盡諸業。

《阿毘達磨藏顯宗論》卷第二十一原文：

順地獄受及欲界中順餘受業。如次名為純黑雜業。謂地獄異熟唯不善業感。故順彼受名純黑業。唯除地獄。餘欲界中異熟皆通善惡業感。故順彼受名黑白業。

在禪修的境界上，凡夫閉目時，只見到內心一團漆黑，就是被「五蘊黑雲」所障蔽的「黑業」；若能禪修見證自性的無相光明，就會轉為「白業」。

「未牧第一」這張圖，說明初學禪定靜坐者，拴不住自己的妄想心念。《牧牛圖》是講漸修的法門，我們的「心念（第七識「末那識」）」就是一頭「心牛」，平時到處亂跑。這個「牧童（第六識「意識」）」拿著繩子在後面追不上，拴不住。初學禪定靜坐的心念，剛開始就是這種情況。

（二）初調第二

普明禪師頌文：

我有芒繩驀鼻穿，一迴犇競痛加鞭，
從來劣性難調制，猶得山童盡力牽。

1. 我有芒繩驀鼻穿：

(1)芒繩：「芒」是一種植物的名稱，稈皮可以編織成草繩。「芒繩」就是「草繩」，牧牛的人常用來穿牛鼻，這樣就可以拴住牛，控制牛的行動。

(2)驀（ㄇㄛˋ）：忽然。

我有一條芒繩（呼吸調息法），忽然快速的穿過牛鼻。這條「芒繩」就是比喻禪修靜坐者的「呼吸法」，就是釋迦牟尼佛所傳授的「安那般那守意法」，也就是「呼吸調息法」。禪修靜坐者，要想把自己內心的這頭「心牛（第七識「末那識」）」拉回來，只有用「呼吸調息法」這條無形的「芒繩」，才能夠把這頭亂跑的「心牛」拴住，也就是控住第七識「末那識」的思想活動。

2. 一迴犇競痛加鞭：

(1)迴：旋轉、環繞、掉轉、返回。

(2)犇（ㄅㄣ）：同「奔」字，急走、快走、急馳。

(3)競：爭論、角逐、爭逐。

(4)痛：極、盡情、徹底。

(5)加：置(刑)。

這頭「心牛」不聽話，和你角逐亂跑，你就徹底的鞭打它。禪修靜坐者，靜坐修習「呼吸調息法」時，這頭「心牛」不聽話，也就是第七識「末那識」還是心猿意馬，靜不下來。這時，你就把這條繩子用力拉回來，只要把意念集中在一呼一吸上，就可以把這頭「心牛(第七識「末那識」)」拉回來。

3. 從來劣性難調制：

「從來」是一向、一直、歷來、向來、從以前到現在。這頭「心牛(第七識「末那識」)」的劣根性，一直以來都難以調教管制。我們平常都不覺得自己隨時都在妄想執著，初學禪修靜坐，兩眼一閉後，才知道自己的第七識「末那識」有多麼厲害。自己的念頭轉換的飛快，就像電影的情節一般，一幕接著一幕；又像兇猛的海浪一般，後浪推前浪，絡繹不絕。

4. 猶得山童盡力牽：

(1)猶：仍舊、還。

(2)山童：指「牧童」，比喻人的第六識「意識」。

還要靠這個「牧童」盡全力牽回來，「牧童」是比喻人的第六識「意識」，用「意識」產生的「定中獨頭意識」，把思想念頭拉回來，把第七識「末那識」制伏住。

「初調第二」這個圖案，畫著這個「牧童(第六識「意識」)」把繩子穿過牛鼻子，這頭牛拼命掙扎要逃走，但是這個「牧童(第六識「意識」)」拚命拉住繩子，不讓牛逃跑，人和牛好像在拔河一樣。

這是描述初學禪修靜坐，兩眼一閉之後，禪修者所遭遇到的情節。禪修者用他的「定中獨頭意識」和第七識「末那識」狂走的念頭（散位獨頭意識）搏鬥，禪修者只能靠「呼吸調息法」把這頭「心牛（第七識「末那識」）」逐漸拴住。

（三）受制第三

普明禪師頌文：

漸調漸伏息奔馳，渡水穿雲步步隨，
手把芒繩無少緩，牧童終日自忘疲。

1. 漸調漸伏息奔馳：

經過「牧童（第六識「意識」）」逐漸的調教，這頭「心牛（第七識「末那識」）」逐漸的被降伏，也停止奔跑了。這頭「心牛」給「芒繩（呼吸守意法）」穿慣了，漸漸乖了，「牧童」輕輕一拉就跟著走。

其實，在真實世界裡，牛或馬發脾氣時，你只要把那條栓在鼻頭的繩子轉一轉，然後轉到鼻子旁邊，再輕輕一拉，牛或馬就會乖乖聽話跟著你走，這是馴服牛或馬的技巧。

釋迦牟尼佛教導我們修練「安那般那守意法」，當你禪修靜坐時，發現念頭亂跑，心念靜不下來時，你就先眼觀鼻，再鼻觀心，一心一意專心注視著你的呼吸，只要念頭能夠隨順著呼吸，慢慢的那個狂走的心念就會調伏下來。

2. 渡水穿雲步步隨：

「牧童（第六識「意識」）」用繩子牽著這頭「心牛（第七識「末那識」）」，「心牛」乖乖的跟隨著「牧童」，渡過河水，穿過山雲間，一步步的走。

在這個階段，禪修靜坐者修習「呼吸調息法」，已經漸漸起了作用。這頭「心牛」逐漸聽話，也就是第七識「末那識」逐漸靜下來了，逐漸被「呼吸」控制住了。

3. 手把芒繩無少緩：

(1)把：握住、拿著。

(2)少：略微、稍微。

(3)緩：放鬆。

這個時候，「牧童（第六識「意識」）」手裏還是拿著芒繩，一刻都不敢稍微放鬆。雖然這頭「心牛（第七識「末那識」）」已經逐漸聽話，但是尚未馴服，所以禪修靜坐者仍然繼續修習「呼吸調息法」，一點都不敢鬆懈。

4. 牧童終日自忘疲：

「牧童（第六識「意識」）」一整天都沒有放鬆監控這頭「心牛（第七識「末那識」）」，繩不離手，戰戰兢兢，如履薄冰。因為這頭「心牛」，雖然不再驕橫，但是頑心未了。

在「受制第三」這張畫中，天上的「黑雲（妄想執著）」已經不見，明月（代表自性、佛性）重現。黑牛的頭部已經變白了，表示禪修靜坐者修習「呼吸調息法」的功夫，已經漸入佳境。此時，第七識「末那識」已經被「呼吸」所控制，但是還未純熟。所以，禪修靜坐者仍然不敢鬆懈，一心一意的專注在「呼吸」上，讓心息合一。這頭「心牛」開始白，白色代表善業，黑色代表惡業。第七識「末那識」已經受制，你的心息能夠合在一起了。

（四）迴首第四

普明禪師頌文：

日久功深始轉頭，顛狂心力漸調柔，
山童未肯全相許，猶把芒繩且繫留。

1. 日久功深始轉頭：

「牧童（第六識「意識」）」把芒繩綁在樹上，這頭「心牛（第七識「末那識」））」乖順的轉頭，牛順從繩子轉頭，代表已經被馴服。禪修靜坐者每日修習「呼吸調息法」，時間一久，功夫自然逐漸深厚。這頭「心牛」開始轉頭被馴服，不再亂跑，就是心念被呼吸拴住了，心息歸一了。

2. 顛狂心力漸調柔：

平常那頭瘋顛狂亂的「心牛」，被調教柔和下來了，跟著「呼吸」的來去，心息相依的境界。

3. 山童未肯全相許：

但是「牧童」仍然不放心，不肯全部放鬆監控「心牛」。此時，禪修靜坐者的意念不要放鬆，心息雖然可以合一，但是心念要繼續專一，還不能全部放手。

4. 猶把芒繩且繫留：

「牧童」仍然握住芒繩，而且還把芒繩綁在樹上，表示「牧童」還不放心。

「迴首第四」這個圖案畫得很有意思，牛的頭頸和前面雙腳都變白了，這頭「心牛」看起來柔和多了。但是，「牧童」雖然把芒繩綁在樹上，手裡仍然握住芒繩。表示禪修靜坐者的意念還不能放鬆，心念還要繼續專一下去。

第七識「末那識」雖然已經被「呼吸」控制住，但是習氣煩惱依然濃厚，觀照的功夫還很膚淺，還沒有辦法放任保持，此時這頭「心牛」仍然黑多白少。

（五）馴伏第五

普明禪師頌文：

綠楊陰下古溪邊，放去收來得自然，
日暮碧雲芳草地，牧童歸去不須牽。

1. 綠楊陰下古溪邊：

「古」是過去的。在綠意盎然的楊柳樹陰底下，在過去走過的溪水旁邊。

2. 放去收來得自然：

「牧童（第六識「意識」）」不拉芒繩了，只是隨時走在「心牛（第七識「末那識」）」的旁邊注意著它。「心牛」已經再進一步的被馴伏，此時芒繩要放要收都很自然。

禪修靜坐者修習「呼吸調息法」，已經快到「止息」的階段。「息心靜慮」稱為「止」；「息」是氣息、呼吸時出入的氣。「止息」是指靜坐到一定的程度，已無雜念，呼吸達到深長細勻，似有似無的狀態。「止息」是「心止於息」，心念藉著氣息一進一出的規律性運動，而促使心念停止活動。

3. 日暮碧雲芳草地：

「暮」是傍晚、太陽將落的時候。從早到晚，都看到天上青綠色的雲，和地上的香草地。這是形容靜坐的境界，處於自然舒泰。

4. 牧童歸去不須牽：

「牧童」不牽牛了，手裡拿著芒繩回家去，這頭「心牛」乖順的跟隨在「牧童」後面走。

這時，禪修靜坐者修習「呼吸調息法」的意念，不再那麼用力，自己的心念也不再亂跑，隨時跟著出入息合一。就好像牛被牧童馴伏，不需要再拉住芒繩，牛自然步步跟隨著牧童前進。這就是呼吸快到

「止息」的階段，思想不亂跑，隨時在做工夫的境界裏。

「馴伏第五」這張圖中，「牧童」難得輕鬆，但還是經常回頭探視，看「心牛」是否有跟來。「心牛」儘管還沒有完全俯首貼耳，小動作不斷，但是已經不成氣候，「牧童」已經放下心中的大石。畫中的牛，已經三分之二都變成白色，更善良了。

(六) 無礙第六

普明禪師頌文：

露地安眠意自如，不勞鞭策永無拘，
山童穩坐青松下，一曲昇平樂有餘。

1. 露地安眠意自如：

「露地」是曠野空地。在曠野空地安心睡眠，意識不必刻意專心，都是自然專一的狀態，在清淨定靜的境界裏。

2. 不勞鞭策永無拘：

(1)策：鞭打、驅使。
(2)拘：受束縛。

這頭「心牛（第七識「末那識」）」不用辛勞的鞭打驅使，永遠都不要管了。這時，妄想執著自然不生，念頭清淨了。「牧童（第六識「意識」）」自然清淨，也不要特別注意了，這個妄念清淨了。

3. 山童穩坐青松下：

「牧童」穩穩的坐在青松樹下，什麼事都不用管了，無事吹笛子玩樂。

4. 一曲昇平樂有餘：

「昇平」是太平、治平。「牧童」輕鬆無事快樂的吹笛子玩樂，因為這頭「心牛」已經被制伏了。

「無礙第六」這幅裏，這頭牛差不多全部變白了，只剩下屁股和尾巴還有少許黑色。這說明功力還未達到純真，所以「牧童」還要待在「心牛」的旁邊，一邊吹著笛子，一邊還留意這頭「心牛」的動向。

這個圖案叫做「無礙」，是自在通達的意思，牛歸牛，牧童歸牧童，禪定的工夫差不多快到家了。

（七）任運第七

普明禪師頌文：

柳岸春波夕照中，漫煙芳草綠茸茸，
饑餐渴飲隨時過，石上山童睡正濃。

1. 柳岸春波夕照中：

春天的水波，在柳樹岸邊，被夕陽照映的閃亮輝煌，這是比喻禪定的境界。

2. 漫煙芳草綠茸茸：

(1)漫：遍布的、充滿的。

(2)茸茸：草木初生時的嫩苗。

煙雨濛濛，滿地都是初生的芳草，這是比喻剛進入禪定的境界。

3. 饑餐渴飲隨時過：

飢餓了就吃，口渴了就飲水，一切隨緣，一切無礙。

4. 石上山童睡正濃：

岩石上面的「牧童（第六識「意識」）」睡意正濃，這是比喻禪定的境界太舒服了，第六識「意識」已經不起分別作用。

「任運第七」這個圖案，「牧童」躺在那裏睡覺，「心牛」也沒有離開，自己在吃草。這頭牛後面的尾巴也沒有黑色的了，全身變成白色，變成一隻大白牛，意念都是善業，念念清淨。

禪定工夫到這一步叫做「任運」，是指非用造作以成就事業；也就是隨順諸法之自然而運作，不假人之造作的意思。簡單的說，「任運」就是自然而然，沒有任何人為的因素存在。

（八）相忘第八

普明禪師頌文：

白牛常在白雲中，人自無心牛亦同，
月透白雲雲影白，白雲明月任西東。

1. 白牛常在白雲中：

大白牛常住在白雲（菩薩的境界）中，內心一片光明。

2. 人自無心牛亦同：

此時，「牧童（第六識「意識」）」和「心牛（第七識「末那識」）」都處於無心的狀態，「牧童」忘了「心牛」的存在，無心牧牛；「心牛」也忘了「牧童」的存在，自由來去，不會再犯錯造業。所以，一切煩惱和妄念都沒有了。

3. 月透白雲雲影白：

月亮透過白雲，所呈現的雲影也像白牛一般，把光明顯現出來，內心一片光明，已經接近「明心見性」的境界。

4. 白雲明月任西東：

月亮任白雲東飄西移，白雲任月亮照射八方。禪修靜坐者的禪定工夫，已經達到隨心所欲的境界，得到大自在，照見五蘊皆空，心無掛礙。

「相忘第八」這幅圖案，表示禪修靜坐者把心調到身心兩忘的境界，「牧童」與「心牛」都已經相忘，主客不分。禪修靜坐者，已經領悟到「自性、佛性」與萬法不二，一花一草一木都有「自性、佛性」，所以得到大自在的境界。

「月亮」代表「自性、佛性」，為體；「白雲」代表「現象界、萬法」，為用，指人類意識的物質世界，也就是人們所認識的實在界，禪修靜坐者，至此已經達到體用不二的境界。

（九）獨照第九

普明禪師頌文：

牛兒無處牧童閑，一片孤雲碧嶂間，
拍手高歌明月下，歸來猶有一重關。

1. 牛兒無處牧童閑：

「心牛（第七識「末那識」）」不見了，第七識「末那識」完全停止作用，「牧童（第六識「意識」）」不用再牧牛，顯得清閒自在。此時，禪修靜坐者的意識清明，悠閒自在。

2. 一片孤雲碧嶂間：

(1) 碧：青綠色的。
(2) 嶂：形狀如屏風的山。

天上還有一片孤雲在青山之間，表示禪定的功夫快要水到渠成，第六識「意識」裡還存有一點執著。

3. 拍手高歌明月下：

「牧童」在明月下拍手高歌，表示禪修靜坐者已經讓「心牛」消失了，第七識「末那識」已經幾乎停止作用。

4. 歸來猶有一重關：

要回歸自性還有一個「重關」要破。

禪宗修行有破「三關」之說，即破「本參」、破「重關」、

破「牢關」。「三關」是指三種由低而高的參禪境界，開悟有深淺的分別，依照破執著、轉煩惱的層次，可以分為三種次第。

(1)初關：即悟道，就是「明心見性」。

這是「明心見性」的修道人，已經看透三界的無常，也已經明白修行的方法，知道真如及祖師語錄。「明心見性」的人在理論上已經全部明白，只是還沒有驗證而已。雖然已經「明心見性」，但是習氣還在，還沒有真功夫。

(2)重關：即修道，就是「修習禪定」。

「明心見性」之後，修道人就要每天精進的「修習禪定」，讓自己的第七識「末那識」完全停止作用為止。如此，才能見到自己的「自性、如來藏」，認識自己的本來真面目。

(3)牢關：即證道，見性。

打破生死的牢籠，進入無相的境界，所以不再受業力的牽引。此時，修道人能夠生死做主，來去自由，時時刻刻念念見性，不再被妄想執著所迷惑。

在「獨照第九」這幅圖案裡，牛沒有了，妄念雜想沒有了，第七識「末那識」停止作用。畫中只剩「牧童」與天地山河融合成一體，但是離圓滿還有一步路，還要繼續用功，因為還有「牧童」的存在，還有第六識「意識」的存在。

（十）雙泯第十

普明禪師頌文：

人牛不見杳無蹤，明月光含萬象空，

若問其中端的意，野花芳草自叢叢。

1. 人牛不見杳無蹤：

「杳（一ㄠˇ）」是不見蹤影，毫無消息，形容渺茫沉寂。「牧童（第六識「意識」）」和「心牛（第七識「末那識」）」都消失不見，不見蹤跡。

2. 明月光含萬象空：

此時，只有「明月（自性）」發出「自性光芒」，大地的一切景象，都籠罩在這片光明裡。

3. 若問其中端的意：

「端」是到底、究竟。假若要問這幅圖，究竟是什麼意思。

4. 野花芳草自叢叢：

「叢叢」是形容草木茂密。野花和芳草茂密，到處都是。

在悟道以前，野花和芳草茂密，到處都是；在悟道以前，野花和芳草仍舊茂密，到處都是。這是指悟道的前後，修道人看同一樣東西，他的心境和體悟是不同的。

青原惟信禪師就有一句名言，記載在《指月錄》裡。

《指月錄》卷二十八：

雙泯

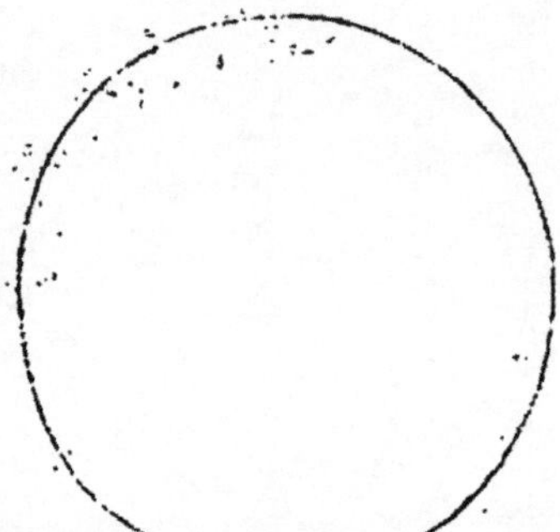

吉州青原惟信禪師

上堂（上課）。老僧三十年前。未參禪時。見山是山。見水是水。及至後來親見知識。有個入處。見山不是山。見水不是水。而今得個休歇處。依前見山祇是山。見水祇是水。大眾。這三般見解。是同是別。有人緇素得出。許汝親見老僧（更參三十年迴無入處在）。

這個典故，簡單的翻譯如下：

青原惟信禪師曾對徒弟們說：「老僧三十年前未參禪時，見山是山，見水是水。後來參禪悟道，見山不是山，見水不是水。到了今天，依然見山是山，見水是水。」。

這是指悟道人的三種境界：

(1)第一個階段是「見山是山，見水是水。」：

這是指未悟道前的境界，因為凡夫的執著，總是眼見為憑，執著事物的外相為實有。你看到遠處的山和溪水，就以為山和溪水就是長這個樣子。

(2)第二個階段是「見山不是山，見水不是水。」：

這是指悟道時的境界，透過參禪、參話頭的方法，找到一個「入處」，「入禪境之處」。悟道者見性之後，回歸自性，明白萬法皆是因緣和合而成，緣起緣滅，萬法皆無自性，凡所有相皆是虛妄。明白自己和所認識的世界都是虛幻假象，因此否定自己和物質世界的存在，所以「見山不是山，見水不是水。」。

當你走進山林之後，你才發現原來山裡頭，有那麼多的動物和植物。溪水源遠流長又清澈，溪中還有游魚成群。原來山水的內容，不是像遠處所觀看的那樣。

(3)第三個階段是「見山又是山，見水又是水。」：

這是指悟道後的境界，悟道者見性之後，明白萬法不離當下這個心念，安住在當下這心念，就是「而今得個休歇處」。此時，「見山又是山，見水又是水。」但是，心境與悟道時不同。

當你走回來原來看山水的地方，你再回過頭來看遠處的山水，雖然和第一次看山水時，一樣是長這個樣子。此時，你內心的見解已經不一樣了。雖然「見山又是山，見水又是水。」但是，你明白遠處所看的山水樣子，只是個假象，其中的內容太豐富了。

最後一幅圖「雙泯第十」，只畫一個圓，什麼都消失無蹤，「雙泯」的「泯」，是「消除、消滅」的意思。「牧童（第六識「意識」）」不見了，「心牛（第七識「末那識」）」也不見了，甚至連明月、白雲、溪水、山林等這些背景都不見了。

這幅圖「雙泯第十」所畫的圓，和北宋的宋明理學的創始人之一「周敦頤」，所著作的《太極圖說》上鎖畫的「無極圖」，可以說是一模一樣。

從《太極圖說》的第一句話：「自無極而為太極」，可以知道「無極」代表「宇宙的第一因」，也就是佛家所說的「自性、如來藏」。

佛家說，眾生都是從「如來藏識」的「一念不覺」而來，由「如來藏」生出八個心識來六道輪迴。所以，修道的目的就是要回到當初的「如來藏識」裡，就是所謂的「回歸自性」、「天人合一」。

當禪修者修練到「心牛（第七識末那識）」不起作用，最後連「牧童（第六識「意識」）」都消失不見的時候，就是「回歸如來藏」，回到「宇宙的第一因」的狀態，那是「虛無」的狀態，就是「無極」，就是一個圓。

這幅圖「雙泯第十」所畫的圓，所要表達的意思，就在道家的《清靜經》裡。

《清靜經》原文：

夫人神好清。而心擾之。人心好靜。而欲牽之。若能常遣其欲而心自靜。澄其心。而神自清。自然六欲不生。三毒消滅。所以不能者。為心未澄。欲未遣也。能遣之者。內觀其心。心無其心。外觀其形。形無其形。遠觀其物。物無其物。三者既悟。惟見於空。觀空亦空。空無所空。所空既無。無無亦無。無無既無。湛然常寂。寂無所寂。欲豈能生。欲既不生。即是真靜。真常應物。真常得性。常應常靜。常清靜矣。如此清靜。漸入真道。既入真道。名為得道。雖名得道。實無所得。為化眾生。名為得道。能悟之者。可傳聖道。

這幅圖「雙泯第十」所畫的圓，答案是：「觀空亦空。空無所空。所空既無。無無亦無。無無既無。湛然常寂。寂無所寂。欲豈能生。欲既不生。即是真靜。」

而最後一句經文，也是普明禪師著作《牧牛圖頌》傳世的目的：「如此清靜。漸入真道。既入真道。名為得道。雖名得道。實無所得。為化眾生。名為得道。能悟之者。可傳聖道。」

國家圖書館出版品預行編目資料

看懂禪機（下）／呂冬倪著. --初版.--臺中市：
白象文化事業有限公司，2021.10
面； 公分
ISBN 978-626-7018-21-7（平裝）
1.禪宗 2.佛教修持
226.65 110011408

看懂禪機（下）

作　　者　呂冬倪
校　　對　呂冬倪
插　　圖　柯麗卿
專案主編　陳逸儒
出版編印　林榮威、陳逸儒、黃麗穎、水邊、陳媁婷、李婕
設計創意　張禮南、何佳諠
經銷推廣　李莉吟、莊博亞、劉育姍、李如玉
經紀企劃　張輝潭、徐錦淳、廖書湘、黃姿虹
營運管理　林金郎、曾千熏
發 行 人　張輝潭
出版發行　白象文化事業有限公司
412台中市大里區科技路1號8樓之2（台中軟體園區）
出版專線：（04）2496-5995　傳真：（04）2496-9901
401台中市東區和平街228巷44號（經銷部）
購書專線：（04）2220-8589　傳真：（04）2220-8505
印　　刷　基盛印刷工場
初版一刷　2021年10月
定　　價　每套1500元（上、中、下三冊合售）